Heinzi Gosch

3... 2... 1... und das Leben ist deins!

## Über das Buch

Nach einer durchzechten Nacht stellt der Durchschnittstyp, Heinzi, morgens um 15:00 Uhr fest, dass er zwei Flugtickets nach Bangkok ersteigert hat. Bis dato perspektivlos sieht Heinzi die Chance, seinem ewig *netten* Leben einen abenteuerlustigen Arschtritt in Richtung 'anders' zu verpassen. Mit seiner schon fast kindlichen Art, alltägliche Situationen zu hinterfragen, hält er dem Durchschnittsdeutschen einen Spiegel mit eingebauter Narrenkappe vor. »Warum heißt die Bibel der Backpacker und Reiseführer der coolen Leute ausgerechnet 'Lonely Planet'? Wie soll ein Buch namens 'Einsamer Planet' einem kontaktfreudigen Backpacker helfen?« Zu einer ordentlichen Reise gehört natürlich auch eine erotische Reisebekanntschaft. Mit Walburga, ebenfalls Backpackerin, trifft Heinzi eine wunderschöne junge Frau, die, ebenso wie er, an einer völlig unverbindlichen Beziehung interessiert ist. Beide verbringen ein paar Tage zusammen und unternehmen verschiedene typische Urlaubsaktivitäten, die aufzeigen, was passiert, wenn Backpacker und Pauschaltouristen aufeinander treffen.

Heinzi Gosch hat sich mit seinem ersten Buch den Wunsch erfüllt, Menschen dazu zu bringen, beim Lesen seiner Geschichte zu Hause, auf der Parkbank oder in der U-Bahn laut loszulachen.

# Heinzi Gosch

# 3... 2... 1... und das Leben ist deins!

Eine unglaubliche Reise zum Rand des Wahnsinns

Humor

www.tredition.de

© 2014 Heinzi Gosch
www.heinzigosch.de
info@heinzigosch.de

Umschlag: Stefan Roth, www.roth-cartoons.de

Verlag: tredition GmbH, Hamburg

ISBN
Paperback      978-3-7323-6988-1
Hardcover      978-3-7323-6989-8

Printed in Germany

Das Werk, einschließlich seiner Teile, ist urheberrechtlich geschützt. Jede Verwertung ist ohne Zustimmung des Verlages und des Autors unzulässig. Dies gilt insbesondere für die elektronische oder sonstige Vervielfältigung, Übersetzung, Verbreitung und öffentliche Zugänglichmachung.

# 1 Die Buchung.

Mein Name ist Heinz, genannt Heinzi. Der Spitzname liegt ja nahe. Hat sich bei meinen Freunden aber erst so richtig eingebrannt, als eine Band namens *Illegal 2001* einen Song mit dem Titel *Heinzi* herausbrachte.

*Heinzi* war ein harmloser Exhibitionist! Eine Textzeile hieß »Und alle wollen nur auf *Heinzis* Heinzi schauen.« Zu dieser Zeit hat die Verniedlichung meines Namens alles Niedliche verloren.

Inzwischen bin ich vierundzwanzig Jahre alt und ein *netter* Durchschnittstyp. Genau die Sorte Mensch, die ich nie sein wollte. Mein Leben lang schon kämpfe ich gegen dieses Wort.

Warum?

*Nett* ist nichtssagend. Weder Fisch noch Fleisch.

*Nett* ist die kleine Schwester von Scheiße!

Ich bin behütet in einem kleinen Dorf aufgewachsen. Alles war *nett*. Familie - *nett*. Haus - *nett*. Schule - *nett*. Wo man hinsah nur kleine Schwestern von Scheiße.

Nach der Schule bin ich zur Bundeswehr gegangen. Für mich kein Problem, weil ich körperlich fit war und mich ja daran gewöhnt hatte, immer schön *nett* zu sein.

Anschließend machte ich eine Bankausbildung, und kurze Zeit später saß ich in einer kleinen Volksbank und habe alten Omas erklärt, dass ihr finanzielles Wohlergehen im Kauf von Biotechnologie-Fonds läge. Sie haben mir natürlich geglaubt, weil ich wohl so *nett* war.

Nach nur sechs Monaten hatte ich die Nase voll. Das konnte doch nicht alles gewesen sein. Ich musste einen Ausweg aus diesem verdammt *netten* Leben finden. Und was wäre besser, als diesen Vorstoß in ein besseres Dasein mit einer steilen beruflichen Karriere zu verbinden? Ich beschloss, mein Glück im Herzen der deutschen Hochfinanz in Frankfurt zu suchen.

Meine Eltern konnten kaum fassen, dass ich meine sichere Arbeitsstelle mit so *netten* Kollegen aufgebe, um als Erster der Familie mehr als fünf Kilometer vom Heimatdorf entfernt zu arbeiten. Ich war für meine Familie ja schon immer der Sonderling, aber damit hab' ich dem Fass den Boden ausgeschlagen.

»Der feine Herr geht jetzt nach Frankfurt. Ist dir deine Heimatstadt jetzt nicht mehr gut genug?«, haben sie gewettert.

Aber mein Weg stand fest. Ich habe es schon deutlich vor meinem geistigen Auge gesehen.

Frankfurt!

Arbeiten in Wolkenkratzern, teure Anzüge, bildhübsche Karrierefrauen, Geld und natürlich Anerkennung.

Was soll ich sagen?

Es kam etwas anders!

Bereits an meinem ersten Tag in Frankfurt erfuhr ich, dass meine Abteilung kurzfristig nach Bonn verlegt wurde. Das sei ein wichtiger strategischer Standort.

BONN?

Wichtiger strategischer Standort?

Bonn war zu diesem Zeitpunkt schon längst nicht einmal mehr Bundeshauptstadt und hatte außer dieser Tatsache, vorher schon nicht viel zu bieten. Bonn hatte nicht den Hauch einer Chance, mehr als nur *nett* zu sein.

Ich hätte kotzen können!

Ich habe ein knappes Jahr in Bonn gearbeitet, bin aber so oft ich konnte nach Hause gefahren. So bin ich Woche für Woche zwischen einem *Nett* und dem anderen *Nett* gependelt.

Zu Hause konnte ich nicht verbergen, dass sich meine Karriereleiter als Rolltreppe entpuppt hat, die ich leider von der falschen Seite betreten hatte. Wie sehr ich mich auch abstrampelte - von viel Geld und Anerkennung war ich weit entfernt. Immer wieder haben meine Eltern auf mich eingeredet: »Komm doch wieder nach Hause und mach einen *netten* Job. Der Papa kann dir bestimmt einen besorgen. Und im Neubaugebiet sind richtig *nette* Reihenhäuser gebaut worden. Da wohnen schon total *nette* Leute. Wäre das nicht viel *netter*?«

Das durfte doch nicht wahr sein!

Konnte diese kleine Schwester von Scheiße denn nicht endlich aufhören, mich mit ihren schmierigen Patschehänden zu umklammern?

Es mussten radikalere Maßnahmen her! Nur wer wagt, kann auch verlieren... oder so ähnlich.

Ich wollte auf eigenen Beinen stehen und endlich meinen Traum verwirklichen, etwas Besonderes im Leben zu erreichen.

Meine Stationen auf dem Weg zu Ruhm und Ehre waren selbstständiger Finanzberater, Unternehmensberater und Betreiber von zwei Fitness-Studios – alles richtig schön... erfolglos.

Ich hätte gut als Vorspann in eine von diesen Auswanderersendungen gepasst.

Getreu dem Motto »Du musst nicht erst ins Ausland gehen, um zu scheitern!«

Zuletzt hatte ich meine beruflichen Perspektiven tief in den Boden der Tatsachen geschraubt. Tolle Ideen, sämtliche Ersparnisse investiert und nichts dabei herausgekommen.

Dann die Krönung: Arbeitslos!

Da hatte ich doch endlich, was ich wollte! Das war alles andere als *nett*!

Nachdem ich sämtlichen Mut verloren hatte, verließ mich auch noch meine damalige Freundin. Die hatte schon lange keinen Bock mehr auf *nett* und noch weniger auf arbeitslos.

Das Einzige, was mir jetzt noch einen Hauch von Freude brachte, war mein Sport. Badminton war das Beständigste, was ich bis dato vorweisen konnte. Ich spielte schon seit meiner Jugend. Irgendwie zählte es vermutlich damals bereits zu den Dingen, die ich getan hatte, um mich von den anderen abzuheben. Zu der Zeit war der Sport in ländlichen Gegenden noch ziemlich exotisch.

»Affentennis« hat mein Vater immer gesagt. Aber ich hatte meine kleine Nische und früher war ich recht gut darin. Leider hatten mir meine tollen Jobs nur wenig Zeit zum Trainieren gelassen. Aber als Arbeitsloser hatte ich genug Zeit, um einen neuen Anlauf zu nehmen. Ich konnte die bislang ausgebliebene Anerkennung für mein Leben in sportlichen Leistungen suchen. In der Sporthalle war ich rundum glücklich und kam meinem Ziel, es mir und der Welt zu beweisen, Stück für Stück näher. Beinahe jeden Tag habe ich wie besessen trainiert. Krafttraining, Lauftraining und natürlich das Spielen in der Halle waren mein wichtigster Lebensinhalt geworden. Das Ergebnis war der Körper eines ambitionierten Hobbysportlers unter der Belastung eines Hochleistungsathleten.

Nach ein paar Wochen kam es, wie es kommen musste. Ich erlitt einen mittelschweren Ausrutscher bei einem Punktspiel. Ein beherzter Sprung, eine unglückliche Landung und schon war mein Knie und alles, was da so drinsteckt, kaputt.

Jetzt mag sich der ein oder andere fragen, wie man sich denn beim FEDERBALL verletzen kann. Nun, Federball oder 'Affentennis' kann ab einem gewissen Niveau zu einer anspruchsvollen Bewegungssportart werden. Das Knie war jedenfalls kaputt.

Ich fasse zusammen:

Ein Leben lang auf der Suche nach Anerkennung, Job weg, Freundin weg, Gesundheit weg.

Heutzutage ein guter Grund, seinen Antrag auf Klapsmühleneinweisung wegen abgrundtiefer Depressionen zu stellen.

Um zumindest körperlich wieder auf die Beine zu kommen, brauchte ich ein neues Kreuzband im Knie. Die OP verlief gut. Durch regelmäßige Krankengymnastik war ich nach einigen Wochen wieder mobil und brauchte meine Krücken nur noch selten. Es ging mir den Umständen entsprechend gut.

Nur Bock auf Arbeit hatte ich nicht.

Sollte ich mich nach all diesen *netten* Jobs gleich in den nächsten stürzen? Sollte ich sofort wieder in das quietschende, schwergängige Hamsterrad meines unerfüllten Lebens steigen? Wozu?

Im Rahmen meiner Unternehmerversuche hatte ich zumindest eins richtig gemacht, mich privat krankenversichert! Dadurch bekam ich seit meinem Sportunfall hundert Euro Krankengeld pro Tag, steuerfrei! So konnte ich gut und gern eine Weile über die Runden kommen. Finanzielle Probleme hatte ich also keine.

Aber ohne Sport und ohne Arbeit schmolzen meine sozialen Kontakte dahin wie die Polkappen. Ich hatte auf nichts mehr Lust. Party, Kino, sonstige Aktivitäten – alles viel zu anstrengend.

Dann doch lieber etwas *Nettes* wie Fernsehen.

Fernsehen war mein neues Badminton - meine neue Leidenschaft. Als gefühlter Frührentner mit Mitte Zwanzig habe ich regelrecht Fernsehstudien betrieben. Schnell hatte ich den Dreh raus - sämtliche Doku-Soaps, Gerichtssendungen und etliche andere TV-Highlights auswendig gelernt. Das war gar nicht so schwer, weil das Zeug vom Nachmittag in der Nacht und am nächsten Vormittag wiederholt wurde. Ich muss zugeben, dass der gesamte Fernsehbildungsauftrag, den die öffentlich-rechtlichen Sender in meiner Jugend so gewissenhaft wahrgenommen hatten, innerhalb kürzester Zeit versaut wurde. Was hatten mich Sesamstraße, Spaß am Dienstag und all die anderen Sahnestückchen zu einem besseren und klügeren Menschen gemacht, bis mich die Privatsender in den Sumpf der Unterhaltung gezogen haben.

Neben meiner Fernsehabhängigkeit habe ich mich auch mit richtigen Drogen beschäftigt, wobei ich immer zu besoffen war, um über den Alkoholkonsum hinauszukommen. Anderes Zeug war mir entweder zu teuer, oder zu kompliziert zu konsumieren. Und wenn man noch bedenkt, dass Kiffer stinken, als hätten sie sich voll gekotzt, muss man sich eben mit Bier und Whisky über Cola... äh über Wasser halten.

Während meiner Assi-TV-Studie habe ich zahlreiche, alkoholisierte Familienväter beobachtet, die tagein tagaus rauchend und Bier saufend vor dem Fernseher saßen.

Natürlich ist der fünfundzwanzigjährige, langzeitarbeitslose Ronnie viel beschäftigt damit, den quirligen 'Dschastin-Dscheysän' und die pummelige 'Schaneia-Schantall' in ihr Kinderzimmer vor den 2-Meter-Flatscreen zu schicken, damit sie sich dort die volle Pokémon-Dröhnung reinziehen. Außerdem muss Ronnie der ihm angetrauten 'Mändie' laufend klar machen, dass er keine Zeit zum Saubermachen habe, weil er gerade am 'Tschätten' sei.

Und ich beschwere mich über mein Leben?

Als ich mal wieder vor der Glotze sitze und aus meiner eigenen fernsehsüchtigen Assi-Welt durch die Mattscheibe in eine ebensolche starre, klingelt das Telefon. Es meldet sich Holger, einer meiner Mannschaftskameraden, welche im Laufe der Jahre zu einem engen Freundeskreis und einem Stück Familie geworden waren.

»Ey du fauler Sack! Was machst du?«

»Moin! Ich hab zu tun.«

»Was hat einer wie du denn zu tun? Sag bloß, deine Krankengymnastin kommt jetzt schon zu dir nach Hause!«

»Nee, ich hab da so 'ne Sache zu tun.«

»Laber' nicht! Die Saison ist zu Ende und wir wollen mit der Mannschaft saufen gehen. Und DU kommst mit!«

»Ääähhh, nöööh! Lass mal! Ich hab keinen Bock! Außerdem ist heute Dienstag. Da ist doch eh nichts los!«

»Halt die Fresse! Aufm Kiez ist immer was los! Wir kommen heute um acht bei dir vorbei, glühen ordentlich vor und ziehen dann los!«

»Nee, lass mal«, kann ich gerade noch sagen, als ich bemerke, dass Holger schon längst aufgelegt hat.

So ein Mist! Die kommen wirklich heute Abend vorbei, und nichts und niemand kann sie aufhalten. Ok, vielleicht ist es gar nicht schlecht, meine TV-Studien zu unterbrechen.

Genau! Ich will doch nicht so sein, wie Ronnie! Und leicht ronniehafte Züge muss ich mir inzwischen eingestehen.

Nein, ich will kein Ronnie sein! Ich will rausgehen... - vielmehr raushumpeln.

Ich will aktiv sein und Leute treffen. Aktivität, Kultur, soziale Kontakte?

Das klingt nach einer ordentlichen Party auf der Reeperbahn! Lasst die Spiele beginnen!

Vorher aber noch kurz die Pizzakartons der letzten Wochen wegräumen und... *(ich schnüffle an meiner Achsel)* ...duschen gehen.

Punkt acht klingelt es an der Tür. Ich drücke auf den Knopf für die Gegensprechanlage »Ich gebe nichts! Ich bettle selbst!«

»Mach die Tür auf! Wir haben eilige Alkoholika!«

Und ein paar Minuten später dröhnt laute Musik durch meine Wohnung, Gelächter macht sich breit und wir sind es bald auch..., also breit.

Gegen 23:00 Uhr geht uns der Stoff aus und wir beschließen, die Party auf die Reeperbahn zu verlagern.

Und so ziehe ich an jenem Dienstag im März mit meinen feierwütigen Mannschaftskameraden hackevoll in Richtung Kiez.

Für alle, die nicht aus Hamburg sind: Der *Kiez* meint die Reeperbahn und alle kleinen Straßen und Gassen drumherum. Entgegen der Meinung vieler Touristen gibt es hier viel mehr als nur Stripclubs und käuflichen Sex. Hier reihen sich unzählige kleine Bars, Clubs und Diskotheken aneinander. Für jeden Geschmack ist etwas dabei. Ein Meer aus blinkender Leuchtreklame weist einem den Weg in Indiekneipen, Heavy-Metal-Schuppen und reine Saufläden. Dazwischen locken einen zahlreiche Imbissbuden und Fast-Food-Ketten, eine Grundlage für die späteren Alkoholexzesse zu schaffen.

Zum Glück wohne ich am Michel, dem Hamburger Wahrzeichen. Von dort sind es nur ein paar Minuten zu Fuß zum Kiez. Wir gehen am Bismarck-Denkmal vorbei, grüßen den Otto freundlich und schlingern ein paar Minuten später über den Spielbudenplatz.

Erste Station: Sommersalon. Ein kleiner Tanzschuppen mit ein paar durchgesessenen Ledersofas, einer Mini-Tanzfläche und einem sehr zugänglichen DJ-Pult. Das ist immer gut, wenn man sich gern Songs wünscht, um nicht nur sein Lieblingsgetränk in der Hand, sondern auch seinen Lieblingssong im Ohr zu haben.

Ein paar Whisky-Cola später geht es weiter auf den Hans-Albers-Platz. Hier findet man alles, was das Partyherz begehrt. Es gibt die Academy mit Livemusik, das Frieda B. für die jungen Wilden oder das Albers-Eck als Resterampe für alle, die gegen 4:00 Uhr noch schnell jemanden mit nach Hause nehmen wollen.

Vom Albersplatz wackeln wir zum Hamburger Berg auf der anderen Seite der Reeperbahn. Ein absolutes Muss: Die 99-Cent-Bar! Hier gibt es alles, sogar Whisky-Cola für... raten Sie mal... genau...

EINEN EURO! (Rest ist immer Trinkgeld)

Dieses Preis-/Leistungsverhältnis bringt noch mal ordentlich Schwung in den Abend.

Wir arbeiten uns von Kneipe zu Kneipe. Kein Eintritt, laute Musik, heiße Mädels und billiger Fusel! Wenn Musik läuft, die wir nicht mögen, ziehen wir weiter und weiter und weiter. Ich bin richtig gut drauf und habe das Gefühl, wieder am Leben teilzuhaben.

Aber dann enttäuschen mich meine Kameraden maßlos! Mitten am Abend, um 8:00 Uhr morgens, wollen sie schon nach Hause.

Ich ergebe mich der mangelnden Kondition meiner Mitsäufer und schleiche auch in Richtung Heimat.

Da ich offensichtlich eine umgekehrte Bewusstseinserweiterung durchgemacht habe, ist mir der genaue Weg in meine Straße nicht mehr geläufig. Es gibt zwar Passanten, die ich fragen könnte, aber wer wird morgens beim Brötchen holen oder auf dem Weg zur Arbeit schon gern von einem Volltrunkenen angequatscht? So viel ist mir immerhin noch klar.

Der modernen Technik sei Dank, ist es heutzutage möglich, auch als Betrunkener Hilfe herbeizufunken. Ich greife nach meinem Handfunksprechgerät. Da es inzwischen schon halb neun ist, muss ich nicht befürchten, jemanden zu wecken. Immerhin ist es ja Mittwochmorgen und normale Menschen sind bereits bei der Arbeit oder befinden sich zumindest in der Vorbereitung darauf.

Ich wähle die Nummer von Simone, einer Freundin, die mir garantiert den Weg nach Hause weisen kann.

»Hallo?«, höre ich ihre müde Stimme.

»Tu muss mech nach Hause nawigären«, röhre ich.

»Ich muss was? Bist du voll?«

»Näh, weiß nur nisch, wosch bün!«

»Ah, ok. Geh mal zur nächsten Kreuzung und sag mir, was auf den Schildern steht«, sagt sie erschreckend selbstverständlich, als bekäme sie jeden Mittwochmorgen so einen Anruf.

»Leif Schtrip un heiße Kirls.«

»Auf den Straßenschildern, du Alki!«

»Aahsooh. Hein-Hoyer-Straße un Reeperbahn.«

Nach einer guten halben Stunde bin ich also etwa dreihundert Meter von meiner letzten Kneipe, der Barbara Bar, entfernt. Immerhin!

Von dort lotst mich Simone mit viel Geduld über die Reeperbahn, vorbei an McDonalds, wo ich nicht einkehren darf, am Bismarck-Denkmal entlang, wo ich nicht schlafen darf, über die Wiese, deren Gras ich nicht rauchen soll, bis vor meine Wohnungstür.

»Hast du deinen Haustürschlüssel?«

Ich durchwühle meine Jackentasche, wie es ordentliche, betrunkene Männer machen.

Zuerst öffne ich die Jackentasche mit beiden Händen so gefühlvoll als hätte ich beide Arme in Gips. Dann ramme ich eine Hand schwungvoll und möglichst tief hinein. Dieser Schwung reicht aus, so sehr an der ganzen Jacke zu ziehen, dass ich mich selbst fast vornüber zerre. Ruckartig befreie ich meine Hand wieder aus der Jacke, drehe mich hektisch um und nehme eine Abwehrhaltung à la Karate-Kid-Kranich-stellung ein, weil ich das Gefühl habe, jemand wollte mich am Kragen packen. Nachdem ich aber die Umgebung, ein Auge zuhaltend, abgescannt habe, stelle ich fest, dass ich ganz allein bin.

Ich starte einen neuen Anlauf, meinen Schlüssel zu suchen. Simone hat diese Szene am Telefon mitverfolgt und die Geräusche, die dabei zu ihr vorgedrungen sind, müssen wie eine Mischung aus Damwildbrunft und 70er-Jahre-Porno geklungen haben.

»Schlüssel habisch«, berichte ich stolz.

Aber..., oh nein! Es läuft mir heiß und kalt den Rücken runter. Wenn ich die ganze Jackentasche durchwühlt und einzig und allein meinen Schlüssel gefunden habe, dann... das darf doch nicht wahr sein!...

»Was ist los?«, fragt Simone.

Völlig aufgewühlt antworte ich »Scheiße, ischab mein Händy wechverloren!«

Ich suche den Boden vor der Haustür ab, weil es mir vielleicht aus der Tasche gefallen ist. Dabei erzähle ich

Simone, wo ich es zuletzt gesehen habe. Ihr lautes Gelächter lässt es mir wie Schuppen von den Augen fallen

»DU hass mei Händy! Verarsch misch näch! Gebs her«, fordere ich ernsthaft meinen Besitz zurück und bringe sie damit aufgrund lachender Atemnot fast um.

Sie erklärt mir ganz in Ruhe und wie für einen Lernbehinderten, dass ich mein Telefon gerade in meiner Hand an mein Ohr halte.

Die Tatsache, dass ich sie hören, aber nicht sehen kann, macht ihre Aussage plausibel, wenn ich auch nicht restlos überzeugt bin.

»Dange un schüss Simone!«

Jetzt aber zum nächsten Problem: Schlüssel und Türschloss verhalten sich wie zwei gleich gepolte Magneten. Mit lautem, quietschigem Kratzen umkreise ich mit dem Schlüssel den Bereich des Schlosses. Dabei hocke ich dicht vor der Tür und versuche, einen von den drei Schließzylindern zu treffen. Letztlich bleibt mir nichts anderes übrig, als mit dem Zeigefinger der einen Hand das ständig flüchtende Schloss zu fixieren, um mit dem Schlüssel erst auf meinen Finger zu piken und dann vorsichtig darunter zu stochern, bis der Schlüssel endlich sitzt. Was für eine Aufgabe! Die geöffnete Tür erfüllt mich mit großem Stolz.

Tja, würde ich im Hausflur wohnen, hätte ich es jetzt geschafft. Das ganze Spiel wiederholt sich allerdings noch einmal an meiner Wohnungstür.

Das nächste, an das ich mich wieder erinnern kann, ist meine Zimmerdecke, die ich mit weit aufgerissenen Augen anstarre. Ich atme schwer und versuche mich nicht zu übergeben. Aber wie zum Teufel soll man das machen, wenn sich das ganze Zimmer dreht, wie die Bühne im Tabledance-Schuppen?

Schon als Kind habe ich auf Spielplätzen diese Drehkreisel gehasst. Du setzt dich da rein und eines der größeren Kinder dreht das Ding so lange, bis auch dem letzten Kind in Gefangenschaft der Zentrifugalkraft schlecht wird. Ich war nämlich immer der Erste, dem schlecht wurde und nicht selten, dankte ich dem umstehenden Publikum ihr Gelächter über mein Geschrei mit einer vollen Breitseite meiner letzten halb verdauten Mahlzeit.

Die Gründe für meine aktuelle Schwindelübelkeit liegen allerdings weniger in tatsächlicher Rotation als vielmehr im Hin- und Her-Schwappen der letzten Whisky-Cola-Mischungen.

Augen auf! Hilft nicht.

Bein rausstellen, um die Fahrt zu bremsen! Hilft auch nicht.

Ich versuche, mich mit dem vormittäglichen Fernsehprogramm abzulenken. Aber die Power Rangers, Gummibärenbande und Tick, Trick und Track flitzen so schnell über den Bildschirm, dass ich es kaum schaffe, den Bewegungen zu folgen. Mir wird wieder schlecht.

Ich muss mich anders ablenken! Aber wie?

Ich hab's! Ich mache mir schöne Gedanken. Einfach an Dinge denken, die mir gut gefallen, mir Freude machen oder wenigstens geil sind...

DAS ist es! Ich wollte doch im April oder Mai oder überhaupt irgendwann eine Freundin in Sri Lanka besuchen, die dort ein halbes Jahr Praktikum macht. Darüber denke ich nach. Sri Lanka, aber auch andere asiatische Länder und Regionen, wie Bali oder Thailand - alles Reiseziele, die für mich außergewöhnliche Kultur, Strände und Erlebnisse bedeuten, die mit Mallorca und Ägypten, meinen bislang weitesten Reisezielen, nicht vergleichbar sind. Da muss ich hin! Und wenn ich schon mal da bin, will ich natürlich möglichst viel unterwegs sein und ganz viele verschiedene Orte sehen.

Aber wer nach Asien reist und viel sehen will, braucht einen Trekkingrucksack. Diesen Gedankensprung macht in diesem Moment zumindest mein whiskygeschwängertes Gehirn.

Du kannst nicht nach Asien mit Mamas geblümten Rollkoffer. Schließlich will ich ja ein richtiger Backpacker sein und andere Backpacker kennenlernen. Niemand kommt aus seinem Asienurlaub wieder und erzählt seinen Freunden, dass er total coole Roller-Packer getroffen hat.

Ich brauche einen richtigen Rucksack!

Warum dann nicht meinen Wunsch nach Ablenkung mit der Recherche nach einem idealen Rucksack verbinden? Ich setze mich auf, greife nach meinem Laptop und gelange schnurstracks dorthin, wo jeder Kaufwunsch in Windeseile mehr oder weniger zufriedenstellend erfüllt werden kann:

EBAY!

Durch das ruckartige Aufsetzen, meinen noch stark alkoholgeschwächten Kreislauf und das blendende Licht meines Bildschirms verfalle ich wieder in einen leichten Deliriumszustand. Ich schaffe es zwar, mich immer tiefer in die Produktkategorien hineinzuklicken, realisiere aber nicht mehr, was hier eigentlich passiert, bzw. welche der vielen Buttons ich eigentlich drücke.

Das Ergebnis soll ich nach meinem Erwachen, morgens um 15:00 Uhr, erfahren.

Ich öffne die Augen. Mein Laptop liegt neben mir. Noch immer blinken und funkeln die bunten Bilder der ebay-Seite. Ich schaue auf meinen Wecker und merke, dass es tatsächlich Mittwochnachmittag ist. Noch leicht benommen und mit einem riesigen Brummschädel versuche ich zu entziffern, was da auf meinem Monitor zu lesen ist.

Mit viel Konzentration erkenne ich es:

»3... 2... 1... – Deins! Herzlichen Glückwunsch zu Deiner gewonnenen Auktion!«

Häh? Was für eine Auktion? Warum gewonnen? Was zum Teufel ist hier los? Ich checke mein ebay-Account, das mir schonungslos ins Gesicht schreit:

Ich habe zwei Flugtickets nach Bangkok ersteigert!

Was? Wieso BANGKOK? Das muss ein Missverständnis sein! Ich prüfe den Verlauf der Auktion und stelle fest, dass ich mir offensichtlich mit asialady123 einen erbitterten Bieterkampf geleistet habe, den ich schlussendlich für mich entscheiden konnte. Eine dazugehörige gegenseitige Email-Bettelei, der andere solle doch bitte aus der Auktion aussteigen, offenbart die ganze Wahrheit. Asialady123 wolle ihre kranke Mutter in Thailand besuchen und kann sich nur diesen Schnäppchenflug leisten. Ich habe ihr erwidert, dass ich in einem SOS-Kinderdorf arbeiten wolle und dort kein Geld bekäme. Klar habe ich gelogen. Aber ihre Geschichte glaube ich auch nicht. Vermutlich ist asialady123 ein Menschenhändler aus der Erotikbranche, der mit dem Flug nach Bangkok quasi menschliches Leergut entsorgt und mit dem Rückflug Frischfleisch aus Thailand importieren will.

Einer freut sich jetzt auf jeden Fall - der Verkäufer. Der ist seine Tickets für den Flug mit einer Billig-Airline mit Sicherheit mit sattem Gewinn losgeworden und meldet sich prompt per Mail bei mir wegen der Bezahlung der tausendvierhundertzehn Euro.

SCHEISSE! Und jetzt?

Gerade bin ich aufgewacht, es ist Mittwochnachmittag, ich hab' verdammte Kopfschmerzen und für Samstag einen Flug nach Bangkok gebucht!

Moment mal, wann geht der Flug? DIESEN Samstag? Heute ist doch schon Mittwoch?!

Das Erste, was mir durch den Kopf geht ist »Ich brauch' einen Rucksack!«

Jetzt aber mal ganz ruhig. Den Flug muss ich antreten. Gekauft ist gekauft. Außerdem ist das doch eigentlich ganz cool. Endlich habe ich die Gelegenheit, etwas Aufregendes zu tun! Nicht *nett,* sondern spontan, verrückt, abenteuerlich! Das ist MEINE Chance, meinem Leben wieder Schwung zu verleihen, wenn auch nur für zwei Wochen. Aber die könnten ausreichen, um wieder in die Spur zu kommen. Damit kann ich mich vielleicht endlich von allem *Netten* loseisen und mir beweisen, dass ich doch für das 'andere' Leben geschaffen bin!

Und ich wollte doch so gern nach Asien. Dann wird's halt nicht Sri Lanka, sondern Thailand. Darüber hört man ja nur Gutes.

Was ist jetzt zu tun? Klar, der Rucksack! Sicher muss man sich auch impfen lassen?! Was ist mit einem Visum?! Klär' ich noch.

Aber das Wichtigste ist mir noch nicht ganz klar »Wer soll das ZWEITE Ticket bekommen?«

Zunächst denke ich natürlich sofort an meine Freundin. Klasse, ein super spontaner Urlaub, romantisch und voller Abenteuer. Das wird sie begeistern! Blöd nur, dass sie sich von mir getrennt hat und vielleicht dann doch nicht die Richtige für diesen Urlaub ist.

Dann fällt es mir wie Schuppen von den Augen! Wer ist lustig und mit Sicherheit bekloppt genug, mit mir spontan in den Urlaub zu fliegen? Immi!

Immi ist eine Freundin meiner Ex-Freundin. Das klingt jetzt vielleicht schräg, aber Immi ist für mich der Inbegriff von 'cool'. Immi hat mal bei einer Versicherung gearbeitet und war richtig gut. Dann ist ihr genauso die Decke auf den Kopf gefallen, wie mir in der Bank, und sie hat angefangen, Kunst- und Kulturwissenschaften zu studieren. Warum? Weil sie Bock darauf hatte! Und genau das hat mich seit unserer ersten Begegnung an Immi fasziniert. Sie macht Dinge, weil sie ihr Spaß machen und nicht, weil 'man' sie halt macht oder weil es *nett* wäre, sie zu tun. Sie strebt nicht nach Anerkennung, sondern nach Glück. Aber sie sucht nicht krampfhaft, sondern guckt mal hier, mal dort nach Glück und hat dabei diese beneidenswerte Zufriedenheit. Und gerade weil sie immer bei sich selbst ist und nicht bei der Anerkennung der anderen, bekommt sie genau das - Anerkennung!

In meinen Augen lebt Immi eine Mischung aus spannendem Roman und Lebensanleitung. Sie hat immer etwas zu erzählen, das mich brennend interessiert und ich erzähle ihr gern Dinge von mir, weil sie mich versteht. Mit Immi ist es nie langweilig!

Denken Sie mal darüber nach, mit wie vielen Ihrer Facebookfreunde Sie sich zwei Stunden gegenüber sitzen können, ohne zwischendurch auf Ihr Handy zu gucken? (Wenn Sie es überhaupt schaffen, zwei Stunden NICHT auf Ihr Handy zu gucken...) Und nehmen Sie jetzt nur mal Ihre neunhundertachtundsiebzig 'engen Freunde' und nicht den restlichen Pöbel, den Sie unter 'Bekannte' einsortiert haben.

Immi hat für mich darüber hinaus alles, was ein echter Kumpel braucht. Sie erzählt schmutzige Witze, kann saufen wie ein Loch und ist sexuell nicht mein Typ. Für die bevorstehende Reise ist Letzteres besonders wichtig. Schließlich will ich ja haufenweise Backpackerinnen kennenlernen, wilde Partys feiern und auch mal das Herz einer exotischen Schönheit erobern. Das kostet da ja nicht viel! Notfalls nehme ich aber auch das Herz einer betrunkenen Engländerin. Die sollen ja mit jedem mitgehen und Dinge tun, für die sich alle anderen Europäer schämen.

Immi MUSS einfach 'Ja' sagen.

Ich rufe sie sofort an. Es klingelt. Sie nimmt ab.

»Ey Immi, alte Säule! Was geht ab?«, begrüße ich sie und schiebe ein paar Small-Talk-Phrasen hinterher.

Nach ein paar Sätzen komme ich zur Sache.

»Sag' mal Immi, was machst du eigentlich am Samstag?«

»Bis jetzt noch nichts. Wieso?«

»Hast du Lust, saufen zu gehen?«

Mit Immi kann man so reden. Andere würden vielleicht sagen »Lass uns in einen Club gehen.« oder »Wollen wir etwas zusammen unternehmen?« Bei Immi braucht man nur zu fragen, ob sie Lust auf Saufen hat und das schließt dann automatisch alles ein, was Spaß macht. Von der privaten Sauferei auf der Couch bis hin zur zweitägigen Kieztour.

»Klar, das klingt spitze.«

Ich fühle mich sicher und donnere jetzt mit einer riesigen Charmeoffensive alles raus.

»Hier in der Gegend kannst du dich ja kaum noch blicken lassen. Lass uns doch mal etwas anderes machen als das Übliche. Was hältst du davon, wenn wir mal irgendwo hinfahren, also fliegen meine ich?«

»Häh?«

»Ich hab' zwei Flüge nach Thailand gebucht und möchte, dass du mitkommst. Du studierst doch noch und da kommt so eine kleine Partyreise bestimmt ganz gelegen, oder nicht?«

Immi überlegt kurz und besiegelt diese überfallartige Einladung mit »Du spinnst ja total... - ich komm mit! Wann geht's denn los?«

»Na Samstag! Hab ich doch gesagt!«

Wir lachen und beschließen beide, dass wir dieses Abenteuer angehen.

Ich verspreche Immi, dass ich mich um alles kümmere und ihr am nächsten Tag sage, wie der Plan aussieht.

Plan? Gute Idee! Erstmal die vorhandenen Informationen prüfen und danach eine To-Do-Liste erstellen.

Also, wir fliegen am Samstag, mittags um 12:00 Uhr. Äh, von wo eigentlich? Ach du Kacke! Der Flug geht von München aus. Wie sollen wir denn da hinkommen?

Kein Problem. Ich rufe die Airline an und frage, ob es so etwas wie ein günstiges Zugticket gibt. 'Zug zum Flug' heißen die Dinger.

Leider ist es für so eine Buchung zu kurzfristig, weil man trotz modernster Kommunikationsmittel auf einen postalischen Versand der Zugtickets besteht, dieses aber nicht innerhalb der nächsten zwei Tage hin bekäme.

Wie vertrauensvoll ist eine Fluggesellschaft, die es schaffen will, Menschen innerhalb eines Tages um die ganze Welt zu fliegen, aber einen Brief innerhalb Deutschlands, nicht mal mit Hilfe weiterer Logistikexperten, in zwei Tagen an sein Ziel bekommt. Gruselig!

Nun gut, dann buche ich mir eben selbst ein Bahnticket. Das ginge komischerweise problemlos online mit sofortigem Ticketausdruck. Leider ist der Preis viel zu hoch. Günstige Bahntickets sind ausgebucht. Ich bin fest davon überzeugt, dass die Bahn diese angeblichen Schnäppchentickets nur für einen Sekundenbruchteil ins Netz stellt, um dann allen Interessierten zu sagen »Tut uns furchtbar leid, aber das Angebot ist ausgebucht. Nutzen Sie doch unseren Normaltarif, der ja nur so teuer ist wie eine Taxifahrt von Hamburg nach Stuttgart.«

Das Gleiche gilt auch für die Billigflüge dieser 'Do-it-yourself-Airlines', bei denen du dein Essen mitbringen musst, dein Gepäck selbst verlädst und gegebenenfalls mit einem Stehplatz rechnen darfst. Auch hier nur noch Premiumpreise für Frachtmaschinen-Tickets.

Es bleibt nur eine Alternative. Immi und ich müssen mit meinem Auto nach München fahren. Das ist für uns beide zusammen viel günstiger als Zugtickets oder ein Inlandsflug.

Die Einreiseformalitäten für Thailand sind über das Internet auch schnell geklärt. Man benötigt einen gültigen Reisepass und sollte sich impfen lassen. Wie durch ein Wunder finde ich sogar meinen Reisepass - gültig.

Bei der Impfung will ich kein Risiko eingehen und beschließe, mich vertrauensvoll an das Tropeninstitut hier in Hamburg zu wenden. Die bieten Sprechstunden für Reisende an, die es in ferne Länder zieht.

Heute muss ich aber in erster Linie den Schock verdauen. Mir ist immer noch ziemlich flau im Magen und mein Kopf sagt mir mit hämmernden Schmerzen, dass sämtliche Aktivitäten auf den nächsten Tag verlegt werden müssen. Ich entspanne mich, schalte den Fernseher ein und gucke mit zufriedenem Grinsen eine Doku-

Soap über eine Familie, deren Leben genau so *nett* ist, wie meins.

Moment mal! Wie meins WAR!

Ich habe schließlich gerade einen spontanen Trip nach Thailand gebucht.

Tschüss *NETT*! Endlich passiert mir das Leben!

Wie doll mir das Leben passiert, ahne ich hier noch nicht im Entferntesten.

Donnerstagmorgen: Ich habe mir vorgenommen, mich zunächst im Tropeninstitut beraten und impfen zu lassen. Danach will ich Immi anrufen, um ihr alle Ergebnisse meiner Vorbereitungen zu präsentieren.

Von meiner Wohnung kann ich zu Fuß zum Tropeninstitut gehen. Ich brauche nur etwa zehn Minuten. Das Institut ist eine Mischung aus Krankenhaus und Seuchenberatungsstelle. So habe ich es zumindest verstanden. Am Empfang werde ich freundlich begrüßt und gebeten, der roten Linie auf dem Fußboden zu folgen und am Ende im Wartezimmer Platz zu nehmen. Auf meinem Weg der roten Linie entlang, frage ich mich, wo ich wohl lande, wenn ich ganz rebellisch einfach der gelben Linie folge. Bei meinem Glück wird das dann vermutlich die Quarantänestation für Ebola-Patienten. Im Hinblick auf meine kurze Vorbereitungszeit für die Reise verzichte ich auf das Experiment und gehe brav, der roten Linie folgend, um die Ecke und noch ein Stück weiter zum Wartezimmer. Dort ziehe ich eine Nummer und starre wie alle anderen auf die kleine Anzeigetafel über der Tür, die anzeigt, welche Nummer zum Behandlungszimmer vortreten darf.

Mein Blick streift durch den Raum. Ich sehe mir das Publikum an und stelle mir vor, dass einige der Männer Seeleute sind. Welche Krankheiten sie auf ihrem Dampfer wohl in unsere Stadt geschleppt haben? Ob das 'schifffahrtsnahe Amüsiergewerbe' Hamburgs (vornehmer Ausdruck für Nutten) jetzt mit allem infiziert ist, was mir hier so gegenüber sitzt?

Ein asiatisch aussehender Mann, vielleicht ein Philippino, trägt einen Mundschutz und hustet andauernd heftig in den kleinen Stofflappen, der nur mit zwei losen Gummibändern an seinen Ohren bammselt. Bei jeder Hustenattacke bläht sich der Mundschutz auf wie ein Segel und entfernt sich so weit von seinem Kopf, dass genug Platz ist, sämtliche Viren, Keime und Bazillen lachend und tanzend an dem sogenannten 'Schutz' vorbei ziehen zu lassen. Da sich seine Sitznachbarn nicht weiter daran stören, gehe ich davon aus, dass sie alle gemeinsam damit rechnen, ihre Heimat nie wieder zu sehen.

Ich aber möchte leben. Ich will nicht an Ebola sterben oder mehr Krankheiten in mein exotisches Reiseziel einschleppen als ich heraustragen kann. Deshalb warte ich lieber auf dem Flur, wo es noch eine weitere Anzeigetafel gibt. Zum Glück komme ich bald dran.

Im Behandlungsraum sitzen ein gelangweilter Arzt und eine biestig aussehende Krankenschwester. Beide deuten gleichzeitig wortlos auf einen Holzstuhl, auf dem ich Platz nehme.

Der Arzt fragt mich »Wo soll es denn hingehen?«

Ich versuche die Stimmung etwas aufzuheitern »Nach meinem Aufenthalt in ihrem Wartezimmer ist wohl das Beste, was mir noch passieren kann, der Himmel.«

Mein peinliches Lachen macht die Situation nicht lustiger. Deshalb erkläre ich dann mit ernstem Ton, dass ich nach Thailand reisen möchte und mich darüber informieren will, welche Impfungen ich brauche.

Der Arzt: »Wo genau wollen sie denn hin und werden sie dort Geschlechtsverkehr mit einheimischen Damen haben?«

Mir kommt diese Frage vor, als sei es das Normalste der Welt, dass sich ein vierundzwanzigjähriger Mann medizinisch für seinen Sextrip nach Thailand rüstet. Peinlich schaue ich zur Schwester rüber, die es ebenfalls für völlig normal zu halten scheint, dass ich dorthin fliege, um alles zu vögeln, was die Hände faltet und sich mit thailändischer Freundlichkeit vor mir verneigt.

»Ich fliege nach Thailand. Verkehr mit einheimischen Damen kann ich nicht ausschließen. Aber es können ja zum Beispiel auch Australierinnen Geschlechtskrankheiten haben und Sex ist natürlich immer ein beliebtes Thema.«

»Und wann wollen sie das Thema angehen?«

Er betont 'Thema' dermaßen angewidert, dass man meinen könnte, ich hätte ihm gestanden, dass ich einen Pauschalurlaub für Satanisten gebucht habe, der Menschenhäutungen als Gruppenevent beinhaltet.

»Samstag geht's los«, sage ich selbstbewusst.

»Dann hätten sie sich aber etwas früher kümmern sollen!«

»Der Urlaub ist mehr ein Unfall und spontan zustande gekommen.«

»Unfall? Dann passen sie mal schön auf, dass sie nicht noch einen geschlechtlichen Unfall erleiden. Dagegen müssen sie nämlich eigene Vorkehrungen treffen! Ich kann ihnen nur einen schönen Cocktail zusammenstellen, der sie gegen alles impft, was man in einem NORMALEN Urlaub bekommen kann.«

NORMALER Urlaub? Gehört Sex nicht zu einem normalen Urlaub? Wenn ich mir den Arzt und seine Eule von Krankenschwester so angucke, gehört Sex, aus deren Sicht, wohl eher ausschließlich in den Bereich der Fortpflanzung und nicht in die Freizeitschublade.

»Das Thema Malaria bekommen wir im Übrigen jetzt nicht mehr in den Griff. Für eine Prophylaxe ist es zu spät. Die braucht mehrere Monate. Ich verschreibe ihnen Malarone. Das ist eine Art Gegengift und sorgt zumindest dafür, dass man es bis zum nächsten Krankenhaus schaffen kann. Sie müssen lediglich beim ersten Anzeichen von erhöhter Temperatur eine von den Tabletten einnehmen und sich dann innerhalb von zwölf Stunden in das nächste Krankenhaus begeben.«

Ich nicke, denke aber gleichzeitig »Erste Anzeichen von erhöhter Temperatur? Spinnt der? In Thailand werde ich vierzig Grad im Schatten und über neunzig Prozent Luftfeuchtigkeit ausgesetzt sein. Wie zum Teufel soll ich da KEINE Anzeichen von erhöhter Temperatur haben? Ich bin Nordeuropäer und schwitze schon, wenn sich die Sonne im Winter im Schnee spiegelt.«

»Nehmen sie ein Thermometer mit und kontrollieren sie regelmäßig ihre Körpertemperatur!«

Auch die regelmäßige Temperaturkontrolle per Fieberthermometer stelle ich mir schwierig vor, gehe aber auch darauf nicht ein.

Drei Nadelstiche später ist es geschafft! Ich trete vor die Tür des Tropeninstituts und gehe in Gedanken meinen Plan durch:

Ich habe die Informationen über die Fahrt nach München, den Flug, die nötigen Impfungen und lasse mir in der Apotheke gegenüber des Tropeninstituts noch eine Reiseapotheke zusammenstellen.

Der Urlaub kann kommen! Tut er ja auch bald!

Jetzt muss ich nur noch Immi anrufen und mir natürlich einen Rucksack kaufen. Das mache ich aber nicht im Internet. Das ist mir viel zu unsicher, weil da so viele unseriöse Anbieter unterwegs sind und man ständig verführt wird, Dinge zu kaufen, die man gar nicht braucht...

Inzwischen ist es Donnerstagmittag. Nach der gestrigen Nahrungsenthaltsamkeit ist heute auch noch das Frühstück ausgefallen. Ich muss mir unbedingt Eiweiß, Kohlenhydrate und Mineralien einverleiben.

Schnell einen Döner und 'ne Dose Astra! Ich spüre richtig, wie die Lebensgeister erwachen. Wo kaufe ich aber jetzt am besten meinen Rucksack?

Ich hab´s!

Mit der U-Bahn fahre ich zum Abenteurerparadies schlechthin. Hier haben bestimmt schon Heinz Sielmann und Indiana Jones für ihre Expeditionen eingekauft.

Globetrotter!

Dieser Laden hat alles, was man als Weltenbummler so braucht. Ich wette, dass hier sogar MacGyver einkauft, um aus raffinierten Überlebensstreichhölzern Atombomben zu bauen.

Schon im Eingangsbereich bekomme ich Lust auf Bergsteigen, Trekkingurlaub oder einen Survival-Trip im Regenwald. Im dritten Stockwerk dieses gigantischen Outdoor-Kaufhauses befindet sich unter anderem die

Abteilung mit den Rucksäcken. Natürlich brauche ich einen Rucksack, der es mir erlaubt, sämtlichen Komfort in das Dritte-Welt-Land zu schleppen, auf den man als Mitteleuropäer auf gar keinen Fall verzichten kann. Mir fallen da einige wichtige Dinge ein, wie zum Beispiel eine Luftmatratze, Laptop, Mikrowelle, Fotoalbum von den Lieben daheim und und und...

Ich schlendere durch die Regale und stehe auf einmal vor einer Wand aus dickem Stoff. Nanu, warum geht's denn hier nicht weiter?

Von hinten höre ich eine Stimme »Gefällt ihnen unser Travelmaster 3000?«

Ich trete einen Schritt zurück und erkenne, dass diese Wand tatsächlich ein Rucksack ist.

»Genau so EINEN habe ich gesucht! Das Ding MUSS ich haben!«

»Der Travelmaster 3000 ist der geräumigste Rucksack auf dem Markt. Man kann damit problemlos die ganze Welt an einem Stück bereisen und aus jedem Land ein Souvenir mitbringen«, sagt der freundliche Verkäufer.

Ich stelle mir vor, dass asialady123, mein Konkurrent aus der ebay-Auktion, so einen Rucksack vermutlich benutzt, um frische Amüsierbedienstete nach Europa zu schmuggeln. Diese Größe bietet einem auf jeden Fall alle Möglichkeiten.

»Ich nehme ihn«, sage ich, ohne mir weitere Modelle anzusehen.

Der Verkäufer bietet mir an, den Rucksack genau auf meine Maße einzustellen, was ich dankend annehme. Dabei kommen wir ins Gespräch und ich erzähle ihm von meiner geplanten Thailand-Reise. Naja, genau genommen erzähle ich ihm nur das Endergebnis der bisherigen Chaos-Buchung.

»Haben sie schon eine Vorstellung, was sie unternehmen und in welche Regionen sie reisen wollen?«

»Ich lasse das auf mich zukommen.«

»Sie sollten ein gutes Mückenschutzmittel mitnehmen«, sagt er und hält mir eine Flasche hin, deren Warnhinweise den Eindruck erwecken, es handele sich um eine hochexplosive Flüssigkeit.

Sag' ich doch, MacGyver kauft hier ein! Neben dem Mückenschutzmittel solle ich auf jeden Fall einen ordentlichen Reiseführer mitnehmen.

»Welchen empfehlen sie mir?«, frage ich ihn.

Er greift zielstrebig in ein Regal mit hunderten von Reiseführern. »Lonely Planet«, erklärt er mir. »Den gibt es zwar derzeit nur in englischer Sprache, aber das kann ja kein Problem sein, wenn man ein fremdes Land entdecken will.«

Mein Englisch ist nicht das Beste und ich denke daran, dass doch selbst Indiana Jones in seinen Abenteuern erstaunlich oft auf perfekt deutschsprechende Wüsten- und Dschungelbewohner trifft. Naja, ich werde mich schon durch kämpfen und schlage den dicken Wälzer auf.

Ich fange an, die Beschreibung einer Bungalowanlage zu lesen und stelle fest, dass ich am Ende des Absatzes nicht weiß, ob diese Anlage jetzt gelobt wurde oder zahlreiche englische Fachbegriffe sagen wollen: »Bazillen, Ungeziefer, Bruchbude oder so ähnlich«.

Zudem kommt es mir sehr spanisch vor, dass die 'Bibel aller Backpacker', deren Jünger doch überall auf der Welt sofort Anschluss und Freunde finden, ausgerechnet 'LONELY Planet' heißt.

Was soll mir das sagen?

Einsamer Planet?

Entweder werde ich mit diesem Buch an so geheime Plätze geführt, dass ich tatsächlich den ganzen Urlaub über allein bin oder das sind Geheimtipps, die alle Nerds mit Kniestrümpfen in den Sandalen und Tropenhelmen auf den hässlichen Köpfen vereinen sollen.

Ich entscheide mich gegen den 'einsamen Planeten' und wähle stattdessen eine Alternative, die der Verkäufer nur 'den Loose' nennt. Kurz angelesen, erkenne ich sofort, dass hier sehr verständlich und nicht nur positiv über Orte und Unterkünfte geschrieben wird, was mir die Hoffnung gibt, die Spreu vom Weizen trennen zu können.

Stolz marschiere ich mit meinen Einkäufen zur Kasse, bezahle fast so viel Geld wie für die Flugtickets und fahre nach Hause. Langsam fange ich an, zu glauben, dass mir ein richtig geiler Urlaub bevorsteht.

Tschüss *NETT*! Hallo Abenteuer!

# 2 Auf nach München.

Den Freitag verbringe ich überwiegend damit, meinen Travelmaster 3000 zu füllen und im Loose zu gucken, welche Gegenden ich gern erkunden würde.

Abends um 18:00 Uhr klingelt Immi an meiner Wohnungstür. Wir hatten beschlossen, über Nacht nach München zu fahren. Ich mache auf und vor mir steht ein Rucksack, der aussieht, als hätte er sich Immi vor den Bauch geschnallt.

»Seit wann laufen Schnecken mit einem Hochhaus rum?«, begrüße ich sie und drücke sie gleichzeitig.

Dann stelle ich ihr MEINEN Rucksack vor. Der Travelmaster 3000 ist an Größe und Volumen nicht zu übertreffen. Das Raumwunder bietet, neben einem riesigen Hauptfach und zwei drantüdelbaren Ersatzrucksäcken, jede Menge Schlaufen, Schnallen und Ösen, um den gesamten Hausstand einer 3-Zimmer-Wohnung mit auf Reisen zu nehmen. Immi ist beeindruckt, zumal sie hinter dem Travelmaster gerade so mit dem Kopf hervorlugt.

»Was hast du denn da alles drin?«, fragt sie völlig ungläubig und geht in Gedanken ihre komplette Packliste durch, um nachzuvollziehen, was für hunderte von Sachen sie vergessen haben muss.

Ich erlöse ihre schweißgetränkten Gedanken mit dem Hinweis, dass ich neben meinen beiden T-Shirts, der Badehose, etwas Kleinkram und einer vollständigen

Globetrotter-Überlebensausrüstung auch noch meine Tauchausrüstung eingepackt habe, weil ich auf unserer Reise ja auch mal die berühmten Tauchplätze Thailands kennenlernen möchte.

»Und was ist mit Übergepäck?«, fragt sie.

»Auch da kann ich dich beruhigen. Neben den üblichen zwanzig Kilo Freigepäck darf man noch weitere zwanzig Kilo Sport- also Tauchgepäck mitnehmen. Und ich habe mein Recht auf vierzig Kilo Gesamtgepäck voll ausgeschöpft.«

Ob es nun wirklich Sinn macht, einen coolen Abenteuer-Trekkingurlaub mit einem vierzig Kilo schweren Rucksack zu absolvieren, möchte ich an dieser Stelle schon mal vorweg nehmen: NEIN!

Nachdem wir ein paar Witze über Sextourismus, Luxusbungalows am Strand und Pauschaltouristen gemacht haben, hauen wir uns ein paar Nudeln in den Topf. Wir wollen ja gestärkt, aber nicht überlastet auf die Autobahn in Richtung München kommen.

Blöd ist nur, die leichten Nudeln mit Sahnesoße und einem Pfund Käse zu schwängern, gemütlich auf dem Sofa zu liegen und nach zwei Stunden mit einem Adrenalinstoß aufzuwachen, der einem verrät, dass man eigentlich schon seit einer Stunde unterwegs sein wollte.

Nun aber los! Schnell das restliche Essen in die Küche gestellt, abwaschen kann ich ja in zwei Wochen. Auch wenn ich mir nicht sicher bin, ob der berühmte

Spruch 'der Abwasch läuft schon nicht weg...' nach vierzehn Tagen wirklich noch gilt.

Wir schmeißen unsere Rucksäcke in meinen Opel Corsa und düsen los.

Immi fragt mich »Weißt du, wie wir fahren müssen?«

Ich antworte mit dem Unterton eines sechzigjährigen LKW-Fahrers »Immer in Richtung Süden, Puppe.«

Immi lacht und denkt tatsächlich, dass ich weiß, wie wir fahren müssen.

Erstmal auf die Autobahn in Richtung Süden. Irgendwann wird München schon ausgeschildert sein.

Die ersten Kilometer laufen wie ein Länderspiel. In den Kasseler Bergen, der Todeszone eines jeden LKWs und Kleinwagens kommt es aber zu dem, was uns jede Wetter-App verraten hätte. Damals gab es aber noch keine Smartphones!

Schneegestöber!

Anfangs noch ein leichtes Geriesel, nimmt der Schneefall mit jedem Kilometer zu. Immer dichter wird der weiße Vorhang, der sich über alles legt, was langsamer als 200 km/h fährt. Natürlich fahren bei diesen Witterungsbedingungen alle langsamer als 200 km/h. Alle, bis auf ein paar wahnsinnige Geländewagenfahrer.

Ein Fahrer eines Oberklassewagens sollte doch durchaus so schlau sein, seine Geschwindigkeit, bei einer durchgängigen, vier Zentimeter dicken Schneeschicht, den Witterungsverhältnissen anzupassen. Aber es ist offenbar bei sämtlichen Geländewagen mit Hamburger Kennzeichen vergessen worden, diese Erkenntnis einzubauen.

Was wir erleben, sind die Schnee-erprobten Süddeutschen, die ihre Autos mit entspannten 60 km/h sicher durch den Schnee lenken. Die Hamburger Geländewagenfahrer glauben dagegen offensichtlich an Ganzkörperairbag, Mercedes- und BMW-Schutzengel und zudem mit der 'besseren Fahrweise' ausgestattet zu sein. Sie donnern völlig schmerzfrei und erkenntnisresistent auf der Überholspur, deren Räumung der Winterdienst inzwischen aufgegeben hat, an uns vorbei. Getreu dem Motto »Wer den dicksten und längsten hat, verfügt auch über die längste Knautschzone« lassen sich diese mutigen Männer und Frauen in ihren rasenden Kisten nicht davon abbringen, sich an die normale Richtgeschwindigkeit von 130 km/h zu halten. Immerhin rund 100 km/h langsamer als sonst!

Jeder der 'noch' langsamer fährt, ist automatisch ein Verkehrshindernis und wird mit dichtem Auffahren bestraft. Das kommt besonders gut bei einem Straßenbelag, der den Bremsweg um mehrere Kilometer verlängert. Gern genommen, sind dann auch kopfschüttelndes Vorbeifahren und ein so dichtes Einscheren, dass diese Superhirne doch eigentlich Angst haben müssten, dass der Rost meines Autos auf ihre Karren überspringt.

Immer wieder taucht Immi in den Fußraum ab, murmelt sich etwas zwischen die Füße, kommt wieder hoch und grinst. Ich frage sie, was sie da macht und sie antwortet »Ich zeige den Leuten den Stinkefinger, mache das aber so, dass man ihn nicht sieht, weil man dafür angezeigt werden kann. Das gibt mir eine gewisse Befriedigung und sorgt für Aggressionsabbau.«

Ich frage mich in diesem Moment, ob meine eigenen, zahlreich gezeigten Stinkefinger nach meiner Rückkehr dafür sorgen werden, dass ich ohne über Los zu gehen, direkt in den Knast wandere.

Das Schneetreiben wird immer dichter und phasenweise ist es nicht möglich, schneller als 30 km/h zu fahren. Das sieht leider ein Frischelaster einer Supermarktkette ganz anders. Während ich brav auf der rechten Spur fahrend, meine Geschwindigkeit verringere, scheint er es deutlich eiliger zu haben. Gepaart mit seiner Weigerungshaltung, die Spur zu wechseln, ergibt sein Bleifuß eine kuschlige Nähe. Ich denke, dass man zumindest zusammen essen gehen sollte, bevor man sich derart nahe kommt. Er hupt und gibt wilde Zeichen mit seiner Lichthupe. Glaubt der ernsthaft, dass ich rechts ran fahre, ihn fröhlich vorbei winke und dabei an einer imaginären LKW-Hupe ziehe, um ihm eine gute Reise zu wünschen? Immi, die zu dieser Zeit im Käsenudelkoma liegt, fühlt sich durch die großen hellen Scheinwerfer, die sich im Rückspiegel abzeichnen, geblendet.

Sie brummelt etwas von »Licht aus, ich will schlafen!« und ich erkläre ihr »Sag das mal dem rasenden Roland mit seiner Gemüse-Eillieferung!«

Was denkt der Kerl sich eigentlich? Seine Ware kann bei minus zwölf Grad Außentemperatur doch nicht schlecht werden.

Jetzt überschlagen sich die Ereignisse.

Immi wird wach, dreht sich um und sieht den LKW, auf dessen Nummerschildhalterung sie schon die Postleitzahl des Autohauses lesen kann. Sie schreit und ich schreie auch. Ich gebe Gas, um den Abstand zu vergrößern. Wir können uns ungefähr auf zwei Meter von dem Idioten lösen, als ich nach links blicke und einen dieser oberschlauen Geländewagenfahrer sehe, wie er auf der Überholspur an die Leitplanke ditscht. Er prallt von ihr ab, schlingert auf uns zu und schafft es doch tatsächlich, den Miniabstand zwischen uns und dem LKW zu nutzen, um frontal durch die kleine Lücke in ein Waldstück zu donnern. Er kommt zum Stehen. Nix passiert und man würde jetzt erwarten, dass er aussteigt und sich verbeugt. Dieser waghalsige Teufelskerl!

Diese Schussfahrt hat unseren Verfolger endlich dazu gebracht, seine unterkühlten Hirnzellen anzustrengen und auf Abstand zu gehen. Sein plötzliches Umschalten von Kuschelfahrt auf Fernbeziehung kommt mir vor wie eine Frau, der man sagt, dass sie nicht dick sei, sondern schwere Knochen habe.

Der Rest der Strecke nach München verläuft einigermaßen friedvoll, wenn man mal von den hunderten Hamburger Geländewagenfahrern absieht, die unumstößlich der Meinung sind, dass das Pistenschlingern der bevorstehenden Skiferien gern schon auf der Autobahn losgehen kann.

Nachdem wir das Ortsschild München passiert haben, fragt Immi mich erneut, ob ich wüsste, wo wir hinfahren müssen. Es gehe ja schließlich nicht direkt zum Flughafen. Wir fahren zunächst zu einer kleinen Pension, bei der ich mein Auto abstellen kann. Diesen Tipp habe ich aus dem Internet. Der Parkplatz kostet für zwei Wochen nur fünfzig Euro, was nur ein Bruchteil von den Flughafenparkgebühren ist.

»Die Pension ist in der Leopoldstraße.«

Stolz deute ich auf das Handschuhfach. »Ich bin vorbereitet. Die Route hab ich aus dem Internet rausgesucht.«

Für alle, deren Fahrschulwagen schon mit Einparkhilfe und Navigationssystem ausgestattet war, sei gesagt, dass es Zeiten gab, in denen man seinen Weg noch selbst finden musste. Das konnte man durch pures Wissen, Fragen oder eben einen Routenplan aus dem Internet erreichen.

Letzterer hat mir eine sehr einfache Wegbeschreibung zur Leopoldstraße geliefert. Immi liest den Plan vor und ich halte mich an ihre Anweisungen.

Endlich sind wir am Ziel! Jetzt nur noch die Hausnummer finden, das Auto abstellen und mit dem versprochenen Shuttleservice zum Flughafen düsen. Pustekuchen! Bei Hausnummer 175 angekommen glaube ich, mich selbst verarscht zu haben. Fachklinik für psychische Erkrankungen? Wenn es ein Witz gewesen wäre, dann wäre mir jetzt schlecht vor Lachen. So ist mir einfach nur übel, weil ich überhaupt keine Ahnung habe, wie das passieren konnte. Ich hab' doch bei denen angerufen. Wie können die sich denn als Pension bezeichnen? Und auch, wenn es natürlich völlig sinnlos ist, steige ich aus, wie es alle Männer tun würden und versuche den Anschein zu erwecken, als hätte ich alles im Griff.

»Der Empfang für die Pensionsgäste ist bestimmt auf der anderen Seite«, sage ich zu Immi, die grinsend kontert

»Du hättest mir doch sagen können, dass du für deine Einweisung eine erziehungsberechtigte Begleitperson brauchst.«

Als ich wieder ins Auto einsteige, kann ich an Immis Blick sehen, dass sie mir keine meiner möglichen Geschichten glauben wird.

Sie erklärt mir »Dir ist schon klar, dass es in München nicht nur eine Leopoldstraße gibt, oder? Hast du die richtige Postleitzahl in den Routenplaner eingegeben?«

Postleitzahl? Ich wohne zwar in Hamburg, komme aber ursprünglich aus einer Gegend, in der sich mehrere 'Städte' eine einzige Postleitzahl teilen, weil es ja auch nur einen Postboten gibt.

Ok, wir sind falsch gefahren bzw. auf Männerdeutsch: Wir haben eine Abkürzung genommen und orientieren uns gerade neu. Jeder gute Pfadfinder nimmt das Wort Abkürzung als Synonym für »Ich hab mich verfranzt und keine Ahnung, wie wir hier wieder rauskommen!«

»Lass uns zu dem Taxistand fahren, an dem wir gerade noch vorbeigefahren sind! Da können wir nach dem Weg fragen.«, schlägt Immi vor.

Nach dem Weg fragen? Weiß sie nicht, dass Männer, die nach dem Weg fragen automatisch zur Zwangsgeschlechtsumwandlung freigegeben werden?

Aber gut, wir haben nicht mehr viel Zeit Pfadfinder zu spielen. Ich muss mich meinem Schicksal ergeben. Wir fahren zum Taxistand, halten neben dem vorderen Wagen und fragen durchs Fenster nach dem Weg. Was für eine Freude, als wir erfahren, dass unsere Pension nur zehn Minuten entfernt liegt und ganz leicht zu finden ist. Sofort machen wir uns auf den Weg und sind tatsächlich bald an unserem ersten Etappenziel angelangt. Wir parken das Auto auf dem Parkplatz der Pension, melden uns an der Rezeption und sitzen kurz darauf in einem kleinen pensionseigenen Shuttlebus in Richtung Münchner Flughafen.

# 3 Münchner Flughafen.

Immi und ich betreten den Münchner Flughafen. Ein Gewusel von Ankommenden und Abreisenden nimmt uns in die Mangel. Überall freudestrahlende Urlaubsgesichter, genervte Geschäftsleute und Abschiedsschmerz. Da wir noch keine Tickets haben, sondern lediglich eine Buchungsbestätigung, können wir nicht, wie alle anderen, einfach mal auf die Anzeigetafel gucken, an welchem Schalter wir einchecken müssen. Zunächst gilt es, den Infoschalter unserer Fluggesellschaft zu finden, an dem uns die Tickets ausgehändigt werden. Merkwürdig finde ich, dass diese bekannte deutsche Fluggesellschaft den Namen eines Vogels trägt, der sich von Aas ernährt.

Mein Travelmaster 3000 erregt ziemliches Aufsehen. Man muss sich dieses Bild vorstellen. Ein riesiger Wandschrank auf zwei kleinen Beinchen. Durch dieses schräge Größenverhältnis wirke ich wie das Maskottchen eines Reiseveranstalters für Weltreisen, das kreuz und quer durch den Flughafen eiert. Vielleicht wundern sich die Leute hauptsächlich, dass sie keine Werbegeschenke von mir bekommen. Immerhin müsste in diesem riesigen Rucksack ja so einiges drin stecken. Ein weiterer Hingucker sind sicher auch meine mitgebrachten Krücken. Die sind noch ein Überbleibsel von meinem kleinen Unfall und sollen mir bald gute Dienste erweisen. An einer der zahlreichen Schlaufen meines Travelmasters 3000 befestigt, stapfe ich über den Flughafen, als gehörten Krücken in jede gute Reiseapotheke. Einem besonders irritiert guckenden Geschäftsmann rufe ich zu »Ich hab letzte Nacht mit unserem Piloten durchgesoffen. Mit den Krücken will ich auf seine heutige Flugleistung vorbereitet sein.«

Als ich mich ihm nähere, frage ich ihn noch »Kennen Sie die Serie Lost? Es geht um einen Flugzeugabsturz auf einer einsamen Insel. Und einer braucht danach garantiert Krücken! Naja, wir sehen uns dann nachher im Flieger.«

Als ich weitergehe, betet der gute Mann vermutlich dafür, dass ich einen anderen Flug nehme, als er.

Endlich an unserem Bestimmungsschalter angekommen, erzähle ich der freundlichen Bodenpersonesse die gleiche Geschichte. Sie findet meinen Witz aber alles andere als komisch. Nach kurzer Ausweiskontrolle tippelt sie etwas in ihren Computer und sucht vermutlich unsere Buchung.

Ich flüstere Immi zu »Psst! Gleich kommt mein großer Auftritt!«

»Häh?«

»Pssscht! Wirst gleich sehen. Ich schnappe mir meine Krücken und humple völlig erschöpft zum Check-in-Schalter. Da frage ich dann nach einem Platz am Notausgang, weil ich mit dem kaputten Knie schließlich Beinfreiheit brauche. Ich muss nur aufpassen, dass ich die Krücken rechtzeitig einsetze, damit die nicht sehen, wie gut ich ohne laufen kann.«

Die Dame am Infoschalter hat unsere Buchung inzwischen gefunden und druckt die Tickets aus.

Fröhlich frage ich »Wo ist denn unser Check-in?« und schaue mich dabei schon um, an welchem Plätzchen ich die Verwandlung zum Gehbehinderten vollziehen kann.

Sie zeigt mit dem Finger auf die Schalterreihe direkt gegenüber, keine zehn Meter entfernt und sagt freundlich »Sie müssen nur dort rübergehen. Die Kollegin hat schon gesehen, dass ich hier noch zwei Passagiere für sie habe.«

Mist! Das muss eine ganz schön zügige Verwandlung werden. Das wäre selbst für David Copperfield eine Herausforderung. Da ich nur leider schon bei Ankunft in der Halle mit meinem Berg von Rucksack für großes Aufsehen gesorgt habe, ist meine Chance, unauffällig zum Invaliden zu werden, eher gering. Egal! Versuch macht klug. Ich greife nach meinen Krücken, schnalle mir den Rucksack auf den Rücken und humple los. Immi versinkt fast vor Scham und schleicht langsam hinter mir her.

Am Schalter quäle ich mir ein »Hallo, puuh« heraus und gebe meine Unterlagen ab.

Die freundliche Mitarbeiterin fragt mich »Möchten sie einen Gang-, Mittel- oder Fensterplatz?«

Wehleidig deute ich auf die Krücken und sage »Notausgang bitte.«

Sie guckt mich an, und ohne dass ich das Gefühl habe, sie hätte mein falsches Spiel durchschaut, sagt sie »Behinderte sind ein Sicherheitsrisiko und dürfen nicht am Notausgang sitzen!«

Ich stelle mir den ersten Teil des Satzes in der Tagesschau vor: »Behinderte sind ein Sicherheitsrisiko!«

Meine Fresse, wie hart ist die denn drauf?

Ich versuche aus der Nummer rauszukommen, indem ich sage »Ich brauche die Krücken ja nur, wenn ich diesen tonnenschweren Rucksack trage, weil meine Beinchen sonst brechen. Ich verspreche ihnen, dass ich bei einem Absturz nicht in den Laderaum krieche, um ihn zu holen. Ohne ihn bin ich flink, wie ein Wiesel. Soll ich´s ihnen zeigen?«

Aber mit der Niedlichnummer klappt es auch nicht.

»Behindert ist behindert!«, sagt sie und bietet mir einen anderen Platz mit etwas mehr Beinfreiheit an.

»Sie können ihr Bein ja auch in den Gang stellen.«

Wie bitte? Ein Körperteil, das mit voll funktionsfähigen Nervenbahnen ausgestattet ist, in den Gang eines Flugzeugs halten?

Ist die wahnsinnig?

Jeder weiß doch, dass Saftschubsen nur darauf warten, dass ein Fuß, ein Knie oder ein Ellenbogen über den Sitz hinaus in den Gang ragt. Einmal anvisiert, zünden die meist gemächlich ihren Wagen schiebenden Bestien den Raketenantrieb der rollenden Minibar und halten voll drauf. Prellungen, Quetschungen und fieseste Rempler sind vermutlich der Ausgleich für Begriffe wie 'Saftschubse' oder die zahlreichen versehentlichen Popo-Grabscher auf Flügen zwischen Deutschland und Mallorca. Es ist demnach alles andere als eine Option, lebendes Fleisch in die Reichweite dieser durchgeknallten Rallye-Serviererinnen zu halten.

Letztendlich nehme ich den angebotenen Platz hinter der Trennwand zur ersten Klasse dankend an. Da ahne ich noch nicht, dass die Plätze hinter der Trennwand zwar mehr Beinfreiheit bieten, dafür aber auch direkt an den Toiletten liegen, die auf einem Zwölf-Stunden-Flug stark frequentiert sind.

Darüber machen sich viele Reisende offenbar gar keine Gedanken. Zu Hause noch eine Kanne Kaffee, ein Pfund Zwiebelmett und drei hartgekochte Eier konsumiert, auf dem Weg zum Flughafen unter Aufbringung größter Verdauungskräfte eine übelriechende Masse produzieren und diese dann kurz nach dem Start in der Flugzeugtoilette abseilen.

Schweinebande!

Ich bin aber schon froh, dass ich nicht zwölf Stunden lang mit meinem Kopf zwischen den Knien verbringen muss, nur weil die Sitze unseres Charterfliegers gerade mal Platz für einen Hobbit bieten.

Als alles geklärt ist, will ich nicht mein Gesicht verlieren und greife nach meinen Krücken, um damit weg zu humpeln.

Immi: »Warum schmeißt du die Dinger nicht einfach weg?«

»Na, weil ich nicht noch mehr Blicke auf mich ziehen will. Wie sieht das denn aus, wenn ich eben noch ein behindertes Sicherheitsrisiko bin und plötzlich wie ein junger Gott durch die Gegend hopse?«

Ich nehme meinen Travelmaster ab, lasse Immi mit meinem Riesenrucksack stehen und humple auf die Toilette. Eine Reinigungskraft hält mir sogar noch die Tür auf »Kann ich ihnen helfen?«

»Nein danke, ich muss lernen, mit meiner Behinderung umzugehen.«

Ich verschwinde in einer Kabine, warte ein paar Sekunden und spaziere dann gut gelaunt ohne Krücken zum Waschbecken und weiter in Richtung Ausgang. Dabei bemerke ich im Spiegel, wie die Reinigungskraft völlig ungläubig hinter mir her starrt und sich etwas in ihrer Landessprache in den deutlich sichtbaren Bart brummelt.

Ich rufe ihr zu »Kabine 8 wirkt Wunder!« und lasse sie im Glauben zurück, dass eine ordentliche Magen-Darm-Entleerung so manche Verspannung lösen und sogar dafür sorgen kann, dass das Gehvermögen wieder hergestellt wird.

Immi und ich beschließen, direkt durch die Sicherheitskontrolle zu unserem Gate zu gehen. Die Spannung steigt. In knapp einer Stunde ist Abflug.

Lustlos fragt mich ein Sicherheitsbeamter »Flüssigkeiten? Getränke?«

Ich, damals diese hirnverbrannte Möchtegern-Kontrolle noch nicht so gewohnt »Warum? Haben sie Durst?«

Mein Witz kommt offensichtlich nicht gut an und mit monotoner Stimme werde ich darüber aufgeklärt, dass Flüssigkeiten an Bord von Flugzeugen nicht unbegrenzt erlaubt seien, weil es sich um Flüssigsprengstoff handeln könne, den die normalen Piepsgeräte hier nicht von harmlosen Kaltgetränken unterscheiden können. Daher dürfe ich pro Verpackung maximal 100ml mitnehmen und davon dann auch höchstens zehn Stück.

Moment mal? Flüssigsprengstoff ist von Wasser nicht zu unterscheiden und deshalb darf ich nur zehn mal 100ml, also insgesamt einen Liter mitnehmen?

Wie bescheuert ist das denn?

Ich würde mal behaupten, dass ich mit einem ganzen Liter Flüssigsprengstoff genug Schaden anrichten kann, um den Vogel vom Himmel zu holen. Dann ist es doch eigentlich egal, wie viel Flüssigkeit ich dabei habe. Nein, ist es seit dem 11. September eben nicht mehr! Ich ergebe mich widerwillig der Pseudo-Kontrolle, die mir nicht die Bohne an Sicherheitsgefühl vermittelt, sondern lediglich aufzeigt, wie man seinen Sprengstoff stückeln muss, damit man fröhlich durch den Sicherheitscheck kommt. Hinweistafeln erklären einem zusätzlich ganz genau, dass es sinnvoll ist, neben kleinen Fläschchen, auch Cremedosen und Tuben für die Aufbewahrung des Sprengstoffs zu verwenden. Außerdem muss dann alles noch in einen Zip-Beutel gepackt werden. Ein normaler Plastikbeutel reicht nicht aus. Es muss unbedingt ein Beutel mit Verschluss sein. Vermutlich soll das dann meinen Zugriff auf meinen Liter Flüssigsprengstoff verzögern. Sind die Leute, die solche Sicherheitsrichtlinien erlassen, eigentlich selbst schon mal mit einem Flugzeug geflogen?

Nach der Sicherheitskontrolle sieht der Münchner Flughafen ähnlich aus wie vorher. Kaffee- und Snackbars, Modeboutiquen und zusätzlich kleinere Getränkestände. Alles ist nur doppelt so teuer. Besonders Getränke, weil man sich ab hier ja mit Flüssigkeiten neu eindecken muss. Ist an so einer Stelle die Frage erlaubt, ob die Getränkeindustrie oder die Flughafenkioskbetreiber etwas mit den Anschlägen auf das World Trade Center und den daraus resultierenden, verschärften Sicherheitskontrollen zu tun haben?

Als wir endlich am Gate ankommen, sind wir total erleichtert. Erst verpennt, dann der Autobahnschneesturm und zuletzt das Flughafen-Hin-und-Her. Jetzt liegt es nicht mehr in unserer Hand. Ab sofort begeben wir uns in die Verantwortung der Bodencrew, dem Piloten mit seinen hoffentlich hübschen Stewardessen und natürlich... genau:

DEN MECHANIKERN, DIE DEN SCHEIß FEHLER NICHT FINDEN, DER VERHINDERT, DASS UNSER FLUGZEUG ÜBERHAUPT ERSTMAL BIS NACH MÜNCHEN KOMMT!

Der Vogel hängt laut Durchsage des Bodenpersonals noch in Hamburg fest. Grund hierfür seien technische Probleme. Kleiner Scherz der netten Bediensteten: »Aber wenn er es nachher von Hamburg nach München geschafft hat, kommen wir auch nach Bangkok.«

Die weiß ja nicht, dass wir bestens darüber informiert sind, was auf dem Weg von Hamburg nach München alles passieren kann.

Immi wundert sich »Warum sind wir mit deinem Corsa nach München gegurkt, wenn der Düsenjet doch sowieso aus Hamburg kommt?«

Ich dazu »Bete mal lieber still und leise, dass unser Pilot, der uns von München nach Bangkok fliegt, nicht einer dieser wild gewordenen Geländewagenfahrer ist. Und wenn du schon dabei bist, dann schick noch mit auf den Gebetsweg, dass der Frischelasterfahrer nicht die Ersatzteile transportiert!«

Wir lachen und nehmen es, wie es kommt.

Der Flug ist zunächst um zwei Stunden verschoben. Macht nix, wir werden ja nicht erwartet. Die Zeit nutzen wir, um uns einen Überblick über die anderen Passagiere zu verschaffen, mit denen wir diese aufregende Reise antreten. Alles dabei. Zur leichteren Identifizierung für sofortige und spätere Lästerattacken geben wir den Highlights dieser Menschenmischung ausgefallene Namen. Da ist zum Beispiel ein älterer Herr im Hawaiihemd mit seiner thailändischen Frau. Er bekommt den Namen 'Thai-Hawaii' und seine Frau aufgrund ihres außergewöhnlich länglichen Gesichts den schönen Titel 'Pony'. Beide fallen, neben ihrer äußeren Erscheinung und durch die Bedienung des Klischees »Alter Mann mit junger Thai-Frau«, vor allen Dingen durch ihre lautstarke Kommunikation auf. Als sich Thai-Hawaii noch einmal persönlich davon überzeugt hat, dass er, genau wie alle anderen dreihundert Passagiere, auch nicht früher los fliegen kann, brumpft er die Bodendame an »Wären wir bloß wieder mit Thai-Air zu den Reisfressern geflogen und nicht mit - Pieps -!« (Den Pieps musste ich einblenden, weil ich nicht weiß, ob Negativwerbung in Unterhaltungsbüchern zu Freiheitsstrafen führen kann.) Während er diesen unüberhörbaren Satz mit den Reisfressern rausbrüllt, tätschelt er seiner Frau am Hintern rum und freut sich darüber, dass er die ungeteilte Aufmerksamkeit aller Umherstehenden genießt. Pony, beeindruckt von der Autorität ihres Kerls, nickt derweil zustimmend. Sich mal lautstark beschweren, hat noch jeden kleinschwänzigen Opa mit Midlife-Krise zum stolzen Pavian werden lassen. Die Deutschkenntnisse seiner ihn liebenden Ehefrau reichen scheinbar noch nicht aus, um ihm diesen kleinen Seitenhieb gegen sich und ihre Landsleute krumm zu nehmen. Sie macht weiterhin einfach nur ein langes Gesicht.

Dann eine neue Durchsage. Der Flieger sei jetzt in München, könne aber leider noch nicht starten, weil noch ein Ersatzteil fehle. Aha! Und der Pilot ist heldenhaft ohne dieses lebenswichtige Ersatzteil quer über die Bundesrepublik geflogen und sicher in München gelandet?

Der Abflug soll sich noch bis circa 19:00 Uhr verschieben, weil die Witterungsbedingungen die Lieferung des Ersatzteils verzögern. Lass doch einfach einen Hamburger Geländewagenfahrer los düsen, um das Ding zu holen, denke ich und freue mich im gleichen Atemzug über den Rest der Ansage:

»Um ihnen unser Bedauern auszudrücken und die Wartezeit etwas zu verkürzen, erhalten sie von uns einen Gutschein zur Einlösung in allen Shops und Restaurants des Abflugbereichs.«

Eine Mischung aus Müdigkeit, Undank und geistiger Unterbelichtung führt zu einer sofortigen Beschwerdewelle am Schalter der jungen, verzweifelten Dame. Eben noch in typisch deutscher Warteschlangen-Position auf den Abflug wartend, entwickelt sich die Meute schlagartig zu einer meckernden galgenhumorigen Masse von Urlaubern, die bis dato bereits mehrere Stunden ihres verdienten Jahresurlaubs vergeudet haben.

Eine junge Frau, Anfang zwanzig, mischt jetzt richtig mit. Sie trägt ein viel zu kurzes Strasssteinhemdchen, das deutlich zeigt, dass Bauch und Busen die Rollen getauscht haben. Das schreit nach dem Kosenamen 'Strassspeck'.

Diese Perle einer jeden Ruhrpott-Imbiss-Bude meldet sich zu Wort »Hömma Mädschen! Isch verklach die Airline auf Schadenersatz, weil ich durch das Rumsitzen am Flughafen einen Verdienstausfall hab. Hab isch neulisch im Fernsehen jesehen!«

Jetzt ist für mich verkehrte Welt! Meint sie, dass sie hier in Deutschland einen Verdienstausfall hat oder muss sie einen Job in Thailand antreten? Schicken wir tatsächlich schon unsere eigenen, ausgenudelten Rotlichttäubchen nach Thailand zum Anschaffen?

Immi kann mich gerade noch davon abhalten, dieser aufstrebenden Supermarkt-Kassiererin fünf Euro in die Hand zu drücken, damit sie ihrem Tageslohn nicht nachweinen muss. Blöde Schlecker-Kassentante, quasi Ar-Schlecker-Kassiererin! (Für diejenigen, die nicht wissen, was Schlecker ist: Schlecker war eine Billig-Drogerie-Kette, die während meines Schreibens leider pleite gegangen ist.)

Jetzt aber zum Wesentlichen! Her mit dem Bargeldersatz! Ein freundlicher Herr vom Bodenpersonal verteilt gegen Vorlage der Bordkarte die Gutscheine. Als Zeichen, dass man einen Gutschein erhalten hat, markiert er die Bordkarte mit einem 'G' für Gutschein. Clever!

Dann sind wir endlich dran! Immi und ich halten jeder einen Wertgutschein in Höhe von gefühlt fast einer Million Euro in der Hand. Genau genommen sind es fünfundzwanzig Euro. Völlig fassungslos durch diesen unerwarteten Reichtum gucken wir uns an und schmieden sofort Pläne, was wir damit anstellen. Ich kenne mich mit Geld aus und rufe zu Besonnenheit auf.

Immis erster Vorschlag »Ich kaufe die Parkstraße im Monopoly-Spiel!«

»Ok, dann nehme ich alle Leopoldstraßen in München.«

»Oder soll ich lieber eine Handtasche im Prada-Shop kaufen?«

»Aber nur, wenn ich den Audi aus der Abflughalle bekomme.«

Immi wieder »Vielleicht sollten wir auch für die Reise vorsorgen und einen 25-Kilo-Sack Studentenfutter kaufen.«

Ich kontere »Und was wäre mit einer eigenen Airline, damit wir allein nach Bangkok fliegen können? Oder wir spenden das Geld unserer Airline, damit sie mal den einen oder anderen Flughobel zur Inspektion bringen können und zumindest unser Rückflug in zwei Wochen reibungslos klappt.«

Aber Spaß beiseite. Wir entscheiden uns dafür, der rollenden Minibar an Bord des Flugzeugs kein Vertrauen zu schenken, und uns Alkohol zu kaufen. Gaumen, die von zahlreichen Billigfuselattacken mit Hornhaut überzogen sind, erlauben es uns, den richtig günstigen Sprit zu kaufen. Schnell haben wir ein paar Flaschen im Sack. Außerdem bleibt noch Geld für eine Runde Backfisch bei Gosch.

Zurück am Schalter, halten wir zunächst vollgefressen und leicht angedüselt ein Schläfchen. Ich penne im Sitzen und Immi liegt quer über drei Sitze mit dem Kopf auf meinem Schoß.

Wir wachen auf, als etwas in Bewegung zu geraten scheint. Einige entnervte Urlauber ziehen frustriert von dannen – storniert! Also nicht der Flug, sondern deren Reise. Die können nicht mehr! Wir dagegen haben die Ruhe weg, genehmigen uns noch ein Tässchen Hopfenkaltschale und schlummern wieder weg.

Dann geht plötzlich alles ganz schnell. Hektisch wuseln alle um uns herum. Scheinbar ist der Startschuss nun doch gefallen. Es kommt uns vor, als seien die Platzreservierungen aufgehoben und man müsse sich, wie beim Konzert einer Teenieband, einen guten Platz sichern, indem man mit möglichst viel Ellenbogeneinsatz an den anderen Urlaubern vorbeiprescht.

Vorne an der Bordkartenkontrolle ist dann leider auch schon Schluss mit der Rennerei. Es war nämlich bislang nur der Aufruf, dass es 'gleich' losgehe. Die Herde sammelt sich daher in einer großen Traube vor der Dame, die unsere Bordkarten kontrolliert.

Es ist 19:00 Uhr und der Flieger steht bereit zum Besteigen. Wir sind uns unserer Plätze sicher und schlendern gemütlich hinter den Fluggroupies her, in Richtung Außenbereich des Touristenknäuels.

# 4 Der Flug.

Durch die Lautsprecherdurchsage der Dame vom Bodenpersonal erfahren wir, dass zunächst alle Passagiere der Sitzplatzreihen 34 bis 56 an Bord gehen sollen. Diese Aussage veranlasst nahezu alle Passagiere an unserem Gate, zum Schalter zu drängeln, um auch ja als Erster an Bord zu sein. Alle... bis auf zwei angetrunkene und müde Ausnahmen, Immi und mich.

Mir ist schon bei früheren Flügen aufgefallen, dass grundsätzlich alle Reisenden ganz zufällig in den hintersten Reihen sitzen und somit das Flugzeug zuerst betreten dürfen. Wie machen die Airlines das nur, dass wirklich jeder im hinteren Teil des Flugzeugs sitzt. Bekommt denn so ein hecklastiges Flugzeug überhaupt noch den Hintern hoch?

Eine weitere Frage, die sich beim Betreten eines Flugzeugs stellt, ist: „Wie viel Handgepäck ist notwendig, um in der Kabine einen gewissen Wohlfühleffekt zu erzielen. Damit meine ich nicht die Geschäftsreisenden, die für eine Übernachtung keine Lust haben, einen Koffer einzuchecken und deshalb von der Zahnbürste bis zum Schlafanzug alles in überdimensionierten Aktenkoffern transportieren. Nein, ich meine den gemeinen Touristen auf einem Mittel- oder Langstreckenflug. Da werden Koffer als Handgepäck deklariert, die so groß und schwer sind, dass der Reisende sie mit einem Gepäckwagen bis zum Gate schieben muss, weil kein Mensch die Dinger mehr heben kann. Im engen Flugzeuginneren versuchen die Gepäcksüchtigen dann, ihr kleines Mitbringsel in die obere Gepäckablage zu bugsieren. Da wird anderes Gepäck geräumt, mit den dreckigen Rollen über fremde Jacken geschrammelt, und Laptops im hinteren Bereich des Faches werden förmlich zerdrückt, um erst Minuten später festzustellen, dass der Koffer einfach nicht hinein passt.

In vielen Fällen findet sich unter Aufwendung der Kräfte von drei Flugbegleiterinnen dann doch noch ein Fach, in das man den Koffer quetschen kann. Die Klappe des Fachs wird dafür derart verbogen und gespannt, dass die Betätigung des Öffnungshebels dem Drücken eines Gewehrabzugs gleichkommt. Nur, dass man hier keine Kugel, sondern Handgepäck durch die Kabinendecke schießt. Andere Gäste bekommen dann zwar kaum noch ihre Jacke in diese Ablage, aber wer zuerst kommt, mahlt zuerst und wer als erstes an Bord kommt, hat alle Rechte.

Dadurch entsteht vermutlich die Angst, sein Handgepäck mit einer Frachtmaschine nachbringen lassen zu müssen, wenn man zu spät an Bord kommt. Da ist es ja nur logisch, vorzugeben, genau in dem Bereich zu sitzen, der als Erstes für das Boarding aufgerufen wird.

Einige, die sich gerade noch eilig an einem vorbei geschoben haben und sich dann sehr zeitaufwendig in der dritten Sitzreihe einrichten, bemühen sich immerhin darum, ein peinlich berührtes Gefühl zu vermitteln, indem sie Dinge sagen, wie »Huch, ich sitze ja doch hier vorn.« In anderen Fällen beugen sich diese Sitzplatzgeier gönnerhaft vor, um andere an sich vorbei zu lassen, die tatsächlich ganz hinten sitzen. Dabei merken sie nicht, dass ihr Kopf zwar aus dem Weg ist, ihr Hintern aber weit in den Gang hineinragt und ein Durchkommen unmöglich ist. Genervt wird der Kopf geschüttelt und in Ruhe damit fortgefahren, sein Hab und Gut aus dem überdimensionierten Handgepäck auszupacken, um für alle Eventualitäten des Fluges gerüstet zu sein.

Um uns nichts von alldem vorwerfen lassen zu müssen, steigen Immi und ich als letztes ein. Wir gelangen zügig zu unserem Platz hinter der Trennwand zur ersten Klasse, direkt an den Toiletten. Die riechen jetzt schon, als wären sie in den letzten Stunden von sämtlichen Mechanikern mit Magen-Darm-Problemen hart rangenommen worden. Ich sitze am Gang und habe direkten Blick in die Luxusklasse, wo ich völlig ungläubig unsere Blitzbirne Strassspeck entdecke. Kann es sein, dass diese hohle Frucht wirklich einen Flug in der ersten Klasse gebucht hat. Ich bin mir ziemlich sicher, dass sie das nur verwechselt haben kann. Vermutlich eine reine Gewohnheitssache, weil sie zu Hause im Supermarkt auch immer an der ersten Kasse sitzt. Kasse oder Klasse, wo ist da schon der Unterschied?

Zum Glück wird dieses Missverständnis sofort durch eine Stewardess aufgeklärt. Die Dame mit der hübschen Paradeuniform erklärt Strassspeck, dass dies die erste Klasse sei und sie doch bitte auf ihrem Sitz in der zweiten Klasse Platz nehmen möge.

Strassspeck schält sich aus dem Sitz, dreht sich um und brüllt in Richtung ihres Freundes, der die Zweiklassengesellschaft begriffen hatte »Kevin, ick darf hier nisch sitzen, obwohl frei is, Alta!«

Wie soll die Arme auch verstehen, dass wir hier nicht im Bus von Pinneberg nach Altona sitzen, in dem man sich überall hinsetzen darf? Völlig genervt und an ihrer gefälschten Gucci-Sonnenbrille kauend, trottet sie zu uns in die Holzklasse und pflanzt sich neben Kevin.

Nachdem endlich alle Passagiere ihre Plätze eingenommen haben, schlage ich Immi ein Spiel vor, an dem alle anderen auch teilnehmen könnten - 'Findet Nemo'. Auf dieses Spiel komme ich nur, weil sich der billige Fusel mit dem Backfisch von Gosch in meinem Magen in die Haare bekommt und droht, über Bord zu gehen. Aufgrund des hohen Auftriebs meiner letzten Mahlzeit stelle ich mir vor, wie meine Kotztüte explodiert und sich mein gesamter Mageninhalt in der Kabine verteilt. So erkläre ich es auch Immi und sage ihr, dass die Aufgabe der Spieler wäre, die Puzzleteile zusammen zu setzen, bis der Fisch wieder ganz ist.

»Das wäre aber nicht fair!«

»Häh, warum?«, frage ich.

»Weil ich den Fisch vorhin im Ganzen gesehen habe und damit allen anderen Spielern gegenüber einen Wissensvorsprung habe.«

Das Gerede über eine mögliche Springflut aus meinem Magen macht es nicht wirklich besser.

Warum zum Teufel machen die nicht endlich die Bildschirme für ein bisschen Entertainment klar? Das würde mich ablenken und meinen Magen beruhigen. Dann würde auch niemand durch umherfliegende Gräten verletzt werden.

Immi deutet auf den kleinen Bildschirm unter der Kabinendecke, der uns und die Reihen hinter uns in den nächsten Stunden unterhalten soll und fragt mich

»Kann man sich später auch Filme wünschen, die dann auf unserem kleinen Fernseher gezeigt werden?«

»Keine schlechte Idee«, sage ich. »Man müsste eine Auswahl haben und dann abstimmen, Wunschfilm quasi.«

»Vielleicht kann man den einen oder anderen Sextouristen dann schon auf seine Reise einstimmen.«

Und dann philosophiert sie weiter über mögliche Filmtitel wie »Tief drin bei Tracy« oder »Ladyboys von zart bis hart«. Die würden hier sicher so manchem gut gefallen. Man gucke sich nur die vielen weit aufgeknöpften Hawaiihemden an, die einen Wald aus Brusthaaren freigeben, in dem sich zahlreiche goldene Kettchen verknüselt haben.

Aber wir fliegen ja nicht mit einer Marken-Airline, sondern haben den 'Aldi' der Lüfte erwischt. Hier darf man weder wünschen noch geht irgendetwas in Erfüllung!

Kurz vor dem Start melden sich unsere beiden Piloten zu Wort. Sie scheinen ganz schöne Witzbolde zu sein und stellen sich nur mit Vornamen vor. Ralf und Sebastian versprechen, uns zwar nicht mehr pünktlich, aber immerhin sicher ans Ziel zu bringen. Na, das ist doch schon mal was! Sie erklären noch einmal in allen technischen Einzelheiten, was zu der Verspätung geführt hat und warum wir jetzt trotzdem sicher starten können. Ich bete dafür, dass wir nicht erst abheben, wenn auch der letzte Passagier diese technische Ausbildung bestanden hat und blicke mich um zu Strassspeck.

Dann geht es endlich los! Die Turbinen heulen auf, der Flieger nimmt Fahrt auf und wir rollen in Richtung Startbahn. In der Zwischenzeit erklären uns die Flugbegleiterinnen, welche Maßnahmen im Notfall dafür sorgen sollen, dass wir alle überleben. So sollen sich zum Beispiel nach einer Notlandung alle ganz ruhig und gesittet in Richtung Ausgang begeben, und dort einer nach dem anderen die Rutsche hinunter gleiten, um dann anderen Reisenden zu helfen.

Genau! Ruhig und gesittet? Das versuch mal den Idioten zu erklären, die vor wenigen Minuten noch einen Scheißdreck darauf gegeben haben, in welcher Sitzreihe sie sitzen und sich an allen vorbei ins Flugzeug gedrängelt haben – ohne Notfall! Und das mit der gegenseitigen Hilfe gilt dann wohl auch für diejenigen, die mit ihrem tonnenschweren Handgepäck auf den Platzbedarf der anderen pfeifen und froh sind, dass es ihnen, aber auch nur ihnen, gut geht?

Wenn man sich in einem Flugzeug mal seine Mitreisenden genau ansieht und sich überlegt, dass man im Notfall auf deren Hilfe angewiesen sein könnte, verzichtet man freiwillig auf seinen Gurt, klappt beim Start sein Tischchen demonstrativ runter und schaltet alle elektronischen Geräte ein, die man auf die Schnelle finden kann. Außerdem zückt man natürlich für einen schnelleren Tod die zehn mal 100ml mitgebrachten Flüssigsprengstoff aus dem Zipbeutel. Ja, lieber Sterben als von deren Hilfe umgebracht zu werden!

Auch nachdem der Synchron-Sicherheitstanz der Flugbegleiterinnen beendet ist, rollen wir weiter. Und wir rollen und rollen und rollen. Da bekommt man ein Gefühl dafür, warum der Flieger von Hamburg nach München so lange gebraucht hat. Ralf und Sebastian haben offensichtlich gar keinen Flugschein, sondern nur einen Personenbeförderungsschein für die Straße. Na, dann geht's jetzt wohl auf dem Highway nach Bangkok.

Dann geben die beiden plötzlich doch noch ordentlich Gas und wir heben ab.

Kurz nach dem Start fallen die meisten in einen tiefen Schlaf und erholen sich von einem anstrengenden Tag mit sieben Stunden Aufenthalt auf dem Münchner Flughafen.

Der Flug verläuft sehr ruhig. Die Saftschubsen servieren den üblichen Tomatensaft und das Essen aus dem Plastiknapf. Die Toilettenspülung hört nach dem Essen gar nicht mehr auf zu laufen und langsam, aber sicher nähern wir uns unserem nächsten Etappenziel – Bangkok.

Als Immi und ich nach einem ausgiebigen Schlaf der Gerechten wieder bei Bewusstsein sind, erkennen wir schnell, dass sich an unserer Situation nicht viel geändert hat. Immer noch ein prall gefüllter Flieger mit Touristen und ehemaligen Thailänderinnen, die mit ihrer bierbäuchigen, deutschen Aufenthaltsgenehmigung einen Ausflug in die arme Heimat machen. Alle gucken ziemlich müde aus der Wäsche und warten nur darauf, endlich zu landen.

Der Flug wird noch knapp zwei Stunden dauern. Immi und ich beschließen, die bislang so straff durchgeplante Organisation unserer Reise fortzusetzen und einen Blick in unseren Reiseführer, den Loose, zu werfen. Immerhin fehlen uns noch ein paar Detailinformationen, die für den weiteren Verlauf hilfreich sein könnten.

Da wären zum Beispiel Antworten auf die Fragen »Wo wollen wir eigentlich hin?«, »Wie kommen wir da hin?«, »Wo wollen wir da pennen?« und »Was machen wir, wenn wir dort sind?«

Glücklicherweise entpuppt sich der Loose als eine wahre Fundgrube an Informationen über alles Erdenkliche, was ahnungslose Erstreisende in Thailand so brauchen. Zahlreiche Unterkünfte sind detailliert beschrieben und auch die Anreisemöglichkeiten werden sehr gut erläutert. Besonders gefällt mir, dass hier kein Blatt vor den Mund genommen wird und man schnell herauslesen kann, welche Ziele besonders empfehlenswert sind und welche man lieber meiden sollte.

Auf das übliche Reisekatalog-Blabla wird vollständig verzichtet. Es wird uns erspart bleiben, ein Hotel mit 'verkehrsgünstiger Lage' an einer Autobahn zu finden oder auf eine 'familienfreundliche Anlage' hereinzufallen.

Letztere zeichnet sich ja meist dadurch aus, dass sämtliche Jungfamilien der Meinung sind, hier Gleichgesinnte zu finden, und damit jegliches Verantwortungsbewusstsein gegenüber 'normalen' Reisenden ablegen zu dürfen. Da wird mal eben beim Frühstück das Kind gestillt, als sei es völlig normal, vor fremden Menschen seine Brust auszupacken und ein schreiendes Ding dranzustöpseln. Natürlich kommt dann dieses zufriedene selbstgefällige Nicken in die Runde, auf der Suche nach jemandem, der das einfach nur rührselig und nicht eklig findet. Selbstverständlich ist es in solchen Eltern-Kind-Heimen auch völlig normal, dass jeder, der jünger als sechzehn ist, absolut ungeniert sämtliche Spuck- und Grabbelschutzmaßnahmen am Buffet umgeht und alles anfasst, was bunt und süß aussieht. Es wird probiert und dann bei Nichtgefallen wieder zurückgeworfen, damit der nächste ahnungslose Urlauber zu dieser Kinderkrankheitsbombe greift. Anschließend sind dann wieder die mangelnden hygienischen Verhältnisse des Urlaubslandes Schuld an der Magen-Darm-Grippe.

Aber zurück zu unserer Reisezielwahl. Immi und ich möchten gern auf eine Insel. Davon gibt es in Thailand ja so einige. Koh Samui und Phuket sind die beiden größten Inseln. Beide versprechen aber nur wenig Backpacker-Flair. Vielmehr trifft man dort wohl eher den üblichen Pauschalurlauber, der während seines zweiwöchigen Aufenthalts in einem Mega-Urlaubsresort immer wieder vergisst, in welchem Land er eigentlich gerade ist, weil diese All-Inclusive-Burgen auf der ganzen Welt gleich aussehen. Lediglich die Beobachtung, welcher Nationalität die Mehrheit der Hotelangestellten angehört, lässt einen Rückschluss auf den momentanen Aufenthaltsort zu. Wozu auch aus der Anlage gehen, wenn doch außerhalb kein All-In-Buffet aufgebaut ist und der Hotelpool viel sauberer ist, als das Meer. Nein, solchen Pauschalhorror wollen wir nicht.

Gut und günstig soll es stattdessen auf der kleinen Insel Koh Tao sein. Diese Insel liegt im Golf von Thailand, nicht weit von Koh Samui entfernt und wird scheinbar besonders von Tauchern bevorzugt, zu denen ich ja auch gehöre. Für Immi ist Strand gleich Strand. Damit herrscht blitzschnell Einigkeit über unser Reiseziel. Auch eine gut bewertete Bungalowanlage mit kleinen Häuschen direkt am Strand ist schnell gefunden. Für zwölf Euro pro Nacht ist kein Luxus zu erwarten, aber sicher ein puristischer Charme und ein Hauch von Abenteuer.

Unsere Anreise soll aufgrund unserer begrenzten Urlaubszeit schnell gehen und gleichzeitig nicht so viel kosten. Da bleibt laut Loose nur der Zug, mit dem man innerhalb von zwölf Stunden in den Süden Thailands fahren kann. Dort nimmt man dann einen Bus zum Hafen und später die Fähre, um auf die Insel zu kommen. Der Zug fährt zu unserem Glück auch über Nacht, so dass wir gar nicht viel Urlaubszeit verschwenden müssen. Schlafabteile sind für wenige Euro Aufschlag zu buchen.

Unsere Weiterreise steht damit fest. Aber erstmal müssen wir in Thailand ankommen.

Endlich landen wir in Bangkok. Wir verabschieden uns gedanklich von Thai Hawaii und Strassspeck und sind uns sicher, beiden nicht wieder zu begegnen.

Als wir aus dem Flugzeug steigen, überfallen uns muckelige neununddreißig Grad und neunzig Prozent Luftfeuchtigkeit. Mein Körper öffnet alle Poren gleichzeitig und entlädt aus jeder einzelnen eine Minischweißfontäne, die zusammen genügend salziges Wasser ergeben, um ein ganzes Kilo Nudeln zu kochen. Sofort denke ich an das Thema 'erhöhte Temperatur' und den möglichen Malariaausbruch. Immi beruhigt mich und erklärt mir, dass die Klimaanlage im Flugzeug sämtliche westeuropäischen Krankheiten gut vermischt und umher geschleudert hat, Malaria aber ganz bestimmt nicht dabei war.

Der nächste Schock folgt im Flughafengebäude, das auf gut gemeinte fünfzehn Grad runtergekühlt ist und damit für ein echtes Wechselbad der Temperaturgefühle sorgt.

Für die Einreise müssen wir durch eine Sicherheitskontrolle. Viele kleine Glashäuschen stehen nebeneinander und tragen unterschiedliche Schilder, die einem erklären, wo man sich einreihen muss. Da gibt es Häuschen für Einheimische, für Touristen und einige für Menschen auf der Durchreise. Wir stellen uns brav an der Schlange für die Touristen an.

Gerade finden wir uns damit ab, dass die Wartezeit etwas länger ausfallen wird, da stapft doch eine alte Bekannte rotzfrech an allen anderen Urlaubern vorbei und nimmt Kurs auf den Schalter für Einheimische.

Natürlich! Strassspeck!

Im Schlepptau hat sie ihren völlig überforderten Freund. Vermutlich denkt sie, dass sie schließlich schon in München beim Boarding einen Vorteil herausschlagen konnte, als sie mit einer schauspielerischen Glanzleistung vorgab, einen Sitz in den hinteren Reihen zu haben, und damit früher ins Flugzeug einsteigen durfte. Von diesem unglaublichen Vorteil beflügelt und mit einem Selbstbewusstsein, wie es nur gering verdienende Deutsche in einem Dritte-Welt-Land ausstrahlen, kommt sie zufrieden bei der uniformierten Sicherheitsbeamtin an. Diese wirft nicht einmal einen Blick auf den Ausweis, sondern erklärt Strassspeck sofort in perfektem Englisch, dass dies der Schalter für Einheimische sei und Touristen sich auf der anderen Seite anstellen müssten. Strassspeck versteht kein Wort und versucht es jetzt mit Pantomime. Als auch das nicht zum gewünschten Erfolg führt, fängt sie mit ihrer Beschwerdenummer an und fragt doch tatsächlich in nicht halb so perfektem Deutsch, wie die Dame vorher englisch sprach, wo der Vorgesetzte sei, bei dem man sich beschweren könne.

»Wegen misch geht eusch das doch viel besser. Isch geb eusch Kohle für mein Urlaub. Sonst verhungert ihr doch!«

Zu ihrem Glück versteht die Mitarbeiterin der Einreisebehörde kein Wort. Ihrem Blick nach zu urteilen, wären wir sonst Zeuge unserer ersten thailändischen Verhaftung geworden. Stattdessen zeigt die Beamtin energisch auf die Schlange für die Touristen. Strassspeck schiebt sich entnervt mitten in eine andere Schlange und motzt die hinter ihr Stehenden an, dass sie schließlich schon viel länger hier an der Kontrolle sei. Das spielt sich glücklicherweise nicht in unserer Schlange ab, weil Immi ihr sonst trocken zwischen die Augen gehauen hätte.

Von weiteren lautstarken Aktivitäten des Gehirneinzellers bleiben wir verschont. Wir warten geduldig und voller Vorfreude auf unsere offizielle Einreiseerlaubnis.

# 5 Großer Bahnhof.

Als alle Einreiseformalitäten erledigt sind, betreten wir zum ersten Mal ganz offiziell thailändischen Boden. Da wir mit dem Zug in den Süden fahren wollen, müssen wir zunächst zum Bahnhof kommen. Als wir durch die Schiebetür des Terminals in den Ankunftsbereich des Flughafens treten, werden wir von unzähligen Limousinenangeboten und Chauffeurdiensten förmlich erschlagen. Diese Beschreibung ist tatsächlich nicht nur bildlich gemeint, weil uns einige Anbieter ihre Schilder und Tafeln so aggressiv entgegenstrecken, dass man meinen könnte, sie wollen uns niederschlagen, zu irgendeiner Sehenswürdigkeit fahren und dort dann abkassieren. Aus unserem Loose wissen wir, dass diese Angebote nur Nepp sind. Wir sollen lieber das offizielle Taxiunternehmen mit fairen Preisen nehmen. Dabei finde ich eine halbstündige Limousinenfahrt für zwanzig Euro nicht gerade übertrieben teuer. Trotzdem steht es so im Loose, der an ein häufiges Phänomen anknüpft:

Wenn ein sonst so verschwenderischer Industriestaatler in ein Dritte-Welt-Land reist, kommen ihm ein paar Euro schon wie Wucher vor. Zu Hause noch einhundertfünfzig Euro für einen Damenfriseurbesuch ausgegeben oder fünfzehn Euro für einen Cocktail bezahlt, heißt es dann gegenüber der unterbezahlten Reiselandbevölkerung »Warum billig, wenn ich es richtig billig haben kann?« Im Verlauf dieser Reise werde ich noch feststellen, welche Blüten dieses Geiz-ist-geil-Spiel so treiben kann.

Da Immi und mir eine gewisse Sparsamkeit aber tatsächlich nicht schadet, schlagen wir die verlockenden Luxusangebote aus, verlassen den Terminal und stellen uns brav an der langen Schlange für die öffentlichen Taxis an. Die übrigen Wartenden haben entweder ebenfalls den Loose gelesen oder sind einfach alte Hasen im thailändischen Transportgewerbe. Wie wir so warten, werden wir mitleidig von denen angeschaut, die mit ihrem Limousinenchauffeur an uns vorbeischlendern und der Meinung sind, dass sie für ein paar Euro mehr, echten Luxus gewählt haben.

Pustekuchen!

Limousine heißt in Thailand nämlich nicht automatisch Luxuskarosse, sondern lediglich 'sauberes Auto'. Das ist dann in den meisten Fällen aber nicht viel mehr als ein Toyota oder Honda, dessen einziger Luxus, neben der Sauberkeit, eine funktionierende Klimaanlage ist.

Als wir an der Reihe sind, erklären wir dem Einweiser, der die Wagen heranwinkt, dass wir zum Bahnhof möchten. Zügig braust ein Taxi heran und ich erkenne sofort, dass wir ein massives Platzproblem bekommen werden. Mein Travelmaster 3000 wird beim besten Willen nicht in den Kofferraum des japanischen Kleinwagens passen. Die Rückbank brauchen Immi und ich, weil sich keiner von uns traut, vorn als Beifahrer den thailändischen Straßenverkehrstod zu sterben. Soll doch der Travelmaster 3000 seinen wuchtigen Körper als Zusatzknautschzone hinhalten und auf dem Beifahrersitz Platz nehmen. Zunächst noch von der Ladekapazität seines Kofferraums überzeugt, versucht der Taxifahrer doch wirklich, meinen Rucksack in den Kofferraum zu quetschen. Blöd nur, dass der nicht nur zu klein ist, sondern auch noch eine Ladekante hat, die der kleine Mann mit meiner Schrankwand niemals allein überwinden wird. Da ich mit deutschem Ingenieursauge sofort gesehen habe, dass das nicht passt, helfe ich auch nicht, bis der Gute allein auf die Idee kommt, den Beifahrersitz als Laderaum zu verwenden. Mit großer Mühe wuchtet der kleine Fahrer meinen Reisekoloss auf den Sitz und schnallt ihn brav an. Auf dem Fahrersitz bleibt durch die weit ausladenden Seitentaschen meines Rucksacks zwar kaum noch Platz, aber unser Chauffeur will die Fahrt trotzdem so antreten. Nur noch schnell Immis Rucksack in den Kofferraum geworfen und los geht´s.

Die Strecke zum Bahnhof führt uns zunächst über eine Autobahn und danach über immer schmaler werdende Straßen. Unser Fahrer bahnt sich laut hupend den Weg durch Bangkok. Beunruhigender Weise nimmt die Anzahl der Fahrzeuge auf den kleineren Straßen im Vergleich zur Autobahn nicht ab. Nur der Platz wird weniger. Deshalb rücken alle Verkehrsteilnehmer einfach etwas näher zusammen. Autos, Mofas, Tuk Tuks und alles andere, was mindestens zwei Räder hat, tummeln sich kreuz und quer, hupen, bremsen und drängeln sich immer weiter voran. Hier und da kommt es zu kleineren Kollisionen, die durch eine kurze Entschuldigung per Handheben abgehakt werden. So richtig stört es offenbar niemanden, wenn sein Fahrzeug gerammt wird. Alle scheinen einfach nur froh zu sein, gegeneinander zu überleben.

Am Bahnhof angekommen, bezahlen wir den vorher vereinbarten Fahrpreis und werden auf dem Weg in die Bahnhofshalle von einer älteren Dame auf deutsch angesprochen.

»Gehen Sie auf keinen Fall in den Bahnhof! Da drinnen wohnt der Teufel und alle Menschen, die hineingehen, sterben!«

Ich drehe mich zu Immi »Ich habe eher das Gefühl, dass uns der Teufel gerade vollquatscht und ich ganz sicher sterbe, wenn ich den Mundgeruch der Alten noch länger ertragen muss.«

Immi baut sich vor der Alten auf »Wir sind doch extra zum Sterben nach Bangkok zum Bahnhof gekommen, weil ja nur hier der echte Teufel wohnt und wir uns schon so lange darauf gefreut haben.«

Dann lassen wir die völlig geschockte Dame stehen und gehen in die riesige Bahnhofshalle.

Kaum betreten wir dieses monumentale Bauwerk, erklingt Musik. Alle Menschen, und es sind verdammt viele, die eben noch auf Bänken oder anderen Sitzgelegenheiten saßen, erheben sich. Das laute Gebrabbel, typisch für jeden Bahnhof, verstummt schlagartig. Ausnahmslos jeder Mensch dreht sich zu uns um. Wir bleiben wie versteinert stehen und unsere Gedanken schwanken zwischen »Oh Scheiße, was ist denn jetzt wieder los?« bis hin zu »Strassspeck hatte Recht! Die SIND froh, dass wir ordentlich Geld in ihr Land bringen!«

Die Musik wird lauter und jetzt fangen die Thailänder an zu singen. Sie singen eine Art thailändische Volksmusik und ich bekomme Gänsehaut bei so viel Gastfreundschaft.

Immi und ich stehen vor hunderten von Menschen und werden angesungen. Hat man so etwas schon gesehen? Als die Zeremonie vorbei ist, wollen Immi und ich uns so stilvoll wie möglich bedanken, falten die Hände vor unseren Gesichtern und verneigen uns, so wie uns der Loose echte thailändische Dankbarkeit gelehrt hat. Die Masse tut es uns gleich und verneigt sich ebenfalls vor uns. Verrückt, diese Thailänder!

Mir ist das Ganze doch etwas unangenehm, als sich die Lage dann zu normalisieren scheint.

»Wir sollten mal zur Information gehen, um herauszufinden, welchen Zug wir nehmen müssen«, sage ich zu Immi.

Nach einem Hinweisschild suchend, drehen wir uns um und erkennen schlagartig, dass es außer uns wohl noch mindestens einen anderen wichtigen Menschen in Thailand gibt, der es verdient, angesungen zu werden.

Der König!

Während der gesamten Singsang-Show standen wir wie die Trottel vor einem überlebensgroßen Abbild des thailändischen Königs, das nach alter Tradition immer zu bestimmten Uhrzeiten angebetet wird. Jeder Thailänder, der etwas auf sich hält, macht mit.

Schade Schokolade, doch nix mit überschwänglicher Dankbarkeit für unsere eingeschleppten Devisen. Wir versuchen, so unauffällig wie möglich aus dem Blickfeld der zahlreichen ungläubig blickenden Einheimischen zu entkommen, ernten dabei aber nur eine Mischung aus Mitleid und Verwunderung. Vermutlich ist man sich nicht sicher, ob wir nur dumm oder größenwahnsinnig oder beides sind. Ich selbst wüsste darauf jetzt auch keine Antwort.

Nach einigem Suchen, entdecken wir eine kleine Reiseagentur, die uns helfen soll, einen Zug in Richtung Süden zu buchen. Vor lauter Vorfreude preschen wir in den Laden und ich zerlege mit meinem Travelmaster 3000 die halbe Einrichtung. Die Tatsache, dass vor dem kleinen Büro dutzende von Rucksäcken stehen und niemand innerhalb des Raumes auch nur eine Sporttasche trägt, ist mir wohl entgangen. Also doch dumm!

Wir fragen einen Mitarbeiter, ob wir bei ihm ein Zugticket kaufen können und er fragt uns, an welchem

Tag wir denn fahren wollen. Wir geben ihm zu verstehen, dass wir den nächstmöglichen Zug nehmen wollen und erhalten als Antwort »In zwei Tagen sind noch Plätze frei!« Vorher sei alles ausgebucht. Kurz überlegen wir, ob wir unseren Bangkokaufenthalt, den wir für das Ende der Reise geplant hatten, vorverlegen sollen, entscheiden uns aber dagegen und fragen nach einer Alternative zum Zug. Laut Loose soll es nämlich auch gute Busverbindungen geben, die nicht länger brauchen als die Bahn. Leider hatte ich im Flugzeug keine Zeit mehr, die Erfahrungsberichte zum Thema 'Busse in Thailand' zu lesen. Aber was soll bei einer Busfahrt schon großartig gut oder schlecht laufen? Busfahren ist Busfahren. Das ist in Hamburg nicht anders als in Bangkok.

Stolz präsentiert uns der Reisebüromitarbeiter den Flyer eines Busunternehmens, das mit richtigen Luxuslinern gen Süden fährt. Man könne darin sogar schlafen, weil die Sitze so verstellbar seien, dass man ein richtiges Bett hätte. Der Flyer ist mit zahlreichen Bildern der Busflotte versehen und wir haben ein gutes Gefühl. Als wir erfahren, dass der Bus auch noch viel günstiger ist, steht unsere Entscheidung fest.

Wir fahren mit dem Bus!

Die Fahrt gehe in vier Stunden los und wir sollen uns rechtzeitig wieder hier am Büro einfinden. Von hier aus werden wir dann zum richtigen Bus gebracht und können nicht verloren gehen.

Froh über unsere Entscheidung und gleichzeitig enttäuscht, dass wir wieder warten müssen, beschließen wir, etwas die Gegend zu erkunden. Unsere Rucksäcke dürfen wir bei all den anderen stehen lassen. Ich habe dabei überhaupt keine Bedenken, weil ich meinen Travelmaster 3000 erstens unter hunderten Rucksäcken wiedererkennen würde und zweitens niemand freiwillig mit vierzig Kilo Backpackerzeug abhaut. Immis Rucksack begraben wir unter meinem, damit die erste Erkundungstour starten kann.

Wir haben zwar vier Stunden Zeit, aber man kennt ja das Gefühl, wenn man einen festen Termin in einer fremden Umgebung hat. Auf keinen Fall will man sich zu weit in das unbekannte Terrain vorwagen, um sich nicht zu verlaufen und am Ende, trotz der langen Zeit zu spät zu kommen. Wir begnügen uns mit einem Rundgang um den Bahnhof. Zunächst völlig davon überzeugt, dass wir auf diese Weise das wahre Bangkok kennenlernen, marschieren wir los.

Das wahre Bangkok? Im Bahnhofsviertel? Wie ist es denn in Hamburg, München, Frankfurt oder Düsseldorf? Lernt man die wahren Städte wirklich im Bahnhofsviertel kennen? Das würde ja bedeuten, dass die meisten deutschen Großstädte in 'Wahrheit' aus Prostituierten, Junkies, Betrunkenen, Gestank und Glücksspiel bestehen. So ein Blödsinn! Naja, in Bangkok ist es immerhin nur Gestank, der uns empfängt, als wir den wabernden Autoabgasen entkommen und um die erste Ecke biegen.

Es scheint, als sei die ganze Straße eine einzige Pinkelrinne, die gerade von tausenden Volksfestbesuchern vergewaltigt wurde. Ich frage mich, ob das wohl unsere Königsanbeter nach der Andacht waren. Aber wohl eher nicht. Wir gehen ein paar Schritte und sehen eine typische thailändische Garküche am Straßenrand. Immi und ich haben einen Mordshunger von der Reise und können es kaum abwarten, allen Salmonellenwarnungen zum Trotz, gleich das erste typische Essen zu kosten. Es gibt drei Töpfe und alle enthalten eine undefinierbare Form von Suppe. Zur Sicherheit lasse ich die Dame, die mit einem Mundschutz hinter den Töpfen steht, in allen dreien herumrühren. Ich will wissen, ob das hier vielleicht wie bei Indiana Jones läuft, wo aus den Tiefen des Suppentopfs plötzlich Affenaugen hervorquellen. Meine Fantasie ist natürlich völlig mit mir durchgegangen und so wundere ich mich kein bisschen, dass mich keine Augen anglotzen. Vielmehr handelt es sich offenbar um alles, was normale Mitteleuropäer eigentlich vor dem Essen von den Tieren abschneiden oder aus ihrem Inneren entfernen.

Also gut, lieber keine Suppe für uns. Überhaupt stellt sich ja noch die Frage, warum die Frau einen Mundschutz trägt. Schützt sie uns vor möglichen Viren, die ihr aus dem Gesicht fallen könnten oder ist es reiner Selbstschutz, weil sie weiß, dass es gesundheitsgefährdend ist, wenn sie die Dämpfe ihres Essens einatmet? Um auf der sicheren Seite zu sein, wählen wir dann doch etwas Frittiertes. Wenn man etwas nur lange genug in heißem Öl frittiert, bleiben zumindest keinerlei Viren, Bakterien oder Keime übrig. Aufgrund mangelnder Verständigungsmöglichkeiten, geben wir uns einfach dem Glauben hin, dass das, was da in dem Fett schwimmt, irgendein Gemüse im Teigmantel sein muss. Wir lassen uns ein Tütchen von den Teigdingern geben und hauen ordentlich rein.

Immi sagt mit übervollem Mund »Der Hunger treibt's rein, der Ekel schluckt's runter und der Geiz behält's drin!« und lacht dabei, so dass ihr Teile des mehligen Breis aus dem Mund quellen.

Nach kurzem Gekicher vergeht mir das Lachen und ich starre ungläubig in Immis Gesicht.

Sie sieht mich an »Was´n los?«

»Och nix.« Ich versuche dabei, irgendwo anders hinzusehen.

Aber Immis Gesicht ist in diesem Moment wie ein Autounfall. Man darf eigentlich nicht hinsehen, weggucken kann man aber auch nicht. Mein Magen dreht sich in Anbetracht der Tatsache, dass es mir vielleicht genauso aus dem Mund quillt.

Immi wird wegen meines Blicks leicht panisch und brüllt mich an »WAS ZUM TEUFEL IST LOS?«

Ich kann nicht sprechen und spucke sofort meinen gesamten Mundinhalt auf die Straße. Immer wieder gucke ich Immi an und hoffe, dass ich gleich aufwache. Bitte lieber Gott, lass mich aufwachen, einen riesigen

Schädel haben und nur noch denken »Gott sei dank, der Alkohol ist Schuld!« Aber ich werde aus dieser Wunschvorstellung herausgerissen, als Immi mir volle Lotte gegen mein Schienbein tritt.

»Aua! Ok, ok. Spiegel! Du brauchst einen Spiegel!«

Immi sieht reflexartig in die miefende Brühe, die am Bordstein steht und versucht, etwas wie ein Spiegelbild zu erkennen.

Was die zähe Brühe hergibt, reicht aus! Die Erkenntnis: Ein dickes Kakerlakenbein in Immis Mundwinkel, dass sich mit den kleinen Widerhaken krampfhaft festhält und förmlich schreit »Was ihr da gegessen habt, war meine Familie!« Immi kann es kaum fassen und schafft es nur dank herausragender Körperbeherrschung, aus dem drohenden Erbrechen einen fetten Rülpser zu machen, der das Kakerlakenbein in hohem Bogen auf die Straße katapultiert.

Sie guckt mich an »Nachtisch essen wir woanders! Ich hab das Gefühl, die Köchin verwendet minderwertige Zutaten.«

Lachend ziehen wir wieder in Richtung Bahnhofseingang.

Eine Stunde später schlägt unsere Mahlzeit durch wie eine Bombe. Nahezu gleichzeitig beschließen wir, das stille Örtchen aufzusuchen und folgen den Hinweisschildern des Bahnhofs. Vorbei an kleinen Shops, Reisebüros, Essensständen und vielen Menschen unterschiedlichster Herkunft, werden wir Teil einer Schnitzeljagd, die uns unserer Meinung nach auf keinen Fall auf dem direkten Weg zu den Toiletten führt. Das letzte Schild deutet auf einen kleinen Ausgang, durch den wir ins Freie kommen. Vor uns liegt eine achtspurige Straße, deren Verkehrsaufkommen locker für vier weitere Spuren gereicht hätte. Auf der anderen Seite ein großes Schild mit der Aufschrift »Toilet«. Unsere Blicke nach links und rechts bringen eine furchterregende Gewissheit – keine Ampel! Wie zum Teufel sollen wir über diese Straße kommen, ohne mindestens drei Mal überfahren zu werden?

Neben uns steht ein älterer Mann, der wohl das gleiche Bedürfnis hat wie wir. Ohne mit der Wimper zu zucken, watschelt er drauflos und bleibt hier und da auf der Straße stehen. Die Autos und Mofas hupen, schlängeln sich aber letztlich immer artig um ihn herum. Wie macht der das nur? Das ist vermutlich der Mut eines Mannes, der nichts mehr zu verlieren hat. Das Grummeln in meinem Magen und der zunehmende Blasendruck bringen mich vermutlich binnen kürzester Zeit in eine ähnliche Lage. Ich HABE etwas zu verlieren, aber das soll nicht auf offener Straße aus mir herausfallen!

Immi kneift, im wahrsten Sinne des Wortes. Sie will einfach nicht mehr. Faszinierend, wenn Frauen, die eben noch ganz dringend auf die Toilette mussten, von einem Moment auf den anderen in der Lage sind, es sich einfach zu 'verkneifen'. Was heißt eigentlich 'verkneifen'? Das klingt nicht nach großem Spaß und trotzdem tun Frauen es immer wieder. Zu weit weg, zu schmutzig, zu stark frequentiert oder einfach nur so, verkneifen sich Frauen willensstark sämtliche Körperausscheidungen. Beneidenswert!

Ich kämpfe mich aber mutig und harngetrieben durch die Gefahren der Straße, um auf der anderen Seite die Glückseligkeit der Erleichterung zu erfahren. Immer wieder läuft mein Leben von der Geburt bis zu »3, 2, 1 – Deins... Bangkok« vor meinem geistigen Auge ab, wenn ich wieder einen Beinahezusammenstoß mit einem Getränkelaster oder Taxi habe. Auf der anderen Seite angekommen, blicke ich zurück und winke Immi zu, als hätte ich gerade den Mount Everest bestiegen. Blöd nur, dass ich wohl kaum damit rechnen kann, dass mein Rückweg viel entspannter abläuft. Egal, ich muss mal und zwar sofort!

Erst jetzt wird mir das Ausmaß der sanitären Einrichtungen des Bahnhofs bewusst. Ein riesiges Dorf aus Dixi-Klos zieht sich über ein Areal, das so groß sein muss, wie ein Fußballfeld. Es stinkt bestialisch. Am Eingang, ja es gibt sogar einen richtigen Eingang in das Dorf, wird mir speiübel. Da sitzt doch tatsächlich eine Frau mit Mundschutz. Eine Unterscheidung von der Frau von der Garküche ist nicht möglich. Schlagartig kommen mir Gedanken über die wahre Herkunft unseres kleinen Snacks, die mich an den Rand des Wahnsinns treiben. Nach kurzer Besinnungspause komme ich wieder zu mir und zahle wahrhaftig Eintritt. Egal, jetzt wird's langsam Zeit und ich schaue mir eine Bude nach der anderen an, muss aber feststellen, dass es keine wirklichen Hygieneunterschiede gibt. Ich wähle eine mit offener Tür, in der Hoffnung, dass hier wenigstens die Luft etwas besser ist.

Das war wohl nix! Es stinkt wie unter einem Kuhschwanz und zu allem Übel ist die Bauart dieser Toilettenhäuschen auch gänzlich anders als bei uns. Keine Sitzfläche oder wenigstens eine Fläche, über der man aus Ekel mit dem Hintern schweben könnte. Nix! Einfach nur ein Loch im Boden, in das ich beim Hineingehen fast reingetreten wäre. Und sonst? Ne, nix! Keine Griffe zum Festhalten oder sonstige Hilfsmittel. Ich bin verzweifelt in Anbetracht dessen, was ich eigentlich hier alles vorhabe. Das Loch scheint unendlich weit weg zu sein und meine Beine kommen mir in dieser Situation viel zu lang vor. Es bleibt keine Zeit MacGyver anzurufen, um nach der richtigen Technik zu fragen. Hier sind jetzt einfach ein gutes Auge und ruhige Beine gefragt, um nicht die eigenen Schuhe zu ruinieren. Als Kind war ich mal im Schützenverein und habe zum Zielen gelernt »Das Korn muss durch die Kimme«, was irgendwie jetzt gerade auch wieder passt. Man lernt also sogar im örtlichen Schützenverein etwas fürs Leben. Danke!

Als ich mein Geschäft erledigt habe, bin ich heilfroh, dass alles gut gegangen ist. Der Rückweg über die Straße kommt mir fast schon normal vor und ich denke »Thailand hat mich!« Ich berichte Immi von meinem Abenteuer und sie entgegnet mir stolz »Du warst auf der

Toilette vom BUSbahnhof! Die Toilette des Bahnhofs ist hier links.«

Dabei deutet sie auf eine Tür direkt neben der Ausgangstür, aus der wir gekommen sind.

Egal, immerhin habe ich ein richtiges Abenteuer erlebt, von dem ich bestimmt noch meinen Enkelkindern erzählen kann.

# 6 Busfahrt mit Hindernissen.

Pünktlich zur vereinbarten Zeit treffen Immi und ich wieder bei der kleinen Reiseagentur ein. Mein Travelmaster 3000 steht unversehrt inmitten vieler anderer Rucksäcke. Um das Rucksacklager herum haben sich zahlreiche Backpacker versammelt, die alle nur darauf warten, endlich aus der Stadt an einen der schönen thailändischen Strände zu kommen. Untereinander werden erste Kontakte geknüpft und schnell finden sich kleine Reiseteams, die das Abenteuer Thailand für einige Zeit gemeinsam bestreiten wollen.

Immi und ich bleiben allein. Wir wollen das so, weil wir nicht gleich zu Beginn unserer Reise einen Mitfahrklotz am Bein haben wollen, den man nur schwer wieder los wird. Immer schön bedeckt halten, ist die Devise und das lustige Kennenlerntreiben in Ruhe von außen anschauen.

Besonders beeindruckend ist die urplötzliche Verwandlung biederer Sozialpädagogikstudentinnen in draufgängerische Abenteurer-Lara-Crofts, die es einfach mal brauchten, der Zivilisation zu entfliehen. Zu Hause noch ein kleines graues Mäuschen, ist man in Thailand wie durch ein Wunder nicht mehr Angelika, Lehramtsstudentin der Fächer Deutsch und Biologie, sondern stellt sich wie selbstverständlich als Angie vor, die nach Thailand gekommen ist, um zu 'chillen' und den Alltag hinter sich zu lassen. Angehende Lehrerin und Alltag hinter sich lassen? Woher zum Teufel will die denn wissen, was das wahre Leben für einen Alltag mit sich bringt, frage ich mich und lausche der farbenfrohen Interpretation dessen, was sie ist oder vielmehr sein möchte. Sie studiere, weil sie Menschen helfen möchte, sich auf das Leben vorzubereiten. Aha! Diese Reise macht sie, um sich für gute Noten zu belohnen und dem Uni-Stress zu entkommen. Ist klar! Und sie macht den Urlaub bewusst allein, um Menschen aus anderen Ländern zu begegnen und neue Erfahrungen zu sammeln. Immi fragt mich »Was für ein Gesabbel hörst du dir da an?«

»Das ist Angelika. Sie ist ein Körnerfresser und versucht, junge Menschen ebenfalls dazu zu bekehren. Den Thailand-Urlaub muss sie allein machen, weil sie nicht die Bohne Freunde hat und keiner bereit wäre, mehr als einen Tag mit ihr zu verbringen. Außerdem möchte sie gern Leute aus anderen Ländern kennenlernen, weil sie denen vorgaukeln kann, dass 'langweilig sein' ein Teil der deutschen Kultur ist. Leider ist ihr Englisch noch bescheidener als ihr Spaßfaktor und deshalb quatscht sie gerade Lars aus Bamberg voll, der schon seit geraumer Zeit hilfesuchend nach jemandem Ausschau hält, der ihn davor bewahrt, dass Angelika ihn fragt, wo er denn genau hin will und ob sie nicht mit ihm zusammen traveln kann.«

Immi lacht und zeigt mir, dass der Lars wohl Glück gehabt hat, weil jetzt ein Mitarbeiter der Reiseagentur durch die Reihen geht und allen Anwesenden kleine runde Aufkleber mit unterschiedlichen Farben auf die T-Shirts klebt. Er erklärt, dass die Farben ein Erkennungszeichen für unsere Reisebegleiter sind, in welchen Bus sie uns setzen müssen, damit jeder an sein gewünschtes Ziel kommt. Angelika und Lars bekommen verschiedene Farben und sofort strahlt der Lars, als hätte man ihm gerade sein Leben gerettet. Hat man ja vielleicht auch. Man stelle sich nur vor, er wäre aufgrund mangelnder Alternativen in betrunkener Verzweiflung über Angelika hergefallen. Dann hätte er neun Monate später seinen Eltern erklären müssen, dass er neben einem Tropenhelm und schönen Muscheln noch etwas anderes aus Thailand mitgebracht hat. Von derartigen Verzweiflungstaten und deren Folgen sind die nachmittäglichen TV Shows ja voll.

Immi und ich tragen einen blauen Sticker und werden nun mit den anderen 'Blauen' zusammengetrieben und in Richtung Bahnhofsausgang geschleust. Gleich werden wir ihn sehen, unseren Luxusliner. Ich bin eh schon müde und freue mich auf ein paar Stündchen Schlaf bei angenehm temperierter Luft und dem sanften Geschaukel eines Großraumstraßenkreuzers. Wir biegen um eine Ecke und da steht er. Unser Bus! Mit dem fahren wir neun Stunden in Richtung Süden.

»Das darf doch nicht wahr sein! Kannst du mich bitte mal kneifen«, frage ich Immi.

Immi ist sprachlos.

Vor uns steht ein Gefährt, das offenbar bei zahlreichen Stockcar-Rennen zu den Opfern gehörte. Ein bunt bemalter 70er-Jahre-Omnibus undefinierten Fabrikats mit gehäkelten Gardinen und Reifen so glatt wie bei der Formel 1. Ich fühle mich in meine Grundschulzeit zurückversetzt und denke, dass das tatsächlich der Bus sein könnte, mit dem wir damals von der Dorfschule zum Schwimmunterricht in die Stadt gefahren wurden. Die Form, die ich mir jetzt mal ohne Dellen und Risse in der Karosserie denke, kommt unserem alten Schulbus sehr nahe. Ich erinnere mich noch genau, wie eng mir der Bus schon damals als Siebenjähriger vorgekommen ist und versuche sofort, mir vorzustellen, wie man so einen Hobel in einen Luxuslinerschlafbus umbauen kann.

Kann man nicht!

Nachdem vier Leute, zwei oben und zwei vom Boden aus, meinen Travelmaster 3000 auf das Dach des rollenden Wahnsinns gewuchtet haben und ich froh bin, dass das Dach nicht durchgebrochen ist, besteigen Immi und ich die Keksdose mit Gardinen.

Wir sitzen relativ weit vorn, weil hinten ja immer die coolen Leute sitzen bzw. die, die sich dafür halten. Das kann nur zu ungewollter Kommunikation mit Menschen führen, die sich selbst als 'crazy' bezeichnen. Dazu gehören auch so farblose Personen, wie Angie, weshalb wir ganz bewusst im vorderen Bereich bleiben.

Ist Ihnen schon mal aufgefallen, was für Leute sich selbst als crazy bezeichnen? Wenn ich höre, dass jemand sagt, dass er schon ziemlich crazy ist oder seine Freunde ihn dafür halten, ist klar, dass man lieber Abstand halten sollte, weil einen ansonsten eine Lawine von verstaubter Langeweile überrollt. Wirklich crazy wird's, wenn Sie einen dieser Menschen fragen, WARUM er sich denn für crazy hält. Häufige

Antwort: »Manchmal tanze ich einfach so in meiner Wohnung, nur für mich allein und dann singe ich total laut. Naja, meine Nachbarn wissen schon, wie crazy ich bin.«

Gern verwendet wird auch die Erklärung »Ich lache auch manchmal einfach los. Einfach so!«

Männer definieren crazy gern so »Manchmal saufe ich mit meinen Kumpels total viel und dann quatsche ich einfach irgendwelche Weiber an.«

Fällt Ihnen etwas auf? In einer 'crazy-Erklärung' kommen meist die Wörter 'manchmal' und 'einfach' oder 'einfach so' vor. Bei genauerer Betrachtung ist 'crazy' demnach eher ein Ausdruck von Hilflosigkeit. Hier ist stets Mitleid angebracht!

Aufgrund des bisher eher anstrengenden Reiseverlaufs bin ich viel zu müde, um mich mit derart crazy Menschen zu befassen und denke nur noch ans Schlafen. Gut, dass wir uns in einem 1A-Schlafbus befinden!

Immi nimmt den Fensterplatz und ich den am Gang. Ich parke rückwärts mit meinem Hintern ein und versuche dann meine Beine zwischen die Sitzfläche und den Vordersitz zu zwängen. Als ich mein Manöver beendet habe, umschließen meine Schenkel die Rückenlehne meines Vordersitzes auf eine sehr intime Art. Man könnte meinen, ich würde mich an dem halb vollen Aschenbecher vor mir vergehen. Wer auch immer vor mir sitzt, kann meine Knie als Armlehne verwenden. Ich schäle mich wieder aus dem Sitz und probiere eine andere Position. Schräg rückwärts hingesetzt, kann ich meine Beine mit kleineren Verrenkungen in den Gang halten. Eine Saftschubse mit Getränkewagen ist hier ja nicht zu befürchten.

»Ich mach' mal Liegesitz«, sagt Immi und zieht an einem Hebel zwischen unseren Sitzen.

Ihre Rücklehne rauscht nach hinten! Ganze ZEHN Zentimeter!

Keine Spur von den versprochenen Liegesitzen. Ich spreche unseren Reisebegleiter an und erkläre ihm, dass uns das aber ganz anders versprochen wurde. Freundlich lächelnd erklärt er mir in seinem Thai-Deutsch »Bus womit wil sonst fahle is kaputt. Nich sichel. Deshalb Elsatzbus.«

Man mag sich gar nicht vorstellen, wie der andere Bus aussieht, wenn dies der 'sicherere' ist.

Wir nehmen es leicht und freuen uns darauf, endlich gen Süden zu starten. Hinter uns sitzt eine Frau mit ihrer Tochter. Die Mutter scheint Ende vierzig zu sein und die Tochter vermutlich fünfzehn oder sechzehn. Beide machen den Eindruck, als seien sie mit der Situation der selbst organisierten Reise völlig überfordert und besser in einer 3-Sterne-Clubanlage auf Mallorca aufgehoben. Sie quasseln permanent, bestätigen sich gegenseitig immer wieder, dass bis jetzt alles gut ist und fragen sich dann, was sie als nächstes beachten müssen. Dahinter kommt ein Pärchen aus der Schweiz, wie man unschwer an dem unverkennbar langsamsten Dialekt der Welt hören kann. Der Rest unserer rollenden Reisemannschaft setzt sich aus allen möglichen Nationalitäten zusammen.

Die letzte Reihe wird von lautstarken Amerikanern besetzt, die sich auf dem Weg zum Spring Break wohl irgendwie verfahren haben. Es scheint eine Mischung aus Vatertagstour und Junggesellenabschied zu sein, obwohl auch Frauen teilnehmen dürfen. Faszinierend! Sie sitzen alle nur wenige Zentimeter voneinander entfernt und unterhalten sich mit einem Geschrei, dass man das Gefühl bekommt, als kämpften sie mal wieder für den Weltfrieden - gewohnt friedlich natürlich.

Endlich geht es los. Der Motor startet und der ganze Bus wird in eine grauschwarze Rauchwolke gehüllt, bevor er ruckelnd in Bewegung kommt. Die offene Tür dient vermutlich der Sicherheit, um im Brandfall schnell aus dem Fahrzeug zu gelangen. Man hat das Gefühl, der

Fahrer hat Kängurubenzin getankt. Es ruckelt auf den ersten hundert Metern als hätte ein neunzigjähriger Parkinsonpatient seine erste Fahrstunde. Aber immerhin sind wir unterwegs. Quer durch Bangkok geht es schließlich auf die Autobahn. Die Fahrt soll die Nacht über dauern und so haben wir die leise Hoffnung, dass wir nach den bisherigen Strapazen vielleicht trotz des mangelnden Platzes ein bisschen schlafen können. Leider reicht mir meine Rückenlehne nur bis zu den Schulterblättern, so dass ein Anlehnen meines Kopfes nicht möglich ist. Also Kopf nach vorn und hoffen, dass Immi meinen drohenden Speichelfluss für übermäßige Schweißbildung hält.

Stimmt! Klimaanlage! Die fehlt auch.

Und schon erkennen wir den nächsten Vorteil des offenen Notausgangs: Der hereinrauschende Fahrtwind sorgt für ein kleines bisschen Abkühlung! Leider entsteht dadurch im Inneren unserer Rohrbombe auf Rädern auch der eine oder andere Sandsturm aus Straßenstaub.

Nach einem kurzen Dämmerschläfchen mit anschließender Nackenstarre und Spuckepfütze auf dem Bauch werde ich durch das unentwegte Geschnatter von Mutter und Tochter wach. Sie scheinen Anschluss zu suchen und wenden sich zum Glück an die Schweizer hinter sich.

Der Mann fragt »Was habt ihr denn für den Flug bezahlt?«

Mutter antwortet »Siebenhundert Euro.«

Der Mann »Und ist da schon die Tax mit drin?«

Mutter »Ne, wir wohnen direkt am Flughafen. Da brauchten wir kein Taxi.«

Der Schweizer schüttelt verwundert den Kopf, hat er doch die Steuern gemeint. Er lehnt sich wieder zurück, in der Hoffnung, das Gespräch damit beenden zu können.

Der Busfahrer ruft laut nach hinten, ob wir bereit seien für Entertainment. Die Amis bejahen das in der gewohnt überzogenen Lautstärke.

Fröhlich, uns einen Gefallen zu tun, fummelt der Fahrer zunächst im Fußraum des Beifahrersitzes herum und kramt bei voller Fahrt eine verstaubte DVD hervor. »The Day after tomorrow?« Lautes Gejubel von der letzten Bank. Er ertastet den DVD-Schlitz des Kombigerätes über ihm und schiebt die Platte ein. Der Monitor erwacht zum Leben und zeigt den Mitschnitt des angekündigten Films.

Ja, Mitschnitt! Man sieht die schwarzen Hinterköpfe von anderen Kinobesuchern und solchen, die sich mit Popcornbechern in der Hand gerade einen Sitzplatz suchen. Dann wird volle Breitseite auf die Leinwand gezoomt und der Vorspann läuft los. Gleich beim ersten Dialog beschweren sich die Amis über die geringe Lautstärke, woraufhin der Knopf bis zum Anschlag nach rechts gedreht wird. Die Amis können hinten nun zwar gut hören, aber im vorderen Bereich bekommen wir die volle Dröhnung patriotischer Weltrettung eines Hollywood-Knall-Krach-Schrei-Films ab, in dem selbst die Romantikszenen noch mit Explosionen aufgewertet werden. Ich habe das Gefühl, dass viele Hollywoodstreifen für Leute mit ADHS gemacht werden, die sich keine zehn Sekunden mit einem Handlungsfaden beschäftigen können und permanent von Knutsch zu Knall wechseln müssen.

Gute neunzig Minuten später kommen auch die nervigen Amis, beseelt von der Bestätigung, wieder einmal die Retter der Welt zu sein, in den Schlaf.

Kurz darauf dann ein Zwischenstopp an einer Tanke. Anders als bei uns, gibt es an thailändischen Tankstellen das Benzin allerdings nicht aus der Zapfsäule, sondern aus Leergutflaschen der Marken Coca Cola und Pepsi. Unser Bus fährt aber vermutlich eh nicht mit Benzin, sondern mit Reisschnaps. Hier wird jedenfalls nicht getankt. Der Stopp dient vielmehr der Befriedigung menschlicher Bedürfnisse. Essen und Pipi machen. Eine gute Idee!

Ja ja, ich soll jetzt das Erlebnis vom Bahnhof wiederholen. Nicht ganz. Diesmal sind vor den Bodenlöchern nämlich nicht mal Türen. Beim Betreten des Aborts werde ich Zeuge, wie einer der Amerikaner seine letzte Mahlzeit treffsicher ins Schwarze versenkt. Dummerweise fällt ihm sein iPod gleich hinterher, ist aber noch durch das Lautsprecherkabel und die Kopfhörer mit ihm verbunden. Man sieht ihm an, dass er sich die Frage stellt, ob er sein Gerät überhaupt wieder herausangeln will. Angeln ist die richtige Beschreibung! Der iPod ist der Haken und... Glauben Sie mir, Sie wollen nicht wissen, was dann passiert ist. Nur soviel: Er hat 'einen' gefangen!

Ich erleichtere mich noch kurz auf die kleine Weise und kehre zurück in die 'Raststätte'. Die besteht aus einem Wellblechdach auf Stelzen. Die Küche birgt hier keinerlei Geheimnisse, weil sie hinter dem Dach im Freien eingerichtet ist. Statt Show-Küche leider eher eine Horror-Show-Küche. Deshalb kaufen Immi und ich uns lieber etwas, das in Plastik eingeschweißt ist. Nach einer halben Stunde haben alle ihre Geschäfte erledigt und den Nahrungs- und Flüssigkeitstausch beendet. Es heißt wieder »Einsteigen und dabei sein! Eine neue Runde, eine neue Wahnsinnsfahrt!«

Eine Stunde nach unserer Weiterfahrt fängt der Bus wieder an zu qualmen. Das beunruhigt zunächst niemanden, weil er das ja ständig tut. Diesmal scheint es allerdings wirklich ein Problem zu geben und der Fahrer hält an. Mitten in der Nacht bleiben wir auf einer Landstraße stehen. Weit und breit ist nichts weiter zu sehen als Palmen und Kautschukbäume. Der Fahrer steigt aus und begutachtet den Schaden. Da zu dem üblichen grauen Qualm jetzt noch weißer Rauch kommt, kann es eigentlich nur etwas mit dem Kühler sein. Er kommt wieder hinein und erklärt uns, dass wir den Bus an den Straßenrand schieben müssen, weil es zu gefährlich sei, hier ohne Licht mitten auf der Straße stehen zu bleiben. Andere Autos können uns nicht sehen.

Häh? Andere Autos? Seit einer Stunde fahren wir auf dieser Straße und haben weder in die eine noch in die andere Richtung ein einziges Auto gesehen. Dazu sind wir weite Teile der Strecke komplett ohne Licht gefahren, weil das angeblich Benzin spare und jetzt müssen wir unseren rollenden Blechhaufen aus Sicherheitsgründen an den Rand schieben?

Die Amis, noch völlig berauscht von ihrem Heldenepos aus Hollywood, springen voller Elan aus dem Bus und fangen an zu schieben. Ich stehe zum Anfeuern in der Tür und der Fahrer lenkt. Immerhin schaffen wir es, uns ganze 1,5 Meter von der Straßenmitte weg zu bewegen, was unser Reisebegleiter, der ebenfalls schieben musste, für ausreichend hält. Endlich in Sicherheit! Die Amis bedanken sich bei mir, weil ich das Kommando übernommen habe und ich verstehe sofort, warum schießwütige Texaner bei denen Präsident werden konnten. Der lauteste und selbstsicherste hat eben Recht oder derjenige, der ohne einen Finger zu krümmen, in der Bustür steht und Befehle erteilt.

Ich steige aus dem Bus und gehe nach hinten zum Motor, den der offenbar völlig überforderte Fahrer anstarrt, als sei es ein Wunder der Technik, dass man sicher durch bloßes Handauflegen reparieren könne. Die Pfütze unter dem Motor und das ständige Tröpfeln lassen keinen Zweifel. Der Kühler ist leck.

Durch einen Geistesblitz angetrieben, stürmt unser thailändischer Reisebegleiter in den Bus und bittet alle, ihre Wasserflaschen zur Verfügung zu stellen, damit wir das Kühlwasser auffüllen können. Wieder preschen die Amis vor und rücken alles raus, was nach Flüssigkeit aussieht. Immi und ich beschließen, unsere Vorräte zu behalten. Immerhin stehen wir bei fast vierzig Grad mitten in der Nacht im thailändischen Nirgendwo und haben keinen Schimmer, wann wir hier wegkommen. Da wäre es nicht klug, seine Trinkwasservorräte durch ein Loch im Kühler, direkt auf die Straße zu kippen.

Immi hat eine Idee »Lass uns doch den ADAC anrufen!«

Ich grinse »Ist denn der Begriff 'gelber Engel' hier politisch korrekt?«

Wir müssen beide laut lachen und sind damit wohl echt crazy! Wenigstens ist uns der Humor nicht verloren gegangen, im Gegensatz zu unseren Mitreisenden. Selbst die Amerikaner erkennen, dass ihr Übermut nichts gebracht hat, außer Durst. Sie fangen an, darüber zu streiten, wer von ihnen Schuld sei, dass man in diesem Schlamassel stecke. Ich kann mich gerade noch zurückhalten, zu sagen, dass es doch bestimmt die Russen sind. Während wir auf eine Lösung warten, sinkt die Stimmung der Truppe unter den Teppich.

Dann ein Licht am Horizont. Buchstäblich! Als es näher kommt, wundere ich mich, dass es nur ein einziges Licht ist, denn es handelt sich um einen Ersatzbus, den unser Reisethai inzwischen angefordert hatte. Egal, immerhin hat uns dieser einäugige Transporter gefunden und wir können endlich weiter. Unter lautstarken Beschwerden der genervten Reisetruppe steigen wir in ein Vehikel um, dass von Alters wegen der Großvater unseres bisherigen Busses sein muss. Im Inneren begrüßen uns die gewohnten Häkelgardinen.

»Immerhin wird's diesmal nicht so heiß«, sagt Immi und greift durch eine Gardine ins Freie. »Guck mal, Seitencabrio!« und mit lautem Gelächter, allerdings nur von uns beiden, fahren wir weiter.

Crazy!

# 7 Land in Sicht.

Weit kann es nicht mehr sein, als unser Reisebegleiter aufsteht und neue Aufkleber verteilt. Er geht durch die Reihen und klebt jedem kleine Sticker in Schiffsform an die T-Shirts. Wieder gibt es unterschiedliche Farben, die diesmal anzeigen, auf welche Insel wir mit der Fähre fahren wollen. Drei Ziele werden angesteuert, Koh Samui, Koh Phangan und Koh Tao. Wir erfahren, dass wir in Kürze an unterschiedlichen Stationen Halt machen. Von dort werden wir mit kleineren Bussen zur jeweiligen Fährstation gefahren, da nicht alle Fähren vom selben Hafen starten.

Der erste Halt ist für die Leute, die nach Koh Samui wollen. Erst jetzt fällt mir ein schick gekleidetes Ehepaar auf, dass offenbar in eine Luxusbungalowanlage will, versehentlich aber am Privatjet vorbeigelaufen und durch eine Verkettung unglücklicher Umstände in unserem Bus gelandet ist. Wie kommen solche Gucci-Kleiderständer in eine rollende Höllenmaschine wie unseren Lila-Laune-Bus? Bestimmt haben sie den Trip bei einer exklusiven Eventagentur gebucht und ein Schweinegeld dafür bezahlt. Zu Hause können sie ihren Freunden dann von ihrer Abenteuerreise erzählen. Statt Elefantenjagd in Afrika eine Do-it-yourself-Reise durch Thailand. Nun aber husch husch in Richtung Spa-Bereich eures Luxus-Resorts, sonst bekommt das Püppchen noch Falten von der Sonne, die mit Botox nicht mehr in den Griff zu bekommen sind. Da müsste man dann mit der groben Spachtelmasse aus dem Baumarkt ran.

Eine halbe Stunde später sind Immi und ich gemeinsam mit den anderen Koh Tao-Eroberern dran. Der Bus hält in einem kleinen Dorf. Außer ein paar Häusern, die alle aussehen wie kleine Garagen, gibt es nur die Bushaltestelle, an der wir für die Weiterfahrt zum Pier aufgegabelt werden sollen. Optisch ist die Bushaltestelle von den Häusern nur zu unterscheiden, weil sie etwas kleiner ist und kein Rolltor hat.

Außer uns beiden steigen noch drei weitere Leute aus. Ein Australier und Mutter und Tochter.

Hurra!

Wie konnte es anders sein. Wir bilden eine Zwangsehe aus Backpackern und solchen, die es eigentlich gar nicht werden wollten. Vereint in dem Ziel, mit dem richtigen Kleinbus zum richtigen Fähranleger zu kommen. Das riecht doch schon nach Small Talk, den ich nach stundenlanger Quetschfahrt ganz und gar nicht haben kann! Aber an wen sollen sich Mutter und Tochter denn mit ihrer Gesprächssucht wenden? Waren sie doch nicht mal in der Lage, den Schweizer zu verstehen. Wie sollten sie sich da mit einem Australier unterhalten? Es bleiben also nur Immi und ich! Opfer ihrer verzweifelten Kommunikationsversuche! Zum Glück scheinen sie in diesem Moment noch zu müde, um zu kommunizieren. Ein Wunder, denn wir stehen gerade in einem kleinen thailändischen Dorf an der Bushaltestelle und hoffen darauf, dass uns möglichst bald jemand einsammelt, weil wir unsere Fähre sonst verpassen und bis morgen auf die nächste warten müssten.

Wenn das kein Thema für ein Gespräch mit Gesinnungsgenossen ist, dann weiß ich es auch nicht mehr.

In Anbetracht der Tatsache, dass unsere Anreise von Hamburg aus gerechnet nun bereits weit über achtundvierzig Stunden dauert, sind selbst Immi und ich etwas ungeduldig und schauen ständig auf die Uhr. Nach einer Stunde fragen wir den Australier, ob er eine Ahnung hätte, wann wir hier wohl abgeholt werden. Er weiß leider auch nichts und setzt sich seelenruhig auf den Boden, um auf eine schier buddhistische Art weiter auf den Rest des Lebens zu warten.

Da fällt es mir wieder ein! Noch in der Reiseagentur am Bahnhof von Bangkok hat man uns den Ablauf genau erklärt. Die ganze Reise ist so organisiert, dass quasi ein Zahnrad in das nächste greift und man am Ende dann an seinem gewünschten Ziel ankommt. Wenn aber ein Zahnrad zwischendurch Kühlwasser verliert, ersetzt werden muss und dadurch eine stundenlange Verspätung hat, greift doch das nächste Rad ins Leere. Was ist, wenn unser Zubringer zum Pier schon hier war und sich einfach gesagt hat »Ich soll nur pünktlich an der Bushaltestelle sein und von dort zum Pier fahren.«?

Was, wenn der einfach nicht auf uns gewartet hat? Ich muss meine Gedanken mit jemandem teilen, um zu überprüfen, ob ich richtig liegen könnte. Immi ist müde und sowieso meiner Meinung. Mutter und Tochter scheiden als Ratgeber aus, weil die doch schon ihre Orientierung verlieren, wenn du ihnen in ihrer Clubanlage das All-inclusive-Bändchen wegnimmst.

Der Australier muss es entscheiden! Er sieht unsere Lage genauso. Spontan winkt er einen knatternd an uns vorbeifahrenden Getränkelaster heran. Der Fahrer sagt etwas auf thailändisch. Der Australier antwortet völlig gelassen mit all den thailändischen Lauten, die uns als Europäer so unverständlich vorkommen. Ich könnte vermutlich mehr Inhalt aus dem Gebrabbel eines Babys heraushören. Der Typ spricht tatsächlich genügend Thai, um herauszufinden, dass unser Bus tatsächlich schon hier war und einfach weiter gefahren ist. In so einem kleinen Dorf, weiß eben jeder Bescheid, wann der Tagesbus fährt.

Für zweihundert Baht, umgerechnet rund vier Euro, will uns der thailändische Getränkelieferant zum Pier fahren. Wir willigen ein und öffnen die Ladeklappe, um dort samt Gepäck Platz zu nehmen. Zwischen selbst gezimmerten Getränkekisten mit unzähligen leeren Colaflaschen grinsen uns zwei Frauen an. Eine davon ist hochschwanger und macht den Eindruck, als sei die Geburt keine Frage von Tagen, sondern Stunden. Vorsichtig suchen sich alle ein Plätzchen. Nur einer muss draußen bleiben, mein Travelmaster 3000. Der passt nicht mehr auf die Ladefläche. Ich stelle den Riesen draußen auf das Trittbrett und halte ihn fest.

Der Fahrer öffnet eine kleine Scheibe, die den Laderaum mit der Fahrerkabine verbindet und ruft dem Australier etwas zu. Dieser erklärt uns, dass wir zunächst kurz ins Krankenhaus fahren und dann weiter zum Pier.

Kein Problem denke ich und werde kurz darauf eines Besseren belehrt. Die Knatterbüchse nimmt Fahrt auf und schnell wird klar, dass die straßenbaulichen Verhältnisse des Dorfes etwa denen Hamburgs entsprechen, nachdem man mal wieder den gesamten Stadthaushalt in Richtung Elbphilharmonie umgeschichtet hat. Die Flaschen klirren in den Kisten. Es rumpelt und holpert und die schwangere Dame verzieht vor Schmerzen das Gesicht. Offensichtlich ist der Fahrer über die Dringlichkeit ihrer Krankenhauseinlieferung informiert. Wie konnte er da noch am Straßenrand anhalten, ein Schwätzchen mit uns halten und sich dafür entscheiden, uns auch noch in aller Ruhe einsteigen zu lassen? Naja, was tut man nicht alles für vier Euro? Die nichtschwangere Thailänderin schreit den Fahrer an. Der soll sich vermutlich beeilen. Selbst Schuld, wenn man mit einem völlig überladenen 25PS-Getränkelaster zur Niederkunft ins Krankenhaus fährt.

Durch die vielen Schlaglöcher wird es immer schwieriger, meinen hopsenden Travelmaster 3000 im Zaum zu halten. Immerhin halte ich, über die Reling hängend, gute vierzig Kilo und versuche dabei, nicht selbst über Bord zu gehen. Ich blicke mich um und sehe in das schmerzverzerrte Gesicht der werdenden Mutter. Ich male mir aus, was wohl passiert, wenn wir weiter in diesem Tempo über die Kiespiste donnern. Ganz einfach! Statt meines Travelmasters 3000 werde ich dann ein thailändisches Baby in den Händen halten, das mir beim nächsten großen Schlagloch entgegen fliegt, während mir mein Rucksack aus den Händen gleitet.

Dazu kommt es aber zum Glück nicht mehr. Mit einer Vollbremsung halten wir vor dem örtlichen Krankenhaus und mit unserer tatkräftigen Hilfe schafft es die junge Mutter, das Kind im Bauch zu behalten, während ihr ein Pfleger einen Rollstuhl entgegen schiebt. Sie verschwindet mit ihrer Begleitung im Krankenhaus. Wir steigen wieder auf die Ladefläche und düsen weiter in Richtung Pier.

Am Straßenrand sehen wir ein Schild, auf dem 'Pier' geschrieben steht. Jetzt haben wir es gleich, denke ich, als Immi mich fragt »Zu welchem Pier müssen wir eigentlich?«

Auf dem Schild steht nämlich genau genommen nicht nur 'Pier', sondern 'Pier 1', 'Pier 2', 'Pier 3' und 'Pier 4'. Damit es NOCH komplizierter wird, zeigen die Pfeile unter den Piernamen in alle vier Himmelsrichtungen. Da nützen uns jetzt auch unsere blöden bunten Aufkleber nichts mehr. Nach kurzer Rücksprache mit dem Australier – Mutter und Tochter haben eh keine eigene Meinung – wählen wir Tor 3 und spielen einfach auf Glück.

Hat doch, bis jetzt, alles andere auf unserer Reise auch geklappt.

Allen eventuellen Zweifeln zum Trotz, kommen wir ein paar Minuten später an Pier 3 an und werden hektisch von einem Hafenarbeiter herangewunken, dem ich meinen Aufkleber zeige. Er nickt bestätigend und wir hetzen mit unseren Rucksäcken auf die Fähre, die an der Kaimauer liegt. Gerade sind wir an Bord angekommen, als hinter uns auch schon die Gangway hochfährt und das Schiff ablegt. Unsere Rucksäcke wuchten wir in einen kleinen umzäunten Verschlag, wo auch die Rucksäcke der übrigen Passagiere liegen.

»Ein Glück haben wir die Fähre noch bekommen«, sage ich zu Immi. »Wir sollen circa zwei Stunden unterwegs sein. Lass mal chillaxen.«

Als wir das Festland nicht mehr sehen können, wird die See rauer. Die Wellen schaukeln die kleine Fähre auf und die ersten Backpacker zeigen, welche Köstlichkeiten der thailändischen Küche sie kürzlich genossen haben. Uns macht das Geschaukel nichts aus und so können wir uns herrlich darüber amüsieren, wie all die Abenteuerlustigen plötzlich darüber nachzudenken scheinen, ob ein spießiger Swimmingpool in einer Clubanlage auf Phuket nicht doch Abenteuer genug gewesen wäre. Tja, wer auf eine Insel fährt, muss vorher Neptun um Erlaubnis fragen, seinen Weg kreuzen zu dürfen. Das scheinen einige in ihrem Alkohol- und Drogenbrand vergessen zu haben. Nun brüllen sie fast alle irgendwelche Namen, obwohl jeder weiß, dass der Typ doch Neptun heißt. Über die Reling gebeugt, geht das große Geschrei los. Namen wie 'Jörg' und 'Albert' dringen, von den sich Übergebenden, zu uns herüber und wir versuchen, in das Geröchel noch weitere Namen zu interpretieren. Ein tolles Reisespiel. Wir nennen es: 'Gib deinem Essen einen Kotze- statt Kosenamen!'

Auch Mutter hat die Seekrankheit erwischt. Noch denkt sie allerdings, sie kann sich Neptuns Rache entziehen, indem sie sich flach auf den Boden legt und sich abwechselnd Kopf und Bauch hält. Tochter hängt längst neben den anderen Leichtmatrosen über der Reling.

Ich will gerade einen neuen Kotzenamen vorschlagen, als ich sehe, dass Immi jetzt selbst ganz bleich im Gesicht ist.

»Was ist denn mit dir los?«

»Ich kann kein Blut sehen!«

»Häh? Wo ist denn hier Blut? Ist jemand verletzt?«

Immi zeigt auf Mutter, die sich, vor Übelkeit windend, breitbeinig vor uns gerollt hat und mit Hilfe ihrer weißen Leinenhose bereitwillig Auskunft darüber gibt, dass sie trotz ihres fortgeschrittenen Alters längst noch nicht unfruchtbar ist.

Wieder so eine Art Autounfall, bei dem man eigentlich nicht hingucken kann, es aber auch nicht bleiben lässt. Allerdings sieht es wirklich so aus, als wäre jemand oder etwas überfahren worden. Man möchte sie anbrüllen, weil man Angst hat, dass man diesen Anblick nie wieder vergessen wird. Es wäre doch so einfach gewesen, diesen Unfall zu verhindern! Was zum Teufel ist so schwer daran, bei diesen zahlreichen freiwilligen und unfreiwilligen Zwischenstopps für ein bisschen weibliche Hygiene zu sorgen?

»Passiert euch Frauen so etwas öfter?«

Immi »Ein paar Dinge gibt es überall auf der Welt! Coca Cola, Heineken-Bier und Always!«

Zum Glück ist dahinten Land in Sicht und wir können unsere Blicke endlich von der Roten Baronin abwenden. Die kleine Insel Koh Tao taucht am Horizont auf und wird mit jeder Minute größer. Der Wellengang lässt nach und wie auf Knopfdruck drängeln sich nun zwischen den erleichtert dreinblickenden Touristen zahlreiche Thais, die mit kleinen Mäppchen herumlaufen und jeden fragen, ob er schon eine Unterkunft auf der Insel habe. Wir bejahen diese Frage bestimmt fünfunddreißig Mal und halten uns so die Schleppergespräche vom Leib. Andere Backpacker, die es ganz spontan halten wollten, lassen sich nun viele bunte Bilder von tollen Strandbungalows zeigen, die allesamt natürlich nur bei diesem Akquisiteur so günstig zu bekommen seien. Ich werfe über die Schulter eines dieser Bauernfänger einen Blick in seine Mappe und erkenne eine gewisse Ähnlichkeit zwischen den Bungalowbildern und denen unseres Luxusliners, mit dem wir schlafend in den Süden fahren sollten. Grinsend stelle ich mir vor, wie die ahnungslosen Rucksacktouristen auf der Suche nach einer günstigen Topunterkunft in Löcher geraten, die ähnlich ausfallen, wie unser Blechhaufen.

Zufrieden, eine Unterkunft mit Hilfe des Looses ausgewählt zu haben, beobachten wir das Treiben noch eine Weile, bis wir am schmalen Bambussteg der Insel anlegen.

Ein Sonderservice der Reederei besteht darin, dass alle Passagiere ihr Gepäck auf den Steg getragen bekommen, um nicht selbst die kleine Hängeleiter vom Schiff auf den Steg mit dem Rucksack bewältigen zu müssen. Als ich aber sehe, wie sich gleich drei Thais mit meinem Travelmaster 3000 abmühen, klettere ich wieder an Bord, um dafür zu sorgen, dass nicht alle drei samt Rucksack im Wasser landen. Einer der Thais versucht gerade, den Travelmaster 3000 aufzusetzen. Er hockt vor dem Rucksack und greift durch die Riemen. Dann atmet er tief ein und wieder aus und streckt dabei die kleinen Beinchen durch, um mit möglichst viel Schwung aufzustehen. Das gelingt ihm auch und stolz lacht er seine Kollegen an. Dumm nur, dass er bei ausgestreckten Beinen noch nicht dafür gesorgt hat, dass der Rucksack vom Boden abhebt. Ich bedanke mich bei ihm für seine Hilfe und schnalle mir mein Gepäck selbst auf den Rücken.

Immi wartet unten schon auf mich und wir gehen den langen Steg in Richtung Strand. Den müssen wir überqueren, um an die Straße zu gelangen, von wo aus wir ein Taxi zu unserer Bungalowanlage nehmen wollen.

Da es keinen befestigten Weg über den Strand gibt, sind wir froh, Rucksäcke zu haben. Anders als Mutter und Tochter, die wohl irgendwie vergessen haben, ihr Gepäck rechtzeitig vor ihrer Abreise auf Abenteuermodus umzustellen. Sie ziehen frohen Mutes mit ihren Rollkoffern über den Steg. Pech nur, dass das Ende des Stegs auch automatisch bedeutet 'Grobe Stollenreifen aufziehen oder Steckenbleiben'! Beide wundern sich, warum sich denn die Koffer so schwer ziehen lassen, obwohl der Verkäufer bei Karstadt doch gesagt hat, dass das Leichtlaufräder sind. Und während sie noch darüber philosophieren, ob sie die Koffer nach ihrer Rückkehr reklamieren sollen, helfen schon ein paar Einheimische, gegen völlig selbstloses Handaufhalten, dabei Dumm und Dümmer aus dem Sand zu befreien.

Als Immi und ich die Straße erreichen, steuern wir zielstrebig auf einen Pick Up zu, der wie ein Taxi aussieht. Wir sagen dem Fahrer, dass wir auf die andere Seite der Insel müssen und nennen ihm den Namen unserer Bungalowanlage. Er kennt die Anlage und fragt uns, ob wir etwas Geld sparen wollen, indem wir noch andere Fahrgäste mitnehmen. Wir willigen ein und nehmen schon mal im Inneren des klimatisierten Geländewagens Platz. Unsere Rucksäcke verstaut der Fahrer mit einem Helfer auf der Ladefläche.

Immi »Wir nehmen doch aber bitte nicht die Rote Zora und ihre Tochter mit!«

»Vorher zahle ich lieber den doppelten Fahrpreis«, antworte ich zu Immis Erleichterung.

Da der Motor nicht läuft und damit auch nicht die Klimaanlage, entwickelt sich im Wagen mit der Zeit eine gewisse Hitze.

Deshalb fragen wir den Fahrer, der noch keinen zusätzlichen Gast akquirieren konnte, ob wir nicht endlich losfahren können. Der verspricht, nur noch ein paar Minuten warten zu wollen.

Dieses Frage-Antwort-Spiel wiederholt sich im Abstand von fünf Minuten noch einige Male bis der Steg und der Strand menschenleer sind. Der Fahrer gibt noch immer nicht auf und hofft weiter auf zahlende Fahrgäste, während unsere Stimmung, nach nunmehr über FÜNFZIG Stunden Anreisezeit anfängt zu kochen. Immi beschließt, es ein letztes Mal im Guten zu versuchen.

»Sei nett! Hier steht sonst kein anderes Taxi und wir brauchen den Typen, damit er uns über die Insel fährt!« mache ich ihr klar.

Das hindert sie leider nicht daran, wutentbrannt auszusteigen und sich lautstark in ein Kundengespräch einzumischen, dass der Taxifahrer endlich führen kann.

Zwei junge Frauen, wir nennen sie 'Dreadlock' und 'lila Latzhose', verhandeln gerade mit unserem Taxiheini über den Fahrpreis, als Immi sich dazwischen drängt und einfach losbrüllt.

Immi brüllt so laut ein unverständliches Gemisch aus Hamburg, Schneesturm, Bus kaputt, Menstruation und endlich den blöden Thaiarsch in Richtung andere Seite der Insel bewegen, dass ich sehen kann, wie ihre Spucke mit jedem Satz weiter fliegt. Der Fahrer kneift ängstlich die Augen zusammen und es scheint, als bekäme seine Frisur mächtig Wind.

Wow! Das hat gewirkt! Der Thai stürmt zum Auto, winkt die anderen Mädels zu sich und diese beeilen sich, samt ihrer Rucksäcke die Ladefläche zu erklimmen. Man merkt ihnen die Angst an, ebenfalls Opfer von Immis Wutanfall zu werden.

Die steigt derweil wieder völlig ruhig und zufrieden in den Wagen ein »Geht doch!«

Der Weg zu unserer Bungalowanlage führt einmal mittig über die Insel und über einen Berg, der es in sich hat. Der erste Teil der Strecke ist noch asphaltiert und nur durch seine enorme Steigung spektakulär. Dann aber endet die Straßenbefestigung und wir fahren auf einem Schotterweg, der selbst zu Fuß nur schwer zu bewältigen wäre. Wir überholen andere Urlauber, die gedacht haben, sie könnten den Berg mit einem gemieteten Motorroller überqueren. Reihenweise legen sie sich auf die Seite. Immer wieder gibt es Stellen, an denen man nur hofft, dass einem niemand entgegen kommt, da die Ausweichmöglichkeiten zwischen 'links,

Steilwand hoch' und 'rechts, Steilwand runter' sehr eingeschränkt sind.

Irgendwann erreichen wir den höchsten Punkt des Bergs und rollen bei abgeschaltetem Motor nur noch bergab. Unsere beiden Mitfahrerinnen auf der Ladefläche müssen sich gerade fühlen, wie ich auf dem Getränkelaster. Allerdings gestehe ich ihnen das Recht zu, deutlich ängstlicher zu gucken, weil ich nur zwischen klappernden Getränkekisten saß und nicht zwischen hin und her springenden Propangasflaschen!

Richtig! GASFLASCHEN! Die liegen immerhin schon eine ganze Weile in der prallen Sonne und poltern jetzt von links nach rechts, wobei sie mit den Ventilen immer schön gegen die Ladeklappe schlagen. Wenn man dieses Bombenkommando betrachtet, wundert man sich über deutsche Autobahnpolizisten, die sich ins Hemd machen, wenn auf einem Papierlaster zwischen den Paletten eine Ladelücke von fünfundzwanzig Zentimetern besteht.

Nach insgesamt fünfunddreißig Minuten haben wir die 4,5 Kilometer auf die andere Seite der Insel zurückgelegt und halten oberhalb einer kleinen Bucht auf dem Parkplatz unserer Bungalowanlage. Wir steigen aus dem Auto und werden gleich von einem jungen Thailänder mit einem Zahnpastalächeln begrüßt, das ihm auf Anhieb seinen neuen Spitznamen verleiht.

'Colgate'!

Wir fragen ihn, ob noch ein Bungalow frei sei und er holt einen Schlüssel, um uns unseren Palast zu zeigen. Dreadlock und Lila Latzhose lässt er einfach stehen. Wer zuerst kommt, mahlt auch in Thailand zuerst!

Am Fuß des Hangs, direkt am Strand, steht in erster Reihe ein kleiner Bungalow auf Pfählen. Vom Balkon, der einen direkten und unverbauten Blick zum Strand bietet, kommt man durch die Eingangstür. Hier, wie es im Loose geschrieben steht, Schuhe aus! Drinnen, gleich rechts neben der Tür, steht das Bett. Darüber verdeckt eine schmutzige Gardine das Fenster zum Strand. Sie schaukelt beruhigend im Wind. Eine kleine Tür führt in das Badezimmer. Ein Waschbecken, eine Toilette mit manueller Spülung in Form einer Plastikschüssel und ein Gartenschlauch als Dusche. Alles da, ...wenn auch im Zustand eines 70er-Jahre-Jugendfreizeitlagers.

Das Ganze soll für uns beide zusammen aber umgerechnet nur zwölf Euro pro Nacht kosten. So stand es auch im Loose.

Müde von der langen Reise und begeistert von so viel puristischem Beachfeeling schlagen wir zu und sind ab sofort Bewohner unseres Strandbungalows, den wir typisch norddeutsch - Haus Möwe – nennen.

# 8 Luxus muss man teilen.

Das Erste, was Frauen tun, um im Urlaub ihr Nest zu bauen, ist Auspacken. Da kann die Anreise noch so lang und hart gewesen sein, die Sonne und der Strand nach einem rufen oder ein tolles Essen locken – erstmal wird ausgepackt. Das ist auch Immis Plan! Der kommt aber schnell zum Erliegen, als sie feststellt, dass unsere Strandzelle gar keinen Schrank hat.

Kunststück! Wo sollte der auch noch stehen, wenn der thailändische Architekt das Bauwerk passgenau und luftdicht um das Bett herum geplant hat.

Immi »Kein Schrank? Macht nix! Dann bleiben die Klamotten eben im Rucksack. So machen es echte Backpacker nun mal.«

Ich »Mach mal das Fenster zu, damit wir die Klimaanlage anmachen können!«

Immi kniet sich aufs Bett, greift zum Fenster, dreht sich zu mir um und fragt mich »Erinnerst du dich an das Seitencabrio?«

Mir wird sofort klar, dass die Thailänder wahre Frischluftfanatiker sind und beschließe, es einfach gut zu finden. Wozu sollte man bei fast vierzig Grad im Schatten auch ein Fenster schließen. Ach ja, wegen der Klimaanlage! Die entpuppt sich bei näherer Betrachtung als einfacher Ventilator, der mehr schlecht als recht an der Wand zum Badezimmer baumelt. Ein Knopfdruck und schon läuft der Gute in einer Geschwindigkeit wie das Kleinkinderkarussell auf dem Hamburger Dom. Trotzdem spürt man einen gewissen Luftzug, der immerhin dafür sorgt, dass die feuchtwarme Luft im Zimmer in Bewegung kommt und einem so etwas wie Kühle vorgaukelt.

Immi möchte an der Eingangstür schlafen. Ich quetsche mich hinter dem Bett vorbei auf die andere Seite, wo sich noch ein Fenster befindet. Dieses hier hat sogar eine Scheibe, durch die man allerdings nicht durchgucken kann, weil Dreck und tote Tiere die Aussicht versperren.

Das Badezimmer ist einfach ausgestattet und verfügt nicht über warmes Wasser. Aber dadurch, dass die dünnen Plastikwasserleitungen oberirdisch bis zum Bungalow führen, ist zumindest der erste Schwall immer heiß.

Aus unserem Loose wissen wir, dass so offenherzig gebaute Bungalows, wie unserer, gern Ungeziefer anlocken. Man solle auf jeden Fall unter einem Moskitonetz schlafen. Tatsächlich ist eins vorhanden. Unter der Decke ist eine dünne Schnur einmal ums Bett herum gespannt. Daran hängt das Netz, dass mit kleinen Bändern nach oben gerafft ist. Wir wollen uns das Sicherheitsnetz mal genauer ansehen und ziehen an zwei Seiten an den Befestigungsbändern, um es zu entfalten. Als es in Richtung Bett fällt, stinkt es ganz erbärmlich. Überall sinken tote Insekten zu Boden oder bleiben im Netz an einer der vielen Schimmelblumen hängen. Ich überlege, ob es vielleicht die Aufgabe des Netzes sein soll, Insekten, durch das zur Schau stellen ihrer toten Artgenossen, abzuschrecken und stelle mir vor, wie gesundheitsschädlich wohl eine Nacht unter diesem Himmelbett der Kadaverhölle sein kann.

Auch hier hat unser Loose übrigens Recht gehabt, der uns bereits darauf vorbereitet hatte, dass die Bungalows unserer Anlage zwar mit etwas schimmeligen Moskitonetzen ausgestattet seien, der Strand aber für alle Unannehmlichkeiten mit den Hütten entschädigen würde. Wäre auch nicht schlimm, wenn sich der Loose hier und da mal irrt!

Jetzt aber mal nix wie raus ans Wasser, wo wir unseren Reisestress sicher viel besser weg schlafen können als unter dem Schimmelhimmel. Am Strand ist es herrlich ruhig. Keine Spur mehr von hektischer Anreise, lärmenden Buswracks oder einer nervigen Mutter mit Tochter. Einfach eine schöne kleine Bucht mit türkisblauem Wasser und ein paar kleinen Bungalowanlagen wie unserer. In einem Pfahlbau liegt das Restaurant unserer Anlage und wir sind uns einig, nach einem kleinen Schläfchen dort einzukehren.

Immi, bis dato eher Typ Albino, muss natürlich unbedingt in der prallen Sonne liegen. Schließlich ist ein Urlaub in Thailand mit einer gewissen Bräunungsverpflichtung verbunden. Das ist der Grund, warum ich, der im Schatten einer Palme liegt, alle halbe Stunde mit der immer gleichen Frage geweckt werde »Sieht man schon etwas?«

Damit sind nicht etwa ankommende Piraten gemeint, sondern Immis Bräune.

»Du hast es in nur zwei Stunden geschafft, hummerbraun zu werden. Geh mal lieber aus der Sonne! Lass uns im Pfahlbau etwas essen! Ich geb' einen aus.«

Der Pfahlbau: Meerblick garantiert, egal wo man sitzt.

Auch Dreadlock und Lila Latzhose scheinen, sich für unsere Anlage entschieden zu haben und watscheln, kaum dass wir im Restaurant sitzen, vom Hügel herunter, wo weitere Bungalows liegen. Sie kommen schnurstracks auf uns zu! Da wir ja zusammen angekommen sind, haben wir leider genug gemeinsam, um automatisch eine Backpackergemeinschaft zu bilden. So sitzen kurze Zeit später eine angehende Ökotrophologin in lila Latzhose und eine 'Ich weiß noch nicht, was ich machen soll. Ich chill' einfach.' mit Dreadlocks an unserem Tisch. Nicht gerade die Erfüllung meiner männlichen Träume! Wo sind denn die heißen Backpackermädels, die sich nach wilden Abenteuern verzehren? Zunächst muss ich mich wohl auf einen anderen Verzehr konzentrieren…

Das Essen ist so günstig, dass Immi und ich uns jeweils zwei Hauptgerichte gönnen. Natürlich darf so piekfeines Zeug wie Scampi nicht fehlen. Nachtisch gibt's auch noch und während wir das Essen in uns hineinstopfen und diesmal wirklich sicher sind, original thailändische Küche zu genießen, quakt uns Lila Latzhose pausenlos mit irgendwelchen Ernährungstipps voll. Ist klar! Ich kann hier eine Riesenportion Thaicurry mit Scampi für gerade mal zwei Euro essen und soll dabei darauf achten, nur in Maßen zu essen und dafür häufiger? Mach ich ja! Nach den Scampi gibt's nämlich noch Bratnudeln mit Hühnchen und gebackene Bananen mit Honig. Häufiger kann ich in so kurzer Zeit nun wirklich nicht essen!

Als wir fertig sind, tun wir so, als seien wir ganz furchtbar müde und müssten jetzt mal schlafen gehen. Zum Glück machen sich die beiden Blitzbirnen auch gleich vom Acker. Sonst hätten sie vom Restaurant aus direkt auf unsere neu eröffnete Bar 'Zur blauen Laterne' gesehen.

Immi holt Kaltgetränke vom Pfahlbau und ich bringe ein blaues Knicklicht zum Leuchten, dass zu meiner Tauchausrüstung gehört. Damit haben wir es richtig schön auf unserem Balkon. Jetzt kommt der restliche Sprit vom Münchner Flughafen zum Einsatz. Wir dröhnen uns richtig einen rein und sind irgendwann beduselt genug, um selbst unser Schimmelnetz gemütlich zu finden.

Schlafenszeit! Der Ventilator bleibt aus. Der Wind weht sowieso durch das offene Fenster über dem Bett direkt in unsere Gesichter und kühlt die sonnen- und alkoholerhitzten Köpfe angenehm ab.

Mitten in der Nacht kommt, was kommen musste. Der Schlummertrunk will raus. Wer kennt das nicht?

Man wird wach und muss auf die Toilette. Geht aber nicht, weil man dann schlecht wieder einschlafen kann. Da wird krampfhaft versucht, den Drang zu ignorieren und wieder einzuschlafen. Das wird natürlich nichts und so quält man sich ewig, bis man dem Druck endlich nachgibt und eine Stunde bevor der Wecker klingelt doch noch ins Badezimmer schleicht. Zurück im Bett kann man dann erst recht nicht mehr schlafen, weil man es A: zu hartnäckig versucht und B: immer daran denken muss, wie wenig Zeit nur noch bleibt, bis man wieder aufstehen muss.

Ich bin heute Nacht viel zu geschafft, um diesen Kampf zu kämpfen und setze mich lieber gleich in Bewegung. Ich taste nach der Taschenlampe, weil ich die Neondeckenröhre für reichlich hell halte, wenn man bedenkt, dass Immi sicher noch schlafen möchte. Zudem haben wir im Badezimmer keinen Strom und damit auch kein Licht. Das ist in Anbetracht der offenen und unisolierten Elektroleitungen vielleicht auch ganz gut so. Man stelle sich vor, mit dem Gartenschlauch ausgiebig zu duschen, während über einem die Funken aus der Deckenlampe schlagen.

So oder so brauche ich die Taschenlampe, die ich auch schnell finde. Jetzt nur noch vorsichtig unter dieser Mischung aus Spinnweben und Moskitonetz herausgepult und bloß die Badelatschen anziehen, weil außer mir, hier noch einige andere Kameraden unterwegs zu sein scheinen.

Ich beschließe, die Lampe erst im Bad einzuschalten, um Immi nicht zu wecken.

Müde zum Bad getappst, drücke ich vorsichtig die Tür auf. Nicht zu weit, weil sie fürchterlich quietscht.

Ich schiebe mich durch den engen Spalt, knipse das Licht an und...- Hoppla, besetzt!

Schließ doch ab, du Idiot!

Ich springe zurück ins Zimmer und muss mich kneifen, weil ich fest davon überzeugt bin, dass ich das nur geträumt haben kann. Bestimmt schlafwandle ich und bin jetzt gerade erst aufgewacht. Die Tür ist laut knarrend wieder zugefallen. Ich schiebe sie erneut auf.

Immi hat von all dem zum Glück nichts mitbekommen.

Ich stecke meinen Kopf durch die Tür, knipse die Lampe wieder an und leuchte den Fußboden ab. Mein Herz rast! Fliese für Fliese scanne ich, bis ich mir sicher bin, dass ich das NICHT geträumt habe. Ich bin wirklich nicht allein im Bad.

In Bruchteilen einer Sekunde gehe ich gedanklich alle mitteleuropäischen Insekten durch und mir wird klar: Was da vor mir auf dem Boden sitzt, ist nicht mit uns zusammen hier angekommen!

Eine handtellergroße Spinne, deren pelziger dicker Körper und die haarigen Beine nicht gerade frisch epiliert sind.

Man mag jetzt denken, dass ich übertreibe, aber anhand der Fliesengröße lässt sich sehr leicht abmessen, wie groß unser Mitbewohner wirklich ist. Er kann mit seinen Beinen von Fuge zu Fuge greifen!

Nein, es sind hier keine feinen Mosaikfliesen, sondern handelsübliche weiße Bodenfliesen!

Er ist riesig! Mein Herzschlag donnert gegen meinen Kehlkopf und ich überlege, was ich tun kann. Das Vieh braucht einen Namen! Namen nehmen solchen Ungeheuern einen großen Teil des Schreckens.

Paul ist doch nett.

Ich flüstere mehr zu mir selbst als zu ihm »Hallo Paul! Magst du jetzt vielleicht nach Hause gehen und mich auf die Toilette lassen?«

Natürlich interessiert sich Paul nicht die Bohne für mein Anliegen.

Plan B, mit dem Schuh draufhauen, fällt aufgrund Pauls Größe aus. Vermutlich nimmt er mir meinen Badelatschen einfach weg, läuft hinter mir her und haut mir damit immer wieder auf den Kopf.

Scheiß Plan! »Denk nach!«, sage ich mir in Gedanken und schließe dabei auch gleich die deutsche Variante 'In ein Glas tun und rausbringen' aus. Woher soll ich jetzt auch mal eben einen Maßkrug nehmen?

Vielleicht sollte ich Paul einfach in Ruhe lassen und draußen vom Balkon pinkeln. Ich drehe mich kurz zur

Tür um und erkenne im Augenwinkel, dass die Gardine durch den Wind fast waagerecht über dem Bett schwebt.

Gegenwind! Keine gute Voraussetzung, um vom Balkon zu schiffen.

Dann kann ich es auch mit Paul aufnehmen. Einpinkeln werde ich mich vermutlich in beiden Fällen.

Den Lichtkegel auf Paul gerichtet, erkenne ich, dass er kein grelles Licht mag. Immer wieder stiehlt er sich ganz langsam in die Dunkelheit davon. Das mache ich mir zunutze und treibe ihn Luke-Skywalker-mäßig mit meinem Lichtschwert in eine Ecke des Badezimmers. Dann schiebe ich mich in Richtung Toilette und verrichte mein Geschäft, immer darauf achtend, dass Paul schön auf Abstand bleibt.

Wieder raus aus der gefliesten Hölle krabbele ich sofort unter das Moskitonetz und vergewissere mich, dass es mit allen Enden unter der Matratze befestigt ist, so dass Paul mich nicht verfolgen kann. Als würde ihn das wirklich aufhalten können. Der Junge reißt im Zweifelsfall das komplette Netz samt Verankerung aus der Decke. Vielleicht ist es ja auch seine Vorratskammer mit all den Kadavern, die da drin hängen. Obwohl ich mir denke, dass Paul eher keine kleinen Insekten isst.

Wir werden ja auch nicht von Flöhen satt. Paul mag bestimmt lieber Kühe... oder Menschen!

»Egal, jetzt einfach weiterschlafen«, denke ich und muss mir eingestehen, dass es manchmal eben doch schlauer ist, seinem Blasendruck Stand zu halten und zu warten, bis es hell geworden ist. Tagsüber begegnen einem solche Monster nämlich nicht! Oder?

# 9 Ich will kein Deutscher mehr sein.

Die aufregende Nacht endet bereits um 7:30 Uhr. Wir haben uns den Wecker gestellt, um pünktlich um 8:30 Uhr an der Haltestelle des Vormittagstaxis zu sein. Von unserer Seite der Insel fährt zwei Mal am Tag ein günstiges Taxi in die 'Hauptstadt' der Insel. Morgens um 8:30 Uhr und nachmittags um 15:00 Uhr. Wenn man die nicht nehmen möchte, kann man sich ein eigenes bestellen, was dann viel teurer ist. Zufälligerweise fährt das teure Individualtaxi dann aber genau zu den gleichen Zeiten. Es gibt eigentlich ausschließlich Sammeltaxis, was vermutlich einige Urlauber nicht davon abhält, den teuren Individualpreis zu bezahlen, um auf der bumsvollen Ladefläche des Pickups, trotzdem das Gefühl von Businessclass zu haben. Diesem Nepp wollen wir entgehen und unbedingt das Sammeltaxi erreichen. Dafür quälen wir uns rechtzeitig aus dem Bett. Schnell pischen, waschen, kämmen und los geht's.

Punkt 8:30 Uhr stehen wir an der Haltestelle und ruck zuck nach dreißig Minuten geht's auch schon los. Wieder über die Buckelpiste, wieder mit Propangasflaschen, diesmal aber mit einem Haufen kettenraucher Thais auf der Ladefläche.

Frühes Kommen sichert nämlich nicht immer die besten Plätze. Dieses Mal müssen wir die klimatisierten Sitze im Innenraum an zwei ältere thailändische Damen abtreten. Wir poltern und holpern über Stock und Stein und kommen uns vor, wie auf einer Endurostrecke, die eigens für die Touristen besonders abenteuerlich ausgebaut wurde. Hätte man sich für mich gern sparen können!

'Downtown' angekommen suchen wir uns zunächst mal eine Wechselstube. Wir finden eine in einem kleinen Laden an der Straße, die am Strand entlang führt. Mit wenigen Euro werden wir echte Thaimillionäre. So viele bunte Scheine.

Bevor wir uns mit unserem neuen Reichtum etwas zum frühstücken jagen, wollen wir noch schnell zu Hause anrufen. Glücklicherweise bietet unser Geldwechsler auch Telefonate 'all over the world' an. Warum nicht? Gegen 4:00 Uhr morgens, heimischer Ortszeit, sind wenigstens alle zu Hause und freuen sich bestimmt über unseren Anruf.

Unsere Eltern wissen gar nicht, wie ihnen geschieht, als wir aus Kostengründen innerhalb weniger Minuten in knappen Sätzen berichten, wie der Urlaub bislang verlaufen ist. Dann wünschen wir ihnen wieder eine gute Restnacht.

Jetzt müssen wir aber etwas essen! Eine kleine Bambushütte bietet eine Terrasse direkt am Strand. Bunte Bilder auf einer Tafel zeigen zahlreiche Leckereien, die uns gerade recht kommen. Glücklicherweise betreten wir das Frühstückslokal von der Strandseite, weil uns so zunächst der Anblick der Freiluftküche erspart bleibt, deren Töpfe und Pfannen direkt neben dem Eingang des Plumpsklos hängen. Ich will nicht darüber nachdenken, komme aber nicht drumherum, mich zu fragen, ob es zwischen beiden 'Örtlichkeiten' schon Verwechslungen gegeben hat.

An unserem Tisch begrüßt uns die äußerst korpulente Küchenfee persönlich und wir bestellen die Frühstückskarte einmal rauf und runter. Dann watschelt sie los und fängt an, das Essen zu zubereiten, wobei ich nicht weiß, ob ich für mein Chickensandwich eins von den freilaufenden Hühnern an der Straße möchte oder lieber eins von denen, die schon etwas länger an einer Wäscheleine in der Sonne hängen. Ach was, bestimmt hat sie noch welche im Kühlschrank. Der muss dann aber solarbetrieben sein, weil es in Muttis Küche keinen Strom gibt. Die Hoffnung stirbt zuletzt!

Das Ergebnis ist tatsächlich überzeugend. Jamie Olivers thailändisches Double hat uns ein Bombenfrühstück gezaubert und wir hauen ordentlich rein.

Dann dürfen wir, in der ersten Reihe sitzend, ein weiteres Segment des thailändischen Tourismus kennenlernen.

Am Strand legt mit knatterndem Motor ein Longtailboot an. In der Mitte sitzt ein dicker haariger Mann älteren Semesters und ruft unsere Küchenfee. Sie eilt zum Boot und spricht einige Minuten mit dem Mann, der währenddessen bemüht ist, seine Goldketten aus seinem Brustwald zu befreien. Big Mama verschwindet in einer kleinen Strandhütte und kommt mit einer jungen Thaifrau zurück. Die hübsche Frau ist für einen

Bootsausflug irgendwie unpassend gekleidet. Kurzes enges Kleid, Stöckelschuhe und geschminkt wie frisch aus dem Beautysalon.

Uns dämmert, worum es bei der Unterhaltung geht. Barbie steigt in das Boot, Mama grabscht nach einem Bündel Scheinen, die der haarige Freier ihr hinhält und gibt dem Pärchen dann kräftig Anschwung. Das Loveboat knattert von dannen, um wohl in der nächsten Sexbucht Halt zu machen. Auch das ist Thailand!

Nach diesem 'Thailight' machen wir uns auf zur Shoppingmeile. Immerhin verfügt das Dorf über eine und man kommt sich fast vor, wie am Timmendorfer Strand. Lauter Boutiquen mit edelster Ware!

Prada, Gucci und Louis Vuitton! Alles für Spottpreise! Thailand muss ein reiches Land sein.

Als Käufer dürfen einen allerdings solche Kleinigkeiten wie Schreibweisen der Edelmarken nicht kümmern. Zumindest muss man zu Hause etwas vorsichtig mit der Angeberei sein. Sonst kann man eventuell schief angeguckt werden, wenn man mit seinem Gutschi-Gürtel angibt oder seine Luigi-Witong-Tasche präsentiert.

Wir belassen es zunächst dabei, uns umzuschauen und nehmen gegen Mittag ein Sammeltaxi zurück in unsere Bucht.

Dort angekommen holt Immi ein bisschen Schlaf am Strand nach und ich erkundige mich bei der nahegelegenen Tauchbasis nach Ausflügen und den Preisen. Ich buche für den nächsten Tag eine Tauchtour und verspreche, pünktlich um 7:30 Uhr da zu sein. Natürlich weiß ich jetzt schon, dass es doch erst um 8:00 Uhr los geht. Aber wie soll man in so kurzer Zeit gegen seine deutschen Gene ankämpfen. Ich werde pünktlich sein und mich wieder darüber ärgern, dass es später losgeht. Mit dieser Gewissheit kehre ich zurück zu unserem Strandabschnitt und helfe Immi ein bisschen beim Nichtstun. Sonst wird sie ja nie damit fertig!

Nachmittags haben wir Appetit auf einen kleinen Snack und setzen uns in den Pfahlbau. Wir genießen gerade Sandwich und Obst, als ein Neuankömmling die Bühne betritt und Colgate mit einer unbeholfenen Deutsch-Englisch-Mischung nach einem freien Bungalow fragt. Es ist nur noch einer frei und beide gehen zusammen zu der kleinen Hütte, die direkt neben unserer liegt. Man bedenke, Ausstattung einfach, aber immerhin direkter Meerblick und spottbillig.

So zumindest UNSERE Einstellung.

Der Typ latscht ungeniert mit seinen sandigen Pantoffeln in den Bungalow. Als er Minuten später noch nicht wieder rauskommt, denken wir schon, dass er das Ding gleich bezogen hat. Dabei wundert uns allerdings, dass er erstens kein Gepäck dabei hatte und zweitens Colgate vor der Tür wartet. Was macht der da drinnen? Ist unsere Nachbarshütte unterkellert oder macht er ein Probenickerchen?

Nach zehn Minuten kommen sie gemeinsam zurück in die Bürozentrale im Pfahlbau.

Der Typ, Aussehen deutscher Mallorca-Urlauber, mit brauner gebügelter Shorts und weißen Tennissocken in den Trekkingsandalen, ist gerade mal Mitte Zwanzig und strahlt die Sympathie eines fünfzigjährigen Finanzbeamten aus. Nachdem er Colgate erklärt hat, dass der Bungalow ja einige Baumängel aufweist, fragt er nach dem Preis. Die zwölf Euro pro Nacht scheint er so überzogen zu finden, dass er zunächst lauthals künstlich lacht und dann doch tatsächlich nach einem 'Discount' fragt.

Wie bitte? Zwölf Euro pro Nacht und der macht sich noch die Mühe zu handeln? Es mag ja sein, dass man in Thailand üblicherweise preistechnisch über den Tisch gezogen wird und jeder, der nicht handelt, viel zu viel bezahlt. Aber was zum Teufel will man bei zwölf Euro noch heraushandeln? Ist es nicht viel zu anstrengend, hier noch einen Euro pro Nacht herauszuschlagen? Für zwölf Euro gibt es in Deutschland nicht einmal ein Etagenbett im Männerwohnheim und der macht sich hier ins Hemd.

Ein bisschen erinnert er an Strassspeck, wie er in seiner gönnerhaften Art versucht, den armen Thailänder von seiner Barmherzigkeit zu überzeugen.

Zum Glück bleibt Colgate standhaft. Jetzt wird dieser Vollpfosten deutscher Reisekultur auch noch frech und zählt abermals die Baumängel auf. Auch das bringt den weiterhin freundlich lächelnden Thai nicht aus der Ruhe.

Ich persönlich hätte jetzt vermutlich längst wortlos zugeschlagen.

Wütend zieht der Spinner ab, und Immi und ich beschließen, für die Dauer unseres Restaufenthalts so zu tun, als seien wir Holländer. Wer will bei solchen Mitbürgern schon Deutscher sein?

Nach dem Essen, zurück am Strand, werden wir von einer Frau angesprochen »Entschuldigt bitte, wohnt ihr hier in der Anlage?«

Wir nicken.

»Wie sind denn die Bungalows so? Und was kostet eine Nacht?«

»Alles da, was man braucht! Himmelbett, Meeresbrisenklimaanlage, Dusche mit Wechselbadfunktion und Toilette mit Schöpfspülung. Und wenn man will, kann man noch einen Streichelzoo dazu buchen«, erklärt Immi der Frau.

Die Frau lacht, bedankt sich und geht direkt zu Colgate, um einen Deal für den letzten freien Bungalow klar zu machen.

Kurze Zeit später ist die Welt mal so richtig schön gerecht, als wir auf dem Weg in unseren Bungalow Zeuge werden, wie der Durchschnittsdeutsche von vorhin wieder bei Colgate vorspricht und ihm erklärt, dass er keinen freien Bungalow mehr finden konnte und die Bucht ausgebucht sei.

Schade Schokolade! Das gilt jetzt nämlich auch für unsere Anlage und zufrieden ziehen wir uns zurück, um uns für das Abendessen fein zu machen.

Am Abend laden wir uns wieder den ganzen Tisch voll. Durch die erhöhte Aufmerksamkeit auf unser Gelage kommen wir mit Karin, Sozialpädagogikstudentin, und Rosi, 6-Wochen-Aussteigerin, ins Gespräch. Die beiden könnten Klone unserer gestrigen Zwangsbegleiter sein.

Der Unterschied: Beide sind wirklich nett und drängen einem nicht diese typischen Backpacker-Gespräche à la »Wo kommst du her?« und »Wo gehst du hin?« auf. Sie dürfen uns Gesellschaft leisten und uns unterhalten.

Rosi trägt auch diese obligatorischen Aussteigerdreadlocks. Sie übt tagsüber, brennende Dosen an Bändern um ihren Kopf und Körper zu schleudern. Keine Ahnung, wie dieser Sport heißt, aber ich hab' das schon mal im Fernsehen gesehen. Das sieht wirklich spannend aus. Zur Zeit ist sie aber noch in der Phase, dass sie die Blechdosen mit Socken umwickeln muss, weil sie sich die Teile noch häufig um die Ohren haut. Demnächst will sie aber eine richtige Feuershow am Strand abliefern und wir sind herzlich eingeladen.

Eine andere heiße Show wäre mir lieber gewesen. Aber nicht mit der filzigen Dreadlock-Rosi.

Wir sagen trotzdem zu.

Der Abend zieht sich immer weiter und ständig bestellen wir irgendetwas nach. Der arme Colgate! Muss er mir doch morgen schon um 7:00 Uhr Frühstück machen. Das weiß er nur noch nicht.

Als krönenden Abschluss unserer Fressorgie bestellen wir warme Bananen in Kokosnussmilch und schon ist der Flachwitz des Tages entstanden: »Wie heißt eine thailändische Prostituierte? Koko-Nutte!«

# 10 Brenzlige Sache.

Am nächsten Morgen schüttele ich Colgate rechtzeitig um 6:45 Uhr aus seiner Hängematte, damit mein Frühstück pünktlich um 7:00 Uhr auf dem Tisch steht. Merke: Wenn der Thailänder Probleme mit der Pünktlichkeit hat, hilf ihm einfach dabei!

Sogleich steht der Gute auf und verschwindet mit meiner Frühstücksbestellung in der Küche. Dem Klappern und Klirren von Töpfen und Geschirr zufolge, fehlt dem guten Colgate heute morgen noch ein wenig die Koordination und ich kann nur hoffen, dass er sich bei der Zubereitung meines Frühstücks nicht ernsthaft verletzt. Vielleicht hätte ich ihm lieber ein paar Minuten Zeit lassen sollen, um seinen Kreislauf in Schwung zu bringen. Colgate per Hängemattenschleuder direkt nach dem Öffnen der Augen in den Arbeitsalltag zu katapultieren, ist offensichtlich nicht sein Ding. Er meistert diesen Frühstart in den Tag aber doch sehr gut und so habe ich kurz darauf ein köstliches Omelette auf dem Tisch.

Anschließend gehe ich rüber zur Tauchbasis, von wo aus wir zur Station am Hafen fahren wollen. An unserem Treffpunkt erwarten mich andere Taucher, die bereits jetzt einen regelrechten Wettkampf im Taucherlatein austragen.

Taucher sind in dieser Beziehung wie Angler, können aber noch besser bescheißen, weil es immer nur darum geht, was man 'gesehen' hat. Das ist nicht prüfbar, wodurch es durchaus vorkommen kann, dass jemand auf einem Tauchgang einen zehn Meter langen Walhai sieht, den zwölf andere Taucher nicht gesehen haben. Da waren die anderen halt zu unaufmerksam.

Ich halte mich zurück und höre mir die ganzen Geschichten und Weisheiten an.

Als unser Taxi vorfährt, laden wir unsere Ausrüstung auf die Ladefläche und fahren ein paar Minuten später in Richtung Basislager, von wo aus der Trip starten wird. Diesmal tanzen keine Propangasflaschen, sondern Tauchflaschen zwischen unseren Beinen herum. Ich habe mich bereits an unsere 'Straße ohne Wiederkehr' gewöhnt und kann mich nur über die lautstarken Beschwerden meiner Mitfahrer amüsieren. Die lustigste und zugleich peinlichste Aussage meiner Mitfahrer lautet

»In Deutschland wäre das nicht zulässig!«

Erschreckend ist die Verkündung dieser Erkenntnis deshalb, weil es A: allen klar ist und B: wir ja nun mal alle absichtlich gerade NICHT in Deutschland sind. Die Mischung aus Herbeisehnen heimischer Straßen- und sonstiger Verhältnisse und dem Genuss exotischen Abenteuers wirkt auf mich grundsätzlich so, als wären diese Leute in großen abgeschlossenen Hotelanlagen oder wahlweise in einem Freizeitpark besser aufgehoben.

Immerhin schaffe ich es, mir die Vorfreude auf die Tauchgänge nicht durch die Paradedeutschen mit Hang zur Straßenverkehrsordnung vermiesen zu lassen.

An der Zentrale unserer Tauchbasis in der Inselhauptstadt Mae Hat, einem Dörfchen mit gefühlten zwanzig Billigwohnanlagen, dreißig Bars und fünfzig Tauchbasen, herrscht ein unglaubliches Durcheinander. Überall wuseln Taucher und solche, die es noch werden wollen, herum. Auch in unserer Tauchbasis ist es laut und unübersichtlich. Ich frage mich, wie um Himmels willen, ich so jemals das richtige Boot erwischen soll. Nachdem ich ungefähr zwölf Leuten erzählt habe, wie mein Name ist, dass ich heute das erste Mal hier bin und keine Leihausrüstung brauche, klärt sich zehn Minuten später alles auf. Vor mir steht eine hübsche Frau, knapper Bikini, lange Beine und tolles Lächeln. Ist SIE vielleicht mein erhofftes flüchtiges Backpackerabenteuer? Ein paar schöne Tauchgänge, ein Drink am Abend und eine leidenschaftliche Nacht in ihrer Hütte mitten im Dschungel mit morgendlicher Post-Sex-Dusche unter einem Wasserfall. Das wär´s!

Aber immer schön eins nach dem anderen!

Mit vornehmen britischen Akzent stellt sie sich vor

»Hi, ich bin Laura. Und wie heißt du?«

»Äh..... Laura.«

»Ja, ich heiße Laura. Und du?«

»Ach so, ....äh, Heinzi. Ich heiße Heinzi!«

»Hi Heinzi! Ich begleite dich heute auf deinen Tauchgängen.«

»Hätte schlimmer kommen können.«

»Wie meinst du das?«

»Oh, hab' ich das laut gesagt? Vergiss es! Ich freu' mich aufs Tauchen.«

»Wenn du alle Sachen soweit zusammen hast, kannst du schon runter zum Strand gehen. Wir fahren mit dem Longtailboot raus zum großen Tauchboot. Deine Sachen kannst du in eine von den gelben Kisten packen. Die werden separat zum Boot gebracht.«

Ich folge Lauras Anweisungen und gehe runter zum Wasser. Dort warten schon einige andere Gäste. Nach ein paar Minuten kommen Laura, zwei weitere Tauchguides und die übrigen Taucher zu uns. Jetzt heißt es einsteigen und dabei sein!

Longtailboot – Mofa der Meere und eine Mischung aus venezianischer Gondel und Ruderboot.

Eigentlich ganz romantisch, so mit Laura 'überzusetzen', wenn da nicht noch zwölf andere Leute wären, die mit uns fahren. Die Seiten unseres Wasserknatterers gucken gerade noch fünf Zentimeter aus dem Wasser, während wir durch den Hafen fahren. Bleibt nur zu hoffen, dass sich jetzt keine Möwe auf unserem Boot niederlässt, weil wir dann auf jeden Fall verloren wären. Selbst ein MöwenSCHISS würde uns jetzt schon zum Absaufen bringen. Daran gibt es keinen Zweifel. Jeder

der Passagiere scheint sich gerade zu überlegen, wen er ins Wasser schubst, um wieder für genügend Auftrieb zu sorgen. Ich halte erst den Dicken, der schräg vor mir sitzt für eine gute Wahl. Das ist rein physikalisch dann aber doch nicht schlau, da neben ihm, also genau vor mir, ein ebenso fülliges Exemplar sitzt. Ginge einer der beiden über Bord, würde der andere für so viel Schlagseite sorgen, dass ein Kentern nicht mehr zu verhindern wäre.

Mit etwas Glück kommen wir aber trocken an unserem Tauchboot an und steigen um. Unsere Ausrüstung wird zeitgleich auf der anderen Seite des Bootes an Bord gefrachtet. Alle verstauen ihre Ausrüstung und schon donnert Kapitän Ahab in Richtung offene See. Der thailändische Schiffsführer scheint schon einige Millionen Seemeilen auf dem Buckel zu haben und macht den Eindruck, als hätte er bereits alles erlebt, was es auf den sieben Weltmeeren zu erleben gibt.

Seine Gelassenheit beweist er kurze Zeit später. Es geht ein aufgeregter Funkspruch ein, der überall an Bord zu hören, aber nicht zu verstehen ist. Unser Kapitän ruft einen der Guides zu sich und erklärt ihm in aller Ruhe den Inhalt. Jetzt werden auch wir informiert. Wir sammeln uns am Bug des Boots. Der Tauchlehrer erzählt etwas von schwerem Seegang, Tauchboot in Not und Hilferuf.

Schwerer Seegang? Hilferuf? Was ist denn das jetzt für eine Scheiße?

Wir seien aber zu weit weg, um dem anderen Boot zu helfen.

Zu weit weg? Von was? Von dem Boot, dem schweren Seegang oder vielleicht der Hoffnung, jemals wieder zurück an Land zu kommen? Das Ufer ist schon nicht mehr zu sehen.

Egal, ich bin Norddeutscher und seefest. Das rede ich mir und meinem Magen zumindest ein. Dieses Selbstbewusstsein wird aber schon bald auf eine harte Probe gestellt. Die Wellen werden immer höher und ununterbrochen holen wir Schwung, einen Wellenkamm zu erklimmen, um dann direkt darauf, wieder ins Tal zu schlingern. Jedes Mal schlägt der Bug mit lautem Klatschen auf der Wasseroberfläche auf und löst sich gleich wieder von ihr. Das Auf und Ab macht auch den Seemännern zu schaffen, ganz zu Schweigen von den touristischen Landratten. Wie sollen die so eine Fahrt auch heil überstehen, wenn ihr bislang höchster Wellengang durch das Steineflitschen auf dem Bodensee entstanden ist.

Auf deutsch: Den meisten ist kotzübel!

Eine Frau fällt mir besonders auf. Sie hat bereits an Land einen Riesen Aufstand gemacht, weil ihr das ganze Treiben viel zu wenig exklusiv war. Ihr wäre wohl eine Privatbasis mit Privatboot und Privatmeer lieber gewesen. Jetzt besteht ihre Privatsphäre gerade mal noch darin, die Fische ganz allein, über die Reling hängend, mit allem zu füttern, was sie in den letzten Tagen gegessen hat.

Wie tierlieb!

Leider ist sie nur deshalb allein an der Reling, weil alle anderen, die auch die Fische füttern wollen, auf der gegenüberliegenden Seite hängen – sich demnach MIT dem Wind übergeben und nicht GEGEN den Wind.

Es kommt, wie es kommen musste!

Die Tussi macht plötzlich richtig große Augen, holt tief Luft, würgt – schluckt, würgt – schluckt, öffnet den Mund und brüllt in einer ohrenbetäubenden Lautstärke irgendetwas von Albert, Jürgen oder Jörg in den Wind.

Brüllen, Windstoß, Platsch, Igitt! Immerhin verleiht der Mageninhalt ihr wieder ein wenig Gesichtsfarbe.

Die ganze Szene wird von einem leicht durchgeknallt wirkenden Neuseeländer gefilmt. Der filmt hier alles und jeden und ist natürlich auch am kleinen Kötzerchen der Edel-Göbel-Tussi hängengeblieben.

Ich kann nicht anders! Ich stelle mich vor die Kamera, halte meine Hand vor meinen Mund, als hätte ich ein Mikrofon, und sage

»Echt zum Kotzen, dass manche Leute nicht mal gebrauchtes Essen spenden, sondern auch das noch zurückverlangen!«

Nach wirklich aufreibenden zwei Stunden 'übelster' Bootsfahrt erreichen wir endlich unser erstes Ziel. Der

Tauchplatz liegt an einer kleinen Insel, die für Windschatten und damit ruhige See sorgt. Wir bereiten uns auf den ersten Tauchgang vor. Laura und ich machen den üblichen Buddy-Check, wobei mir Body-Check lieber gewesen wäre.

Unter Wasser ist alles so, wie man es sich vorstellt. Bunt, ruhig und entspannt. Aufgrund der Wetterlage bleiben wir an diesem Tag an dem Tauchplatz. Mittags gibt es leckeres Essen aus der Kombüse. Es gibt verschieden Thaicurrys und Reis. Da das Essen eher leichter Natur ist, können wir kurz danach erneut Thailands Unterwasserwelt erkunden.

Nach dem zweiten Tauchgang, als unsere Ausrüstung wieder verstaut ist, fahren wir zurück in Richtung Hafen. Die See hat sich beruhigt. Es ist eine schöne Fahrt gespickt mit lauter Geschichten über Muränen, Rochen und Clownfische. Erstaunlicherweise hat niemand einen weißen Hai oder Wal gesehen.

Am späten Nachmittag kommen wir wieder im Hafen von Mae Hat an. Longtailnussschale, Ausrüstung reinigen und ab auf die Ladefläche des Taxis in Richtung Bucht und Immi. Ich verabschiede mich vorher noch schnell von Laura und freue mich schon auf ein Wiedersehen.

Als wir gerade ein paar Minuten mit dem Auto unterwegs sind, ruft der Fahrer zu uns auf die Ladefläche, dass wir umkehren müssen, weil noch jemand mitfahren möchte, der wohl etwas zu spät dran war.

Ich frage mich, was uns derjenige wohl für diese Extratour mit Bandscheibenfolter ausgeben möchte, bevor wir ihm mit Palmenblättern den nackten Hintern verdreschen.

Wieder zurück an der Station ist von einem Nachzügler nichts zu sehen.

Mist, kein Freigetränk und kein Fratzengeballer! Vielleicht nur ein Trick des geschäftstüchtigen Taxifahrers, um den Taxameter hochzujubeln. Blöd nur, dass die Fahrt ja eh einen Festpreis hat.

Zur Freude des Fahrers findet sich aber ein Nichttaucher, der gern mit uns auf die andere Seite der Insel fahren möchte. Dann hat sich der Umweg ja doch noch gelohnt...-für den Fahrer. Der knöpft dem Typen nämlich rotzefrech den Preis für eine Exklusivtour ab.

Ich will einfach nur noch zurück in unsere schöne Bungalowanlage.

Dort angekommen, suche ich Immi zuerst am Strand. Da ist sie nicht. Im Bungalow kann ich sie auch nicht finden. Colgates Wagen ist nicht da und ich kann mir vorstellen, dass die beiden eine Spritztour über die Insel machen. Immi ist ja 'so' (Mittelfinger über Zeigefinger gekreuzt) mit dem Colgate.

Tatsächlich kommen die beiden eine halbe Stunde später gemeinsam mit Karin und Rosi an. Ich hab' in der Zwischenzeit eine herrlich kalte Cola mit Blick aufs Meer im Restaurant genossen.

»Wir waren shoppen«, sagt Immi. »Du musst dir unbedingt meine ganzen Sachen angucken!«

Immi macht ein Getöse, als hätte sie sich einen acht Meter breiten und vollständig mit Klamotten gefüllten Ikea Pax gekauft. Dabei trägt sie nur ein kleines Tütchen bei sich. Egal, ich hatte einen schönen Tag und bin bereit, ihr zu sagen, was sie hören will.

Wir gehen in unseren Bungalow. Immi verschwindet im Bad und kommt kurze Zeit später mit ihrer Eroberung heraus. Ein weißes T-Shirt mit einem undefinierbaren klecksigen Aufdruck.

»Klasse... und äh toll... oder so«, sage ich und vermittle offensichtlich nicht die gewünschte Begeisterung.

Wichtig: Einkäufe immer bewundern! Nicht nur gut finden!

Mach' ich dann auch und tue so, als hätte ich sie nur verarscht.

»Das Shirt ist der Hammer. Voll cool! Was hast du dafür bezahlt?«

»Nur fünfhundert Baht! Wieviel ist das in Euro?«

»Äh, weiß ich jetzt gar nicht genau«, lüge ich und denke gleichzeitig »Wie kann man für so ein Shirt nur so viel Geld ausgeben. Rund ZEHN EURO? Dafür hätte man die Tochter von der Küchenfee aus unserem Frühstücksrestaurant vermutlich einen ganzen Tag mieten können. Und die hatte statt eines T-Shirts immerhin ein Kleid an.«

Macht ja nix, Hauptsache, Immi ist glücklich und wir können endlich etwas essen gehen.

Beim Essen kommt Rosi ganz aufgeregt mit ihren wallenden Dreadlocks auf uns zu.

»Ey Leute! Es ist soweit! Meine Feuershow ist reif für die Premiere! Das wird wie im Zirkus. Ihr müsst unbedingt kommen!«

»Wir sind auf jeden Fall dabei! Zünd schon mal an, die Dosen!«, sagt Immi.

Ich stelle mir vor, wie zwei Feuerbälle gefährlich, aber faszinierend kontrolliert um die Artistin herumwirbeln. Sie zeichnen grelle Linien in die Dunkelheit. Mit der passenden dramatischen Musik unterlegt, ergibt das ein beeindruckendes Schauspiel.

Gleichzeitig erinnere ich mich allerdings daran, dass das letzte, was ich von Rosis Supershow gesehen habe, eine etwas unbeholfene, grobmotorische Protagonistin war, die sich immer wieder die Dosen an den Kopf geknallt hat und gut daran tat, diese mit Socken zu umwickeln.

Und jetzt will sie die Dinger anzünden und um sich herumwirbeln? Das kann man sich ja nicht entgehen lassen! Hastig schlingen wir unser Essen runter und eilen zum Strand.

Dort haben sich bereits weitere Zuschauer versammelt. Offensichtlich haben Karin und Rosi die Werbetrommel ganz ordentlich gerührt. Einige murmeln, dass sie solche Shows schon auf der Party-Insel Koh Phangan gesehen haben und absolut begeistert waren. Hoffentlich kann Rosi die Erwartungen erfüllen, denke ich.

Es geht los!

Bis auf ein paar Fackeln, die in einem großen Kreis aufgestellt sind, ist es ziemlich dunkel am Strand. Eine tolle Atmosphäre. Jetzt betritt Rosi den Kreis der brennenden Lichter. In ihren Händen hält sie ihre Bänderdosen, Dosenbänder oder Schleuderbecher... . Ich weiß auch nicht, wie die Dinger heißen. Jedenfalls brennen sie schon und schwingen bedächtig hin und her. Sogar an Musik hat Rosi gedacht. Es erklingt eine Mischung aus Trance-Techno-Elektro-Gedöns, welche die Stimmung sehr gut unterstreicht.

Rosi nimmt eine theatralische Grundhaltung ein und beginnt, die Dosen zu schleudern. Je schneller sie die Bänder kreisen lässt, umso mehr entsteht der Eindruck, als würden neben ihr tanzende Feuerschweife schweben. Jetzt die erste Figur. Sie schwingt die Dosen über ihrem Kopf. Gut gegangen. Dann wieder an der Seite und wieder über dem Kopf. Jetzt vor dem Körper über Kreuz und wieder nach oben. Immer schneller und schneller. Rosi dreht sich, schreitet von links nach rechts, beherrscht die Dinger auf eine erstaunliche Art und Weise. Alle sind fasziniert.

»Schneller Rosi, schneller«, denke ich.

Ein paar Schritte und Körperdrehungen noch und dann der große Showdown.

Alle konzentrieren sich auf die faszinierenden rotierenden Feuerkreisel, als Rosi auf eine spitze Muschel tritt und laut aufschreit. Einer der Kreisel gerät ins Trudeln und nähert sich gefährlich Rosis Dreadlocks. Sie stolpert, dreht die Dosen aber weiter in der Luft und dann –

plock – knallt eine der Dosen voll gegen Rosis Kopf und entzündet sofort ihr Haupthaar.

Taumelnd geht sie zu Boden, versetzt dabei der zweiten Dose noch einen ordentlich Schubs Zentrifugalkraft und lässt sie los! Das brennende Geschoss saust mit einem lauten Pfeifen und Zischen durch die Luft. Im Fallen reißt Rosi eine der im Boden steckenden Fackeln um. Das brennende Ende dengelt gegen einen schadenfrohen Typen und versengt ihm den Brusthaarpulli. Er reißt vor Schreck die Arme auseinander und knallt seiner hübschen Begleitung seinen Handrücken volle Möhre ins Gesicht. Sie klappt blutend nach hinten.

Ich komme nicht umhin, der Situation jetzt schon eine gewisse Belustigung abzugewinnen.

Sämtliche Blicke versuchen verzweifelt, sich zwischen der brennenden Rosi und der fliegenden Feuerdose zu entscheiden. Eine schwierige Entscheidung, die auch dadurch nicht leichter wird, dass inzwischen einige

Zuschauer zur Besinnung gekommen sind und Rosis Matte löschen. Sie qualmt.

Und die fliegende Untertasse? Schlägt mit einem Puff und breitem Funkenhagel im Palmenblätterdach eines kleinen Holzschuppens ein. Jetzt brennt nicht nur Rosis Dach!

Rosis Haare haben allerdings deutlich schneller gebrannt! Vermutlich wirken die Cannabisrückstände in ihren Dreadlocks Brand beschleunigend.

Was für eine Show! Entgegen der Norm, der Erwartungen und vielleicht auch dessen, was sich gehört, springe ich auf, und fange an zu klatschen.

Klatschen – mein Ausdruck von Faszination und Schrecken.

Hat mir gut gefallen, also klatsche ich.

Alle gucken mich fassungslos an. Nur so ein Sandalenträger ohne eigenen Entertainmentgeschmack macht's mir nach. Sofort bekommt er von seiner Freundin einen heftigen Knuff in die Seite.

Immi steht neben mir. »Wir sollten lieber pennen gehen!«

Rosi glimmt nur noch, der Schuppen wird von Angestellten der umliegenden Bungalowanlagen gelöscht und die Gaffermeute löst sich langsam auf.

Wir gehen in unseren Bungalow und sagen gedanklich »Danke Rosi, für diesen wunderschönen Abend!«

# 11 Volles Programm.

Am nächsten Morgen sieht die Stelle, an der Rosi gestern gebrannt hat, aus als hätte jemand ein Lagerfeuer im Sand gemacht. Auf dem Weg zum Frühstück gucken wir in Richtung ihres Bungalows. Nix!

»Vermutlich macht sie sich gerade darüber Gedanken, wie sie die Brandrodung auf ihrem Kopf am Besten überdecken kann.« sage ich zu Immi.

»Vielleicht hilft es ja, die Matte von links nach rechts zu kämmen? Machen glatzengefährdete Mittvierziger schließlich auch.«

»Da habt ihr eure Emanzipation! Dünne Haare auch ohne Menopause, ein echtes Männerproblem? Jetzt nicht mehr!«

Wir nehmen heute nur ein kleines Frühstück ein und gönnen uns den Luxus einer Exklusivfahrt in die Stadt. Colgate fährt uns. Heute taut er sogar etwas auf und wird regelrecht redselig. Er ist achtundzwanzig Jahre alt, unverheiratet und steht auf Thai-Popmusik. Außerdem möchte er Cowboy in den USA werden. Einen Hut hat er schon und deutet auf seinen Lederhut mit Nietenkrempe. Sieht eher aus, als wäre er auf dem Weg in den Popoclub. Vielleicht reicht es auch noch für eine Nebenrolle in Brokeback Mountain 2. Aber ich lasse ihm seinen Cowboytraum und bin zufrieden, als wir gut durchklimatisiert in der Stadt ankommen.

Immi möchte shoppen gehen. Dazu schlendern wir die Shoppingmeile von Mae Hat auf und ab. Ich unterstütze sie tatkräftig bei den Verhandlungen mit den Neppern, Schleppern und Bauernfängern. Wir spielen die Nummer 'guter Bulle, böser Bulle', kaufen T-Shirts, Bikinis und weitere Klamotten im einstelligen Eurobereich. Dabei schlagen wir so manches Schnäppchen. Das reden wir uns zumindest ein.

In einem überschwänglichen Moment mache ich einen Vorschlag.

»Lass uns heute doch mal einen Spaziergang machen. Wir könnten zum Beispiel zurück in unsere Bucht wandern.«

Immi, die sich vor Freude über ihre Shoppingerfolge kaum einkriegt, guckt mich plötzlich an, als hätte ich ihr vorgeschlagen, einen Marathonlauf auf Flip-Flops durch eine Kieskuhle zu absolvieren. Stimmt ja irgendwie auch.

Berücksichtigt man die Temperatur von zweiundvierzig Grad im Schatten, die Schotterpiste und dazu die Steigungen, die selbst gut motorisierten Geländewagen das Leben schwer machen, sind die 4,5 Kilometer bestimmt kein leichter Spaziergang, zumal wir tatsächlich nur Flip-Flops tragen. Egal, ich will auch mal etwas schaffen und lasse mich nicht von meinem Plan abbringen.

Gerade habe ich Immi weichgekocht, als Colgate neben uns anhält und fragt, ob wir wieder mit zurück in die Bucht fahren wollen. Ohne zu überlegen, steigt Immi zu ihm in den Wagen und erklärt ihm, dass ich zu Fuß gehen wolle. Und schon düsen die beiden los. Ich steh' da, wie Reinhold Messner im Basislager.

Um für optimale Voraussetzungen zu sorgen, will ich mir vor meinem Gewaltmarsch lieber noch ein zünftiges Essen genehmigen. Allerdings bringen Nudeln und Gemüse nicht genug Wumms in die Waden! Da muss mehr her! Ein schönes Stück Fleisch!

Aber woher zum Teufel bekommt man in einem thailändischen Fischerort eine gebratene Kuh?

Da fällt mir eine Art Garagentor auf, an dem ein großes Schild hängt. Unter einigen thailändischen Hieroglyphen steht geschrieben 'Meatery – Barbecue'. Da muss es doch etwas nach meinem Geschmack geben.

Als ich näher komme, erkenne ich ein aufgeschnittenes Ölfass, in dem die Holzkohle glühend vor sich hin knistert. Jetzt muss ich nur noch das passende Stück Fleisch finden. Dann stünde meiner Stärkung nichts mehr im Wege.

Mitten im Eingang zu diesem Steinzeit-Imbiss steht ein großer Holztisch, auf dem ein schwarzer Klotz liegt. Dahinter taucht plötzlich ein gutgelaunter Thai auf. Fettige Haare, schmutzige Hände und ein blutiges, ehemals weißes T-Shirt - das muss der Metzger sein. Ich frage, ob er ein schönes Steak für mich hat.

Er freut sich sehr über meinen Besuch, weil ich angeblich sein erster Tourist bin. Ich hoffe, dass er damit nicht seine Schlachtungen meint.

Ganz aufgeregt will er mir unbedingt sein bestes Stück Fleisch zeigen. Na, da bin ich ja mal gespannt und freue mich darauf, ihn nach hinten eilen zu sehen, um aus der Kühlung einen richtig schönen frischen Fleischlappen zu holen. Aber nichts passiert. Er bleibt an seinem Tisch stehen und deutet auf den schwarzen Klotz. Erst jetzt trete ich direkt vor den Tisch und erkenne, dass der Klotz merkwürdig vor sich hinwabert, fast wie eine Decke. Irgendwie wuselt die Oberfläche schwarz-blau schimmernd vor sich her.

Auf einmal wedelt der Thaischlachter hektisch mit seinen kurzen Ärmchen über dem Klotz und wedelt und klatscht und wedelt und klatscht. Die schwarze Decke hebt sich mit einem lauten Summen und zerfällt in der Luft in tausende von Fliegen. Überall fliegt, zischt und brummt es und erst Sekunden nach diesem Massenstart kann ich einen Blick auf den rosaweißen Fleischklumpen werfen, der eben noch durch die Fliegen verdeckt war.

Ganz frisch, erklärt mir der fröhliche Schlachtmeister.

Frisch? Erkennt man das daran, dass die Fliegen so begeistert waren? Oder vermittelt ein schneller Fliegenstart die Frische, weil die Viecher an altem Fleisch länger kleben bleiben? Meine Güte, wie komme ich nur aus dieser Nummer wieder raus. Mein Gastgeber legt den Zeigefinger auf das Fleisch, um zu erfahren, wie groß mein Steak denn werden soll. Er gibt sich wirklich Mühe und ich bringe es nicht übers Herz, ihn zu enttäuschen.

Pah, wenn die das essen, werde ich wohl nicht daran sterben. Warum auch? Fliegen sind ja eigentlich ganz reinliche Tiere. Immerhin trifft man sie auch zu Hause häufig in der Nähe frischer Fleisch- und Wurstwaren, am Rand von Käseplatten oder auf dem Honigbrot.

Mist, meine Selbsthypnose zur Vermeidung von Elefantenherpes hält nicht lange vor und schon fällt mir wieder ein, dass ich die meisten Fliegen auf toten Tieren, Hundescheiße und den Plumpsklos im Toilettendorf am Bangkoker Bahnhof gesehen habe. Scheiße! Was soll man dazu anderes sagen?

»Nun sei aber mal vernünftig« sage ich mir und zeige ihm ein mittelgroßes Stück an, dass er mir abschneidet und mit Schwung auf den Grill schmeißt. Er dreht und wendet es geradezu schwindelig. Nach zwanzig Minuten hat es zwar die Konsistenz der Schuhsohle eines ausgelatschten siebziger-Jahre-Bundeswehrstiefels, macht aber nicht den Eindruck, als hätte auch nur irgendeine Bakterie überlebt. Serviert wird stilecht an einem Plastikgartentisch auf dem Bürgersteig. Beilagen gibt's nicht, ist vielleicht auch besser so. Ich habe aber die Wahl zwischen scharfer Soße, sauscharfer Soße und etwas, dass gekennzeichnet ist, wie hoch ätzendes Unkrautvernichtungsmittel. Ich esse mein Steak lieber pur. Morgen werde ich Muskelkater in den Kaumuskeln haben, aber irgendwann ist das Ding in meinem Magen verschwunden. Ich bezahle, bedanke mich und verspreche, bald wieder zu kommen. Das Übliche halt.

Wie oft sagt man in einem Restaurant beim Abräumen zu den Kellnern, dass es gut geschmeckt habe und man sehr zufrieden sei, obwohl man Minuten zuvor noch darüber gesprochen hat, wie fies der Koch das Fleisch vergewaltigt oder das Gemüse zu Tode gekocht hat. Wenn man aber wirklich mal den Fehler macht, die Frage »Hat es Ihnen geschmeckt?« ehrlich zu beantworten, hört man in der Regel von den Kellnern, die sich persönlich angegriffen fühlen.

»Das kann ich mir gar nicht vorstellen!«

Warum auch? Die haben das Zeug ja nicht essen müssen.

Oder »Das höre ich das erste Mal!«

Klar! Du bist ja bisher auch immer angelogen worden und hast dich genau genommen einen Scheißdreck dafür interessiert, ob es deinen Gästen geschmeckt hat oder nicht, weil du mit deinen sechshundertfünfzig

Euro im Monat andere Sorgen hast, als auch noch das Qualitätsmanagement in dem Laden zu verbessern.

Nach meinem thailändischen Fleischkaugummi brauche ich jetzt etwas, womit ich gegen den muffig verbrannten Geschmack ankämpfen kann.

Pizza käme jetzt richtig gut.

Schöne Tomatensuppe, auch nicht schlecht.

Wie wäre es mit einem Omelett mit Schinken und Zwiebeln? Zum Nachtisch vielleicht noch einen großen Milchshake?

Alles klar! Genau in dieser Reihenfolge lasse ich mir die Köstlichkeiten in einem Restaurant in einer Nebenstraße kommen. Ein Wahnsinn!

Völlig vollgefressen wanke ich aus dem Laden und erinnere mich an meine Mutter, die immer gesagt hat, dass ich nicht direkt nach dem Essen schwimmen gehen solle.

»Man stirbt sofort weg«, höre ich sie mich noch warnen.

Warum, weiß ich bis heute nicht. Da ich aber bei gefühlten sechzig Grad im Schatten sicher schon nach wenigen Metern in meinem eigenen Saft 'schwimmen' werde, darf ich noch nicht aufbrechen. Sonst sterbe ich weg!

Ich muss mich um eine aktive Regeneration meines Herz-Kreislauf-Systems kümmern. Was für ein Glück, am Ende der Straße ist ein Hinweisschild - 'Royal Massage Club'. Klingt richtig königlich, geradezu edel. Ich folge weiteren Hinweisschildern, bis ich in einer kleinen Gasse stehe, an der man kaum einen royalen Wellness- und Sonstiges-Club vermuten würde.

Zu Recht!

Stattdessen erwartet mich ein kleines Holzhäuschen mit Satin- (gesprochen Satäng) Gardinenausstattung.

Was soll´s? Nun bin ich schon mal hier. Dann kann ich mir auch ein bisschen Entspannung gönnen.

Ich öffne die Plastikschiebetür, ziehe brav meine Schuhe aus und betrete einen gefliesten Raum, der aussieht, wie das Innere eines Kleiderschranks. Glatte Wände aus Holzplatten und dazwischen Plastikverbindungsstücke. Wahrscheinlich musste man das Haus beim Befestigen auch nach vorn kippen, um dann die Rückwand festzunageln.

Ikea lässt grüßen.

Klimaanlage? Fehlanzeige!

Durch einen Vorhang betritt eine dickliche, ältere Mutti den Raum und ich bete dafür, dass nicht sie es ist, die für meine Entspannung sorgen wird.

Nein, ist sie zum Glück nicht! Sie ist nur die Empfangsdame. Was ich denn buchen möchte, fragt sie mich. Natürlich entscheide ich mich für eine klassische

Thaimassage. Klingt irgendwie erotisch, auch wenn ich es nicht darauf anlege.

Aber wenn's kommt, dann kommt's. Klingt eklig! Darf man nicht sagen! Denkt aber jeder in dieser Situation!

Also Thaimassage.

Ich soll nach oben gehen und da warten. Über eine kleine Leiter gelange ich in das Obergeschoss. Auf dem Boden liegen zwei Matratzen. Die sehen nicht gerade ergonomisch aus. Daneben ein Stuhl, vor dem eine Schüssel mit Seifenwasser steht. Eine junge Frau steigt die Leiter hoch zu mir. Jackpot! Die ist richtig hübsch! Selbst das Schneiden von Fußnägeln bekäme beim Anblick dieser Schönheit einen erotischen Beigeschmack. Fußnägel und Beigeschmack? Kein schöner Gedanke.

Sie bittet mich, auf dem Stuhl Platz zu nehmen und die Füße in den Bottich zu stellen. Im Nu färbt sich das Wasser dunkelbraun. Das kommt davon, wenn ihr eure Bürgersteige nicht fegt, denke ich und genieße die Waschung. Danach darf ich mich auf eine Matratze legen.

Zuerst liege ich auf dem Rücken. Vorsicht, junges Fräulein! Wir kennen uns ja kaum.

Nach einer kurzen Salbung mit warmen Öl geht's los. Ihre Finger bohren sich tief in meine Fußsohlen. Wie ein Klappmesser schnellt mein Oberkörper nach oben. Sie lacht, schubst mich wieder nach hinten und benutzt jetzt ihre Fingerknöchel, um meine Sohlen so durchzuarbeiten, wie ich es mir für mein Stück Grillfleisch gewünscht hätte. Ich möchte schreien wie ein Baby, halte aber tapfer meinen Schmerz unter Kontrolle. Meine Augen füllen sich mit Tränen, die mir gleich darauf die Wangen runter kullern.

»Is guud?«, fragt sie mich.

»Yes yes, I like it!«

Gelogen!

Es tut höllisch weh und ich flehe in mich hinein, dass sie doch bitte jetzt eine andere Körperstelle malträtieren soll.

Gesagt getan!

Schienbeine!

Wie zum Teufel massiert man Schienbeine? Da ist doch gar nichts dran! Stimmt nicht! Schienbeine verfügen über eine Trilliarde schmerzempfindliche Nervenbahnen und meine Masseuse kennt sie alle. Ich winde mich hin und her und weiß nicht mehr, ob ich mich auf die anderen Körperstellen freuen soll.

Endlich weiter hoch. Oberkörper.

Sie sagt mir, dass man auch den Bauch massieren muss, damit die schlechte Energie entweicht.

Schätzchen, wenn du da jetzt drauf rumdrückst, dann wird aus mir so viel Energie entweichen, wie keine Biogasanlage erzeugen könnte.

Gas ist Sekunden später mein geringstes Problem, beziehungsweise ihres!

Der rabiate Massage-Ninja kniet hinter mir, streicht mir mit beiden Händen vom Hals über die Brust bis in die Mitte meines Bauches. Erst noch ganz angenehm, als sie plötzlich mit vollem Körpereinsatz Schwung holt, sich vorn über beugt und meine Bauchdecke bis auf die Wirbelsäule zieht.

Um Ihnen eigene Speisewallungen zu ersparen, kann ich an dieser Stelle nur eine Zusammenfassung liefern.

Pizza, Tomatensuppe, Omelett mit Schinken und Zwiebeln und Milchshake! Alles im Rückwärtsgang! Noch Fragen?

Ich renne mit Schamesröte im Gesicht die Treppe herunter.

Eine ehemals hübsche, jetzt tropfende Thaimasseuse brüllt mir hinterher! Die Muddi aus dem Erdgeschoss keift herum und ich stolpere auf die Straße. In der Hand mein T-Shirt, meine Shorts und meine Flip-Flops.

Mein erstes Mal in einem thailändischen Massagesalon ist doch tatsächlich in die Hose gegangen, weil es mir zu früh gekommen ist.

Nach dieser Erfahrung will ich nur noch nach Hause. Taxi? Nein! Ich kann nicht erst bei käuflicher Entspannung versagen und mir dann auch noch von Immi vorhalten lassen, dass ich den Mund zu voll genommen habe.

Mutig mach' ich mich auf den Weg, den Pass über den Inselberg zu bezwingen – auf Flip-Flops.

Tolle Idee!

Die ersten paar hundert Meter laufen noch ganz gut. Mir ist kaum noch schlecht, aber ich weiß, was ich vergessen habe.

Wasser!

Ich werde vermutlich mindestens zwei Stunden unterwegs sein und das bei zweiundvierzig Grad und neunzig Prozent Luftfeuchtigkeit.

Egal, ich bin eine harte Sau und marschiere stur weiter. Mich überholen zwei junge Frauen auf einem Motorroller, winken, lachen und bums liegen sie auf der Seite. Die Schotterpiste ist eben nichts für ungeübte Touristinnen, die zu zweit auf einem zweirädrigen Toaster versuchen, eine Steigung zu überwinden, für die man eigentlich ein Seil und Steigeisen bräuchte. Sie rappeln sich wieder hoch.

»Wird der Weg hinter der Kurve besser?«, fragen sie mich.

»Das kommt darauf an, was ihr vorhabt! Wenn ihr euch in eine Schlucht stürzen wollt, reichen die drei PS eures Lockenwicklers sicher aus. Sonst lautet die Antwort NEIN. Ich würde lieber ein Taxi nehmen.«

Die beiden klopfen sich den Staub von den aufgeschrammten Beinen und fahren wieder zurück in Richtung Stadt.

Ich bin wieder allein. Nur ich, der Weg und natürlich diese scheiß Sonne.

Merke: In Äquatornähe die härtesten Aktivitäten immer schön zur Mittagszeit absolvieren. Da brennt die Sonne nämlich senkrecht auf die Birne und man friert nicht im Schatten irgendwelcher Pflanzen am Wegesrand.

Was für eine bescheuerte Idee!

Ich kämpfe mich Meter für Meter vorwärts und pendle mit meinem Blick zwischen vor mir liegender Steigung und steil abfallender Schlucht rechts neben mir. Eigentlich müssten da unten Skelette von Leuten liegen, die das hier auch schon versucht haben. Oder wenigstens geschmolzene FlipFlop-Reste.

Und weiter! Latsch, latsch, schlurf, schlurf!

Nicht mehr weit, und ich hab das Schlimmste hinter mir. Ab da geht es dann nur noch bergab.

Ein kleines Restaurant markiert den höchsten Punkt des Bergs und ich kehre ein, um meinen Flüssigkeitshaushalt auszugleichen. Das Restaurant hat eine Terrasse mit einem tollen Blick über die ganze Bucht. Ich kann den kleinen Strandabschnitt sehen, an dem Immi jetzt bestimmt liegt. Das Wasser sieht herrlich erfrischend aus und ich würde am liebsten Spiderman sein und direkt von hier aus einen einfachen Hops ins Wasser machen. Ich kann die Erfrischung förmlich spüren, muss mich hier aber mit Wasser aus einer Plastikflasche begnügen.

Das Restaurant gehört Dieter und seiner thailändischen Frau. Er fragt mich, warum ich zu Fuß unterwegs bin und ich lüge, dass mein Roller verreckt sei und ich das Ding vor Wut in die Schlucht geschoben habe.

Was eigentlich nur ein Witz sein sollte, lässt die beiden merkwürdigen Männer, die an der Bar sitzen, aufhorchen. Sie kommen zu mir rüber und ich frage mich, ob denen auch gerade klar wird, dass ein schmächtiger Junge ganz allein auf einem Berg sitzt und vermutlich genug Geld dabei hat, um sich hier ein paar schöne Tage zu machen. Niemand würde ihn finden, vielleicht sogar nicht einmal vermissen.

Der eine hat lange verfilzte Haare und mir fällt ein, dass man daraus eine Perücke für Rosi machen könnte. Blöder Zeitpunkt für so eine Idee!

Der andere ist der Typ 'Gelegenheitskiller mit Schwerpunkt Kleingeld-Delikte'.

Der Langhaarige stellt sich als Tom vor und sein Kollege sei Micha. Ich verstehe allerdings 'Müscha'.

Müscha lächelt mich an und dort wo mir eigentlich Zähne den Blick versperren müssten, kann ich direkt in seinen Rachen sehen.

Ok, ich muss zumindest keine Angst haben, dass Müscha mir die Kehle durchbeißt. Höchstens durchlutscht.

Sie setzen sich zu mir. Die beiden sind nicht gerade die Leute, denen man sagt, dass man gern allein sein würde.

Wir kommen ins Gespräch und irgendwie finde ich Gefallen an den beiden, weswegen ich versuche, mich auch möglichst cool und aussteigermäßig zu geben. Ich kann aber beim besten Willen nicht mithalten.

Eine buntes Potpourri aus Schlägereien, selbstgekochten Drogen und Thaiknast-Erfahrungen liefert genug Stoff für fünfundzwanzig Jahre Fernsehgerichtsshows oder lebenslang Aktenzeichen XY ungelöst.

Ich gebe einen aus und habe zwei neue Freunde gewonnen. Die Story über meinen Besuch im Massagesalon findet großen Anklang. Natürlich schmücke ich sie mit so Dingen wie »...hab ich die Alte so richtig...« und »Der hab ich´s aber...«.

Als neuer Freund habe ich mir einen Tipp von Tom verdient

»Wenn du in Bangkok auch mal ohne weibliche Begleitung unterwegs bist, wirst du an jeder Ecke auf Happy-End-Massage angesprochen. Du kannst dich da vor Angeboten nicht wehren. Such dir 'ne schöne Maus und lass es richtig krachen!«

Ich kann nur hoffen, dass ich im Fall der Fälle nicht an die fettigen Filzhaare und den zahnlosen Müscha denken muss.

Der gibt jetzt auch noch einen zum Besten

»Pass aber auf mit die Ratziahs! Wenn sie in deiner Nähe Dope finden, bisse dran. Scheißegal, wem den Zeug gehört!«

Ich bedanke mich für die Tipps, verabschiede mich und wandere weiter bergab in Richtung Bucht.

Am Strand angekommen, sehe ich Immi in der Sonne brutzeln. Ihre Hautfarbe verrät mir, dass sie schon länger hier liegt und irgendwie nicht so der dunkle Typ ist. Der Anblick lässt mich den Begriff 'Khao San Rot' kreieren, der in Zukunft die Begriffe 'Hummerbraun' und 'englischfarben' ablöst.

Ich mache mich bemerkbar, gebe ein paar Stichworte meiner Erlebnisse und muss versprechen, alles detailgetreu beim Abendessen zu erzählen.

»Hast du etwas von Rosi gehört?«, frage ich beiläufig.

»Der raucht der Kopf!«, lächelt Immi.

Langsam meldet sich der kleine Hunger. Mein Mittagessen liegt ja im Massageclub!

Immi und ich machen uns ausgehfein und genehmigen uns mal wieder ein riesiges Abendessen. Danach noch Balkonbar und dann ab ins Bett.

## 12 Einäugige Hosenboa.

Der neue Tag beginnt mit unserem üblichen Ritual:

Zuerst werden wir von der Sonne geweckt, dann schält Immi sich unter unserem Mottenvorhang heraus und tappst ins Bad. Während Immi sich für den Tag aufhübscht, gucke ich aus dem Fenster auf das Meer. An so einen Anblick nach dem Aufwachen kann man sich glatt gewöhnen.

Als Immi mit ihrer kleinen und großen Morgentoilette fertig ist, gehe ich ins Bad. Zähne putzen, duschen, abtrocknen und natürlich EINSCHMIEREN.

Ich hasse es, mich einzuschmieren. Als hellhäutiger Norddeutscher natürlich unvermeidbar, aber für mich und meinen Körper eine Tortur. Mit allen Poren und voller Schweißproduktion wehrt sich meine Haut gegen das Eindringen der Sonnenceme. Ich halte das Eincremen in meinem Fall für einen reinen Placeboeffekt. Da die Creme einfach nicht einziehen will, rubble ich sie beim Anziehen grundsätzlich in meine Shorts und ins T-Shirt und lege sie am Strand fein säuberlich mit meinen Klamotten zusammen. Der Rest des Sonnenschutzes bleibt dann auf dem Handtuch kleben, auf dem ich liege. Spätestens, wenn ich mich das erste Mal umdrehe, bin ich restlos ungeschützt. Wenn es nach mir ginge, sollte es Sonnencreme-Tabletten geben!

Bis es soweit ist, muss ich mich in meinem Thailandurlaub aber nun mal einschmieren. Gerade will ich aus dem Bad gehen, um Immi zu bitten, mir den Rücken einzucremen, als ich sie wie von Sinnen schreien höre.

»Scheiße, eklig, Scheiße, eklig! Mach das weg!«

Ich reiße die Badezimmertür auf und sehe Immi auf dem Bett hüpfen und sich wie ein Aal winden. Sie ekelt sich offensichtlich vor etwas und sofort denke ich an unseren kleinen achtbeinigen Freund.

Paul ist wieder da!

Dieser Gedanke verleiht mir eine ungeheure Sprungkraft und mit einem Satz stehe ich neben Immi auf dem Bett. Ich schüttle sie und schreie sie an, mir zu sagen, was es ist.

Sie zittert immer noch am ganzen Körper. »Eine Kakerlake!«

»Wie bitte? Eine Kakerlake? Und du machst hier so einen Aufstand?«

Kakerlaken sind doch kleine harmlose Käfer, die vor allem weglaufen, was sich bewegt. Ja, sie sind irgendwie nicht schön, weil sie überall dort auftauchen, wo es dreckig ist. Aber sie sind garantiert kein Grund, in Panik zu verfallen. Und mit ein paar Zentimetern sind sie auch schnelle Opfer einer jeden Schuhsohle. Hätte ich mein Fleisch von gestern noch, könnte ich sie damit locker vernichten.

»Wo ist sie denn?«

Immi zeigt auf meinen Rucksack.

»Sie sitzt dahinter und immer wenn ich vom Bett steige, springt sie hervor und greift an.«

»Ja klar, eine Kakerlake springt hervor und greift an. So etwas Bescheuertes hab ich ja noch nie gehört!«

Ich steige vom Bett, um den Rucksack hochzuheben. Gerade greife ich nach dem Riemen am Rucksack, als ein ganzkörpergepanzertes, mit Sicherheit radioaktiv hoch gezüchtetes Chitinmonster hinter meinem Travelmaster 3000 hervorschießt.

Und tatsächlich!

Es springt!

Jetzt hab ich nicht nur so etwas Bescheuertes gehört, sondern auch gesehen.

Ich weiche einen Schritt zurück und das Vieh bleibt stehen.

Ich gehe wieder auf das Ding zu und es springt mir entgegen.

Durch das schnelle Gerenne und Gespringe ist das Vieh total unberechenbar. Natürlich kann es mich nicht verletzen. Aber ich es auch nicht, wenn ich es nicht erwische. Und selbst wenn, hab ich Angst, dass es eher ein Stück aus meiner Flip-Flop-Sohle beißt, als dass ich es zertreten kann.

Am besten verjage ich es!

Aber wie, wenn es doch jedes Mal auf mich zuspringt, anstatt vor mir zu fliehen?

Da kommt mir eine Idee!

Ich schiebe mich vorbei an dem Springding, dass gerade eine Abwehrhaltung einnimmt, als würde es tatsächlich denken, dass wir hier David gegen Goliath spielen. Ich schaffe es ins Badezimmer und greife nach Immis Parfum. Ein aufwendig gearbeiteter Flakon mit einer sauteuren Duftbrühe darin, die Immi hütet, wie ihre Augäpfel. Höchstens mal ein kleines Spritzerchen wird auf ihre Haut gestäubt, um ihr einen angeblich unwiderstehlichen Duft zu verleihen. Bei Colgate habe das auch schon funktioniert, hat sie mir gestern noch gesagt.

Ich also mit dem Wässerchen in Richtung Urzeittier und neble es ordentlich damit ein. Immer wieder drücke ich auf den Pumpknopf und haue alles raus, was geht.

Immerhin, das Springen ist dem Miststück schon mal vergangen! Ich meine nicht Immi auf dem Bett, sondern die Kakerlake. Immi und das Monster gucken beide ziemlich entsetzt. Irgendwann reicht es unserem kleinen Gast offensichtlich und er weicht langsam zurück in Richtung Ausgangstür. Die hat am unteren Ende zum Glück einen Spalt, der ausreicht, um kleine Nachrichten bis hin zu Paketen einfach unter ihr durchzuschieben. Ich treibe die Kakerlake immer weiter in Richtung Tür, bis sie irgendwann darunter verschwindet.

Stolz drehe ich mich zu Immi um. In Siegerpose recke ich die Hand mit dem fast leeren Parfumfläschchen in die Höhe. Aber meine Euphorie wird jäh gestoppt, als Immi vom Bett springt, mir die Flasche aus der Hand reißt und mich anschreit.

»Weißt du eigentlich, wie teuer das Zeug ist?«

Ja klar, eben noch ein Held und jetzt schon ein krimineller Duftvernichter. Kein Wort des Dankes!

»Mach dir mal lieber Gedanken über deine Duftwahl! Selbst ein Tier, dass radioaktive Strahlung überlebt, nimmt davor Reißaus!«

Auch nicht witzig! Auf dem Weg zum Frühstück schmollt Immi.

Ich hab' mal wieder einen Bärenhunger und ziehe mir die Frühstückskarte einmal rauf und runter rein. Schließlich müssen wir bald weiter reisen und da muss ich die regionalen Köstlichkeiten doch in guter und reichlicher Erinnerung behalten.

»Ich würde gern ein paar Tage mit Rosi und Karin rumhängen und dann weiterziehen.«, eröffnet mir Immi.

Ich bin mir nicht sicher, ob das jetzt eine Reaktion auf meinen Parfumfauxpas ist oder einfach nur der Wunsch nach etwas Neuem sein soll.

»Jetzt wo du kein Parfum mehr hast, würde ich auch lieber gern allein bleiben«, sage ich mit einem möglichst witzigen Unterton, kann aber keinen Lacher ernten. Dann eben nicht. Ich fand es witzig.

Immi geht direkt vom Frühstück zum Strand. Ich muss einem großen Stoffwechselverlangen nachgeben und verziehe mich in unseren Bungalow.

Die Toilette verfügt zwar über eine westliche Schüssel, ist also ein normaler Porzellanthron, hat ja aber keine Spülung. Vielmehr muss man zunächst einen großen Eimer, der unter einem kleinen Hahn steht, mit Wasser füllen, um das dann mit einer Schöpfkelle in die Kloschüssel zu schaufeln und seine Hinterlassenschaften wegzuspülen. Neben einem möglichen Problem fehlenden Klopapiers kann dadurch zusätzlich das Problem des fehlenden Spülwassers entstehen, was zwar keine direkten körperlichen Auswirkungen hat, aber trotzdem nervt.

Der Eimer ist natürlich leer, was ich erst bemerke, als es schon viel zu spät ist. Anstatt jetzt nur die Schöpfkelle voll Wasser laufen zu lassen, bin ich nett und fülle den ganzen Eimer mit Wasser. Da der Hahn etwas höher an der Wand angebracht und nicht mehr der jüngste ist, spritzt das Wasser in alle Richtungen, aber viel zu wenig in den Eimer hinein. Das dauert mir zu lange und ich hänge den Eimer mit seinem Henkel über den Hahn und lasse ordentlich laufen. Der große Eimer füllt sich stetig und ich bin froh, dass ich das Ding nicht die ganze Zeit in der Hand halten muss.

»Das wäre mir viel zu schwer«, denke ich gerade noch, als es auf einmal knallt und zischt und mir ein heftiger Wasserstrahl aus der Wand entgegen donnert.

Verdammt!

Der Eimer ist zu schwer geworden und hat den Wasserhahn einfach abgerissen. Jetzt ist dort, wo eben noch der Hahn saß, nur noch ein abgebrochenes Stück Metallrohr, aus dem unaufhaltsam das Wasser drängt.

Wie soll ich das nur stoppen?

Zum Glück ist der Druck nicht besonders hoch, so dass es ausreicht, meinen Daumen in das kleine Loch zu stecken. Das ist aber auch keine Dauerlösung.

Super! Ich stehe ganz allein im Badezimmer unseres Bungalows und Immi liegt maulig am Strand.

Zum Glück weiß ich, dass sie in Rufweite ist. Ich kann nur hoffen, sie hat mir meinen blöden Spruch nicht so übel genommen, dass sie mich jetzt absichtlich ignoriert.

»Immi, komm schnell her!«

Keine Antwort.

Nicht mal die Frage, was denn los sei. Ich brülle weiter, dass sie kommen soll, aber es tut sich nichts. Dann fällt es mir ein!

»Immi, es brennt! Komm her, schnell!«

Nur wenige Augenblicke später steht Immi in der Badezimmertür »Willst du mich verarschen? Es brennt doch überhaupt nicht!«

»Ne«, sage ich. »Ich habs ja schon gelöscht, wie du siehst. Dabei bin ich nur etwas übers Ziel hinausgeschossen und jetzt hilf mir, verdammt! Sonst saufen wir hier noch ab.«

Immi löst mich mit ihrem Daumen ab und ich bekomme die Gelegenheit, mir zu überlegen, wo man das Wasser abdrehen kann. So etwas wie einen Haupthahn muss es ja auch in Thailand geben. Ich sollte zum Pfahlbau laufen und danach fragen. Aber was zum Teufel heißt denn Wasserhahn auf englisch? 'Water-Kikeriki' kombiniert mit entsprechender pantomimischer Performance scheint mir zu kompliziert. Ich weiß es einfach nicht und halte die eigene Suche nach einer Absperrmöglichkeit für die beste Lösung.

Hinter dem Bungalow auf Höhe des ehemaligen Hahns kommt eine kleine Plastikleitung aus der Pappwand. Dieser Leitung folge ich bis zum Boden und dann um das Häuschen herum. Ich komme zu einer Gabelung von der mehrere Leitungen in Richtung der anderen Bungalows abgehen. Ein Rohr ist etwas dicker und führt auf die große Wassertonne zu, die oberhalb des Pfahlbaus steht. Das ist wohl so eine Art Zisterne. An dem dicken Rohr ist auf halber Höhe ein Absperrventil, dass ich vorsichtig bis zum Anschlag drehe. Dann laufe ich zurück zu Immi und sehe erleichtert, dass sie den Finger aus dem Loch gezogen hat und der Wasserfall versiegt ist. Gott sei Dank!

»Und jetzt?«, fragt Immi.

»Wir reisen morgen früh doch eh ab und bis dahin können wir uns mit dem Wasser waschen, das in dem großen Eimer ist. Das reicht ja auf jeden Fall.«

Sie nickt und scheint gar nicht mehr so böse zu sein.

Da die Überschwemmung langsam durch die Ritzen zwischen Fußboden und Wänden sickert, können wir beruhigt runter zum Strand gehen, wo wir auf Karin und Rosi treffen. Rosis Frisur sieht komischerweise wieder genauso zottelig aus, wie vor dem Brand. Aber ich traue mich nicht, sie danach zu fragen. Immi unterhält sich mit den beiden über die Pläne der nächsten Tage und alle drei klären mich auf, dass wir uns dann in Bangkok wiedersehen werden.

»Kein Problem«, sage ich und denke dabei daran, dass ja bis jetzt auch alles geklappt hat. Warum soll ich nicht auch allein ein paar schöne Tage haben. Vielleicht klappt es dann endlich mal mit einem 'weiblichen' Abenteuer!

Als die Reisepläne fertig geschmiedet sind, erzählt Karin, dass es hier in der Bucht ganz tolle Muscheln gäbe.

»Sie heißen Shiwa-Augen und haben auf der einen Seite eine Färbung, die wie ein Auge aussieht. So ungefähr wie bei diesen Schmetterlingen, die damit ihre

Feinde abschrecken. Die andere Seite ist mit einer Art Spirale gezeichnet.«

Sie zieht so ein Shiwa-Auge aus der Tasche und ich kann eigentlich nichts muschelartiges daran finden. Vielmehr sieht das Ding aus, wie ein angemalter Stein oder ein abgerundetes Porzellanteil. Aber schön ist es schon!

»Ich hätte auch gern so eins. Wo findet man die?«

»Du musst zu dem großen Felsen dahinten schwimmen. Da liegen sicher noch welche auf dem Grund.«

Das lasse ich mir nicht zwei Mal sagen, hole meine Tauchmaske und meinen Schnorchel aus dem Bungalow und schmeiße mich in die Fluten. Als ich am Felsen ankomme, schaue ich zum Strand und sehe Karin, die einen Daumen in die Luft reckt und mir damit signalisiert, dass ich richtig bin. Ich hole tief Luft und tauche ab. Das Wasser ist glasklar. Ein paar kleine Fische schweben unter einem Vorsprung des Felsens und nehmen kaum Notiz von mir. Der Grund liegt in etwa drei Meter Tiefe. In dem weißen Sand erkennt man wirklich jeden noch so kleinen Stein. Ich halte mich dicht am Felsen in der Hoffnung, dass sich hier am ehesten eins von diesen Shiwa-Augen versteckt. Und tatsächlich! Kurz bevor mir die Luft ausgeht, habe ich das Gefühl, als guckt mich etwas aus dem Sand an. Naja, es wäre dann etwas einäugiges. Aber ich bin mir ganz sicher, dass ich eins gefunden habe. Ich strecke die Hand aus und stupse es vorsichtig an, um sicher zu gehen, nicht doch einem Meereszyklopen sein Auge wegzunehmen. Ich habe Glück. Ein echtes Shiwa-Auge! Es ist so groß wie mein Daumennagel und hat eine wunderschöne Färbung. Stolz strample ich zurück an die Wasseroberfläche und rufe den anderen zu, dass ich eins habe. Sie applaudieren und winken mich zurück an den Strand.

Ich halte das Auge fest in meiner Hand, damit es mir nicht auf dem Weg zum Strand verloren geht. Es ist ein tolles Gefühl, so etwas Schönes selbst gefunden zu haben!

Genau dieses Gefühl trifft mich direkt danach gleich noch mal! Nur dass es diesmal viel heftiger auf mich wirkt. Ich fühle mich, als würde mein Kopf in Watte stecken und die ganze Welt nur noch angenehm weich und wohlig sein. Wie die Welt weich und wohlig sein kann, weiß ich bis heute nicht. Aber das war es, was ich gefühlt habe.

Noch bin ich ungefähr fünfzehn Meter vom Strand entfernt und doch weiß ich jetzt schon, dass das, was ich da am Strand sitzen sehe, das Schönste sein muss, was ich je gesehen habe.

Ein Mädchen!

So schön, dass man es kaum beschreiben kann. Sie sitzt am Wasser und malt mit dem Finger kleine Kreise in den Sand, die mit jeder Welle wieder verschwimmen.

Sie guckt zu mir rüber und lächelt. Großartig, sie lächelt!

Jetzt bloß nix falsch machen!

Ich kann zwar schon stehen, bin aber bis hierher geschwommen, wie die Omas donnerstagmorgens in der Schwimmhalle meiner Heimatstadt.

Warmbadetag! Gibt's wirklich! Die Omas mit ihren geblümten Badekappen sehen immer aus, als hätten sie einen Fleurop-Laden überfallen und sich daraus eine Haube genäht. Und Schwimmen kann man das, was sie da machen, nicht wirklich nennen. Mehr Treiben. Sie treiben so vor sich hin, bewegen langsam die Arme und Beine und können damit nicht wirklich einen Vortrieb erreichen. Sie sorgen lediglich für eine gewisse Richtung. Die meiste Fahrt nehmen sie auf, wenn sie an einer der Frischwasserdüsen vorbeitreiben und ein wenig nach vorn gepustet werden.

So darf ich auf keinen Fall aussehen, wenn ich auf so eine schöne Frau treffe!

Nein! Ein Mann macht kein Brustschwimmen! Sonst könnte er ja auch mit einem Damenrad und Korb am Lenker zum Wochenmarkt fahren.

Ein Mann krault!

Ich habe noch genug Wasser unterm Kiel, um wenigstens noch zwei Züge zu kraulen.

Gekonnt schlage ich meine Arme ins Wasser und ziehe voll durch!

Schramm, ratsch, knirsch – auf Grund gelaufen!

Da will man alles richtig machen und dann so was? Meine Nase zieht eine Furche durch den Grund, durch meine Lippen dringen Algen in meinen Mund und meine Badehose füllt sich mit Sand.

Gut gemacht!

Wie komm' ich aus diesem lächerlichen Auflauf bloß wieder raus?

Ich nehme den Kopf aus dem Wasser und bemerke jetzt erst, dass ich genau vor den Füßen dieses schönen Wesens aufgeschrammt bin. Immi und die anderen kringeln sich vor Lachen auf ihren Handtüchern. Aber das Wesen lächelt mich nur an.

Oh mein Gott, sie macht sich nicht lustig über mich! Vielleicht hat sie Mitleid. Aber Mitleid ist besser als nix. Immerhin ein Gefühl, dass ich bestimmt in Zuneigung, Lust und Liebe umwandeln kann. Wir werden heiraten, Kinder bekommen und zusammen alt werden. Ne, Kinder will ich nicht. Aber alt werden kann ich eh nicht verhindern.

Jetzt erstmal wieder Oberwasser gewinnen!

Ich lächle auch und sage »Flachköpper aus dem Wasser raus! Meine Spezialität!«

Jetzt lacht sie, aber nicht auf eine hämische Art und Weise, sondern weil sie mich nett lustig oder lustig nett findet. Ich rapple mich hoch und setze mich neben sie.

Sie streckt mir ihre Hand entgegen und sagt »Walburga«.

Häh? Hab ich das richtig gehört? Wie kann so eine Schönheit denn Walburga heißen? Was zur Hölle wollten ihre Eltern ihr damit antun? Musste ihre Mutter sich während der Schwangerschaft zu oft übergeben? Oder hat der Vater vielleicht herausgefunden, dass seine angebliche Tochter in Wahrheit vom Briefträger stammt? Warum strafen Eltern ihre Kinder mit solchen Namen? Die Großmutter hieß vermutlich so. Aber die hat mit ihrem Namen ja schon zu einer Zeit abgedankt, als man bestimmt noch froh sein konnte, sich überhaupt einen Namen leisten zu können. »Wir hatten ja nichts«, sagen die alten Leute dann immer.

Ok, Walburga. Ich stelle mich ebenfalls vor, muss mich aber zusammen reißen, um nichts Blödes zu sagen. Jetzt keinen schlechten Eindruck machen. Mein Gott, ist die schön!

»Willst du mal mein Shiwa-Auge sehen?«, platzt es völlig unkontrolliert aus mir heraus und im gleichen Moment sehe ich vor meinem geistigen Auge eine Szene aus der Grundschule.

Ich stehe vor einem Mädchen aus meiner Klasse und frage sie, ob sie mal meine 'Einäugige Hosenboa' sehen will. Die Jungs um uns herum lachen und die Mädchen gucken angewidert. Einäugige Hosenboa hatten wir gerade von den Jungs aus den höheren Klassen aufgeschnappt und verwendeten das Wort nun zu jeder passenden und unpassenden Gelegenheit. Dazu kam, dass man damals viel freier mit seiner Sexualität, beziehungsweise dem Gerede darüber umgegangen ist, weil sowieso alles nur ein Witz war. Mädchen waren doof und wir hatten den Pipimann auch nur zum Pipimachen. Sonst nix!

Zurück zur Wirklichkeit, in der ich gerade an einem wunderschönen Strand in Thailand eine noch schönere Frau gefragt habe, ob sie mein Shiwa-Auge sehen wolle. Ich sehe in ihren Augen, dass sie den Begriff 'Einäugige Hosenboa' offensichtlich auch kennt.

Kein Wunder, ist ja auch ein Spitzenwort!

Um die Situation aufzuklären, zeige ich ihr die kleine Muschel. Zu meinem Glück ist von dem peinlichen Moment sofort nichts mehr zu spüren.

Wir fangen an, uns zu unterhalten. Eigentlich über das Übliche. Aber mit Walburga bekommt selbst eine stinknormale Backpackerunterhaltung einen poetischen Hauch. Wir unterhalten uns über unsere Thailanderfahrungen und mein bisheriger Reiseverlauf sorgt für so manchen Lacher. Versteh' ich nicht!

Irgendwann komme ich an den Punkt, an dem ich das Gefühl habe, es sei richtig ihr zu erzählen, dass ich ab morgen allein unterwegs bin.

»Immi will die nächsten Tage mit Karin und Rosi verbringen. Sie ist eh nur eine flüchtige Bekannte. Deshalb macht das nix. Ich häng' einfach allein rum und chillaxe.«

Da passiert das Unfassbare: Diese Frau, die auf einer Skala von eins bis zehn locker eine elf verdient, fragt mich, ob ich Lust habe, mit ihr aufs Festland zu fahren.

»Hast du Lust, mit mir mitzukommen? Ich will in den Dschungel.«

»Das will ich auch Schätzelein«, denke ich und sage sofort zu.

Morgen früh soll es losgehen.

Geil!

Wer zum Teufel ist eigentlich Immi?

Walburga muss jetzt leider wieder zurück in die Stadt, wo sie in einem kleinen Zimmer wohnt. Immi wird vermutlich nicht tauschen. Deshalb tue ich einfach so, als sei es völlig ausreichend, wenn wir uns morgen am Hafen treffen, um mit der Fähre überzusetzen.

Abgemacht!

Zum Abschied umarmen wir uns sogar und ich hoffe, dass meine Badehose nicht verrät, wie sehr ich mich auf IHREN Dschungel freue!

Immi, Rosi und Karin haben natürlich schön über mich und Walburga abgelästert. Meine neue Freundin sieht angeblich richtig billig aus und sofort fühle ich mich absolut bestätigt. Bestätigt, weil Frauen über andere Frauen nicht wirklich objektiv urteilen.

Sagen sie dir, dass eine andere Frau ein niedliches Gesicht und einen tollen Charakter habe, dann versuchen sie damit, eine übergewichtige Freundin zu verkuppeln. Wenn diese dann auch noch total lustig sein soll, dann weiß man, was für einen Klops man da aufs Auge gedrückt bekommen soll. Heißt es aber, dass die Tussi richtig billig aussieht, weißt du als Mann, dass das ein richtig steiler Zahn ist.

Ich lasse den anderen aber ihren Lästerspaß und freue mich auf mein Dschungelabenteuer mit Walburga.

Mit ihr erlebe ich jetzt das ungebundene Backpackerleben. Hier eine und da eine und zwischendurch eine 'schöne Massage'! Aber wenn ich Walburga tatsächlich haben kann, warum sollte ich dann noch etwas anderes wollen? Klar, weil Backpacker immer ein neues Abenteuer suchen, oder?

Beim Abendessen träume ich immer noch von ihr und kann gar nicht so viel essen, wie sonst.

Auch die zahlreichen Beschwerden anderer Gäste, dass es kein Wasser in den Bungalows gäbe, können mich nicht aus meiner herrlichen Fantasiewelt reißen.

Walburga! Morgen sind wir endlich vereint!

# 13 Asoziale Viecher.

Immi ist noch im Halbschlaf, als ich mich verabschiede. Ich frage sie, wann sie denn mit den anderen aufbrechen will. Sie murmelt etwas von »Backpacker« und »keine Pläne«, dreht sich um und schläft weiter. Zum Glück haben wir gestern Abend schon abgemacht, dass wir uns täglich Emails schreiben, um zu wissen, ob alles ok ist und natürlich auszumachen, wann und wo wir uns wiedersehen.

Ich nehme nach einem kurzen Frühstück das Morgentaxi zum Hafen von Mae Hat, wo ich hoffentlich Walburga treffe. Das sollte eigentlich klappen. Wir haben besprochen, uns am einzigen Pier der Insel zu treffen. Aber was ist, wenn sie nicht kommt? Ich hab' keine Nummer von ihr. Ich kenne nicht mal ihren Nachnamen. Wobei der Name Walburga für eine Recherche ausreichen müsste. Wie viele Frauen mit so einem Namen wird es schon auf dieser kleinen Insel geben? Vielleicht ist der Name aber auch falsch. Ich sehe schon meine Freunde zu Hause, wie sie sich darüber totlachen, dass ich so verarscht worden bin.

»Walburga? Wenn sie dir so einen Namen nennt, musst du doch merken, dass die dich dumm dastehen lässt!«

Aber nix da, ihr Pessimisten! Meine Mischung aus Hoffnung und verliebter Gewissheit wird nicht enttäuscht!

Walburga steht ganz hinten am Pier, wo bereits unsere Fähre angelegt hat. Es trennen uns nur ungefähr zwanzig Meter und mein Herz schlägt mir bis zum Hals. Wie sie so dasteht, kommt sie mir noch schöner vor als gestern. Ein leichter Hippierock weht um ihre Hüften und das weiße Trägershirt zeigt deutlich, dass sie zwei schlagende Argumente dafür hat, mit ihr in den Dschungel zu fahren. Sie reicht einem Matrosen ihren Rucksack und dreht sich um.

Als sie mich erblickt, winkt sie mir zu.

Sie winkt mir!

Ich winke zurück und gehe auf sie zu. Voller Romantik schreite ich an ein paar Fischerbooten vorbei. Der Weg kommt mir unendlich lang vor.

Ich fühl' mich wie in einem schnulzigen Liebesfilm, in dem ER super lange braucht, um diese wenigen Meter zu IHR zu gehen. Zeitlupe mit unglaublich langweiliger Liebesfilmmusik, Lächeln, Weichzeichner und das ganze Zeugs. Find' ich sonst ganz fürchterlich, stecke jetzt aber mittendrin. Ihr schönes Antlitz fest im Blick, gehe ich Schritt für Schritt weiter.

Als ich nur noch ein paar Meter von ihr entfernt bin, weht ein leichter Windstoß ihren Rock nach oben. Mit etwas Scham und Belustigung versucht sie, den Stoff unter Kontrolle zu bringen. Egal wie kitschig, muss man hier einfach an Marilyn Monroe denken, wie sie auf dem

U-Bahn-Schacht steht und alle Welt hofft, einen Blick auf das Untendrunter werfen zu können.

Moment mal? Puuh, was zum Teufel ist denn das? Eben noch von Walburgas Anblick betört, überfällt mich auf einmal ein erbärmlicher Gestank. Häh? Ihr Rock steigt in die Höhe und mir dieser fiese Fischgestank in die Nase?

Da!

Wieder hoch der Rock und gleichzeitig eine neue Miefböe!

Kaum zu definieren und unglaublich, dass ein menschlicher Körper zu solchen Ausdünstungen fähig ist.

Schlagartig vergeht mir die Lust auf unseren Ausflug. Jetzt hält sie sich sogar selbst die Nase zu. Ist es denn die Möglichkeit? Sie lacht auch noch dabei! Da stinkt man unterm Rock auf das Mieseste nach Fisch und hat nicht mal den Anstand, diese Umweltverschmutzung selbst weg zu schnüffeln?

Und wieder wirbelt ein neuer Duftschub durch die Luft. Ich ziehe mir mein T-Shirt vor Mund und Nase und drehe mich angewidert zur Seite, weil ich es einfach nicht mehr aushalte.

Da fällt mein Blick auf einen alten Fischer, der gerade mehrere Mülltonnen mit Fischabfällen ins Hafenbecken kippt. Er trägt eine Art selbst gebastelte

Atemschutzmaske und ist auch nicht gerade begeistert von dem Geruch.

Was für ein Glück! Noch nie hab' ich mich so sehr über stinkende Fischabfälle gefreut. Ich ziehe mein T-Shirt wieder zurecht und lächle Walburga an. Sie ist durch meine Erleichterung scheinbar irritiert, aber ich sage ihr lieber nicht, was mir kurz zuvor noch durch den Kopf gegangen ist. Hoffentlich werde ich diese Assoziation zwischen 'Rock hoch' und 'Fischgestank' jemals wieder los.

Unsere Begrüßung fällt etwas verhalten aus. Eine lockere Umarmung, die alles heißen kann. Familie, gute Freunde, beste Freunde oder eben auch »Schön, dass du da bist!«

Ich glaube an letzteres.

Die Überfahrt nach Surat Thani dauert knapp drei Stunden. Genug Zeit, sich über alle möglichen 'Beziehungsanfangsthemen' zu unterhalten: Hobbys, Beruf, Familie, lustige Erlebnisse. Dazu gibt es verheißungsvolle Blicke und zumindest auf meiner Seite auch ein gewisses Kribbeln im Bauch. Aber vorsichtig! Backpacker binden sich nicht! Nicht einmal für einen Tag. Natürlich hab' ich mich voll im Griff und belasse es bei einem ganz unverbindlichen Kribbeln und eher allgemeinem Herzklopfen.

Im Hafen von Surat Thani angekommen, geht es mit dem Minibus weiter in den Khao-Sok-Nationalpark. So weit hatten wir ja schon darüber gesprochen und irgendwie hatte ich das Gefühl, dass dieses spontane Backpackerteilzeitabenteuer im Dschungel generalstabsmäßig durchgeplant ist.

Falsch!

Im Minibus fragt Walburga mich »Wo wollen wir eigentlich wohnen?«

Sie scheint das gleiche Gefühl wegen der vermeintlichen Planung gehabt zu haben. Das bringt sie ein kleines Stück von dieser unabhängigen und unverbindlichen Backpackerwolke in die Nähe meines bodenständigen Daseins.

Also gut, wir haben keine Ahnung, wohin wir eigentlich wollen und was wir da genau machen.

Backpacker eben! Das fühlt sich an der Seite von Walburga richtig gut an!

Trotzdem wäre es schön, kurz vor dem Aussteigen im Dschungelnirgendwo zu wissen, wie es weitergeht.

»Wir fragen einfach den Fahrer«, schlage ich in Erinnerung an die ganzen Schlepper von der Fähre vor. »Der hat bestimmt eine Idee.«

Natürlich hat der Fahrer unseres mehrsitzigen Knattertaxis beste Kontakte zur örtlichen Hotellerie und reicht uns eine Mappe mit Bungalowanlagen nach hinten. Wir blättern durch die Seiten. Es gibt für jeden Geschmack und jeden Geldbeutel etwas. Zeltähnliche

Minihütten, Bambushäuschen und edel ausgestattete First-Class-Bungalows.

Ich will Walburga etwas bieten und schlage ein luxuriöses Baumhaus vor. In zwölf Meter Höhe bleibt kein Wunsch offen. Großer Wohn- und Schlafraum, separater Balkon zwischen den Baumwipfeln und ein offenes Badezimmer mit abendlichem Blick in den Sternenhimmel, während man unter der Dusche steht.

Großartig! Gebucht!

Nachdem die anderen Fahrgäste an verschiedenen Stellen entsorgt wurden, fährt uns der Busfahrer direkt zu unserer Baumhaussiedlung. Im bodennahen Haupthaus melden wir uns an und bekommen den Schlüssel für das schönste und höchste Baumhaus der Anlage.

Wir erreichen unser Domizil über eine steile Treppe. Ausnahmsweise werden die Eindrücke der Werbebildchen der Prospektmappe noch bei Weitem übertroffen! Wir betreten einen großen Raum, dessen Holzfußboden so blank poliert ist, dass man sich nahezu darin spiegeln kann. Das große Bett ist von einer Art Himmelbettmoskitonetz umspannt. Im Unterschied zu meinen bisherigen Schimmelnetzerfahrungen ist dieses so weiß und rein wie aus einem 'Weißer Riese Werbespot'. Mitten durch den Raum ragt von unten bis durch die Decke der Hauptstamm des Baumes, in den unser Häuschen eingebettet ist. Auf halber Höhe gabelt sich der Stamm, was die Erbauer genutzt haben, um eine Abstellfläche für den Monitor und die Tastatur eines hauseigenen PCs zu schaffen.

Baumhaus mit WLAN!

Im hinteren Bereich führt eine Tür über eine Hängebrücke auf eine noch höher gelegene Plattform, die als Terrasse genutzt werden kann. Neben dem Hinterausgang liegt das offene Badezimmer. Der Fußboden ist mit großen Holzscheiben ausgelegt. Durch die Gipfel der Bäume sieht man den Himmel, und ein gleichmäßiges Zirpen und Zwitschern ist zu hören.

Romantik pur!

Wir richten uns häuslich ein, indem wir unsere Rucksäcke in eine Ecke werfen.

»Nur EIN Bett«, sage ich.

Mit einem entspannten »Reicht doch«, gibt Walburga mir zu verstehen, dass es in so einer unabhängigen Backpackerbekanntschaft sehr wohl angebracht ist, die erste Nacht gleich gemeinsam, in einem Bett zu verbringen.

Ich fühle freudige Erwartung, was wir aus dieser Wohnsituation heute Nacht noch machen.

Um uns mit ein paar notwendigen Dingen des alltäglichen Backpackerlebens zu versorgen, machen wir uns auf den Weg zu einem kleinen Supermarkt. Der Laden liegt an einer schmalen Straße, die quer durch den Nationalpark führt und bietet alles, was wir für unseren zweitägigen Aufenthalt brauchen. Wir kaufen reichlich Wasser und Insektenspray. Letzteres halte ich für angebracht, da die eher offene Bauart unseres Bungalows noch mehr Eingangsmöglichkeiten für kriechenden und flatternden Besuch bietet, als der Bungalow auf Koh Tao. Und wir wissen ja, welche ungebetenen Gäste da schon für Unruhe gesorgt haben.

Auf dem Insektenspray sind international gültige Zeichen für seine giftige Wirkung angebracht. Absolut das Beste versichert auch der Verkäufer und erklärt uns, dass man das nur im Freien benutzen darf.

Klar, denke ich. Das erzählen sie einem im heimischen Reformhaus auch über den Frosch-Bio-Reiniger, weil der moderne menschliche Körper ja keine Überlebenschance gegen ein bisschen Seife oder eben Insektenspray hat. Aber tonnenweise Abgase in der Innenstadt beim Shoppen, das geht dann wieder, oder was?

Wir kaufen das Killergas und schleppen unsere Einkäufe zurück zu unserem Häuschen.

Jetzt macht sich die Treppe gleich doppelt bemerkbar.

Nachdem wir unsere Sachen abgeladen haben, gehen wir runter zum Haupthaus, in dem auch ein Restaurant liegt. Leckere Thaiküche können die ja alle! Neben der Bestellung der gewünschten Köstlichkeiten, buchen wir bei unserem Kellner auch gleich noch eine geführte

Dschungeltour für den nächsten Tag. Das ist angeblich eine Spezialität der kleinen Baumhausanlage.

Acht Stunden soll es zu Fuß durch den Urwald gehen und man könne viele Tiere und exotische Pflanzen entdecken. Außerdem gäbe es einen Badestopp und reichlich Verpflegung. Klingt nach einem tollen Abenteuer, und weil wir derzeit die einzigen Gäste sind, dürfen wir den morgigen Trip als Exklusivtour erleben.

Ein Guide nur für uns allein! Walburga und ich (fast) allein in der Wildnis. Großartig!

Während des Essens müssen wir beide über einen total zugekifften Thai lachen, der in einer Hängematte liegend vor sich hinbrabbelt und sich scheinbar Witze erzählt, die er selbst noch nicht kannte. Er schmunzelt immer wieder vor sich hin und lacht dann plötzlich lauthals los. Der dröhnt sich einen nach dem anderen rein und bekommt die Augen kaum noch auf. Was soll man hier im Dschungel sonst auch anderes machen?

Weil wir morgen schon um 8:00 Uhr aufbrechen, beschließen wir, zeitig ins Bett zu gehen. Wer weiß, wofür das noch gut ist, überlege ich mir und erklimme frohen Mutes unser Baumhaus, während ich Walburga dabei auf den Hintern gucke. Sie verschwindet im Bad, um sich 'frisch zu machen'. Ich schmeiße schnell den Baum-PC an, um mal zu gucken, ob Immi sich gemeldet hat. Nix! Ich dagegen komme meiner Meldepflicht nach und morse per Email »Alles dufte im Dschungel! Hier geht's gleich ab!«

Als Walburga wieder ins Zimmer kommt, stelle ich mit Freude eine Nebenwirkung von 'unverbindlich verknallt sein' fest: Man findet selbst die schlabberigsten Schlafklamotten sexy!

Sie schlüpft in unser Himmelbett. Ich will gerade ins Bad gehen, als mir ein kleiner Käfer auffällt, der auf dem kleinen Hocker sitzt, der vor dem PC steht.

»Wo kommst du denn her?«, frage ich ihn und zücke den thailändischen Insektenkiller. Der Störenfried sitzt vor einem kleinen Spalt im Holz. Weil ich damit rechne , dass darin weitere Viecher hocken, bin ich mit dem Spray nicht sparsam und donnere raus, was das Treibgas hergibt. Den Knopf bis zum Anschlag gedrückt, rauscht das Gift nur so auf den Schemel zu und wird sicher in Sekundenschnelle alles Leben aushauchen, was da drinsteckt.

Der Käfer bewegt sich immer noch! Durch den dichten Giftnebel erkenne ich dann aber, dass er nicht mehr läuft, sondern durch den Pestizidwind vom Hocker weht.

Ich höre auf zu sprühen und begutachte das Ergebnis.

Neben dem Hocker liegen ein paar Insektenleichen, was ich als Zeichen des Sieges in dieser Schlacht interpretiere!

Gerade will ich meinen Weg ins Bad antreten, als der Holzklotz anfängt, zu knistern und zu zischen, als würde er zum Leben erwecken.

Plötzlich schießt es wie in einem Indiana Jones Film über den ganzen Boden!

Heerscharen von kleinen Käfern, Larven, Ameisen und Spinnen. Überall wimmelt es von Insekten. Einige davon schaffen es sogar, kleine Flügel auszubreiten und abzuheben.

Ich schlage wild um mich, und Walburga fängt an zu kreischen. Wieder greife ich zur Giftdose und besprühe alles, was sich bewegt. Auf dem Boden, dem Hocker und in der Luft – alles wird eingenebelt.

Die Szene wirkt wie ein Tränengaseinsatz im Hamburger Schanzenviertel. So muss es aussehen, wenn Polizei, Bewährungshelfer und Drogenberater mit Deo und Sagrotan bewaffnet, in die verkeimte Flora eindringen und mit Sauberkeit und Regeln drohen.

Hier im Bungalow habe ich es nicht mit 'Zecken' zu tun. Es wuselt trotzdem alles heraus, was keine Miete zahlt. Im ganzen Raum wabert eine einzige Giftwolke und immer, wenn sie einen neuen Einrichtungsgegenstand des Zimmers erreicht, machen sich weitere Armeen von Krabbeltierchen auf in die Schlacht.

Tausende Davids gegen einen Goliath!

Irgendwie unfair!

Meine Erfahrung mit der Kakerlake auf Koh Tao verschafft mir in Anbetracht dieser Massen von Gegnern leider auch keinen Vorteil.

Da hilft nur sprühen, sprühen, sprühen!

Als die Dose leer ist, wird es auch auf dem Boden ruhiger. Ich stehe inmitten zahlreicher Giftgasopfer und sehe zu, wie die letzten zähen Biester von den Vorhängen unseres Himmelbetts fallen.

Die Aufregung legt sich. Auch die von Walburga. Eben noch kreischt sie herum, und jetzt liegt sie auf dem Bett und pennt. Das ist ja wie bei Dornröschen, wo sich der Prinz den Arsch aufreißt, während die Olle das Schlimmste verschläft. Komisch nur, dass Walburga irgendwie nicht richtig schlafmäßig daliegt sondern mehr so aussieht, als sei sie in sich zusammengesackt.

Ach du Scheiße!

Nicht in geschlossenen Räumen verwenden!

Und ich neble die ganze Bude ein!

Sie braucht dringend frische Luft und bestimmt auch Wasser zum Kühlen, oder so.

Das ist ein Fall für unser offenes Badezimmer!

Ich fummle den Vorhang unseres Bettes zur Seite und fasse Walburga unter Schultern und Kniekehlen. Mit einem Ruck reiße ich sie hoch, drehe mich dabei um und ramme ihren Kopf gegen den Hauptstamm in der Mitte des Zimmers.

Naja, ohnmächtig bleibt ohnmächtig und ich hoffe, dass dieser Zustand wie eine Art Narkose wirkt.

Im Bad lege ich sie auf den Boden und besprenkele sie kräftig mit dem Duschschlauch.

Super, Wet-T-Shirt-Contest beim ersten richtigen Date! Was für ein Anblick!

Sie kommt zu sich und fragt mit zitternder Stimme »Was ist passiert?«

Zuerst will ich antworten, dass sie in der Dusche ausgerutscht sei. Das passt aber wegen des Shirts nicht so richtig. Und weil die Wahrheit die Grundlage für jede Beziehung ist, auch für eine unverbindliche Backpackerliebe, erzähl' ich ihr möglichst ausgeschmückt von meinem Kampf gegen die hochgiftigen Viecher.

»Wir sollten eine Weile im Bad bleiben, bis die Luft im Zimmer wieder rein ist.«

Um das zu beschleunigen, flitze ich, etwas Klopapier vor Mund und Nase gedrückt, durch die Todeszelle und öffne die Fenster und Türen. Mein Gott, gut, dass wir keinen Rauchmelder haben!

Nach einer halben Stunde ist die Luft in Ordnung und das Zimmer, in dem ich natürlich das Licht hatte brennen lassen, wieder voller Nachfolger der gefallenen Insektenkrieger. Hoffentlich nehmen uns die neuen Viecher den Massenmord an ihren Kameraden nicht übel.

Um es den Plagegeistern möglichst schwer zu machen, sich heimisch zu fühlen, stelle ich den Holzklotz nach draußen vor die Eingangstür. Eine Brutstätte weniger!

Schade, dass man die Flora nicht auch vor die Tore Hamburgs stellen kann!

Es wird Zeit, ins Bett zu gehen. Vielleicht habe ich Glück und das Insektenspray hat eine aphrodisierende Wirkung auf Walburga. Ich hoffe jedenfalls auf eine unverbindlich heiße Backpackernacht!

# 14 Dschungelbuch.

8:00 Uhr morgens am Empfang unseres Baumhausresorts. Anders als gehofft, waren sich unsere gemeinsame Nacht und das anschließende Frühstück vom 'Schärfegrad' sehr ähnlich. Um hier nicht über intime Details zu sprechen, halte ich mich an die Beschreibung des Frühstücks:

Es gab trockenen Toast und labberige Cornflakes. Beides ohne nennenswerten Geschmack!

Natürlich ist es aufregend, die Nacht neben einer schönen Frau zu verbringen. Blöd nur, wenn es bei 'neben' bleibt!

Trotzdem bin ich frohen Mutes, einen schönen Tag mit Walburga zu erleben.

Laut Buchung werden wir tief in den Dschungel eintauchen und mit ein bisschen Glück auch wilde Tiere sehen. Im Idealfall sogar wilde Elefanten. Aber der Dschungel sei riesig und so dicht, dass so ein Dickhäuter angeblich nur zehn Meter von einem entfernt stehen könne, ohne dass man ihn bemerkt. Das allerdings halte ich für ein Gerücht!

In Hagenbeck´s Tierpark kann man mich mit verbundenen Augen durch den Zoo führen und spätestens fünfzig Meter vorher weiß ich, dass wir gleich bei den Elefanten sind, weil man es einfach riecht. Wie soll das auch anders sein, liegen doch im Umkreis der sanften

Riesen meist mannshohe Kothaufen, die einem deren Anwesenheit treffsicher verraten.

Aber falls es mit den Dickhäutern nicht klappen sollte, würden wir auf jeden Fall, Affen zu Gesicht bekommen. Die springen überall rum.

»Dann warten wir jetzt nur noch auf unseren Guide«, sage ich zu der Rezeptionistin, woraufhin sie mit dem Finger auf die Hängematte deutet, in der gestern dieses bekiffte Thaimännchen lag und vor sich hingekichert hat.

Es liegt immer noch da! Es kichert aber nicht mehr, sondern schläft laut schnarchend.

Die Dame vom Empfang ruft zu der baumelnden Schlafstätte rüber und wartet auf ein Lebenszeichen. Als dies ausbleibt, stapft sie wütend zu einem der Befestigungsbalken, zieht an der Schnur und lässt unseren tief schlafenden Guide mit einem lauten Rums auf den Boden knallen. Nur langsam realisiert er, dass er seine Träume zunächst aufgeben und in die Wirklichkeit zurückkehren muss.

Als er aufrecht steht, kommt mir der Begriff 'Männchen' noch passender vor. Vor uns stehen maximal hundertfünfzig Zentimeter müder Thaizwerg mit einem Ausdruck in den Augen, der mich glauben lässt, wir hätten unsere Wanderung bei 'Never-Come-Back-Tours' gebucht.

Walburga scheint meine Gedanken nicht zu teilen und plappert gleich munter auf unseren Zwerg ein.

Sein Name ist Günther. Natürlich nicht wirklich! Wir haben seinen Namen trotz mehrmaligen Nachfragens nicht verstanden und einigen uns einvernehmlich auf Günther. Im Gegenzug darf er Walburga Walli nennen und mich als Anzi bezeichnen. So weiß jetzt jeder, wer gemeint ist. Dann sind wir ja abfahrbereit.

Günther hat in seinem kleinen Leinenbeutel unsere Marschverpflegung dabei, die vom Resort gestellt wird. Wasser haben wir selbst mitgenommen, um nicht später, aus irgendeinem Dschungelbach trinken zu müssen.

Ein anderer Resortmitarbeiter fährt uns mit einem kleinen Van die ersten Kilometer in den Dschungel. Mitten auf einer schmalen Asphaltstraße hält er einfach an. Wir sollen aussteigen. Links und rechts nur dichtes Gestrüpp. Wenn wir jetzt eh noch die Straße entlang latschen müssen, hätten wir doch auch noch weiter mit dem Auto fahren können!

»Hier geht's los?«, frage ich Günther.

Der nickt ganz eifrig und freut sich tierisch, dass wir den kleinen Durchgang im Gebüsch nicht gesehen haben.

Der soll uns innerhalb weniger Sekunden weg von der Zivilisation und hinein in das Abenteuer führen.

In der Tat haben wir wenige Meter später bereits vergessen, dass man eben noch auf einer Straße stand.

Der Dschungel ist bereits an dieser Stelle so dicht, dass man nur noch Grün sieht. Die Straße weg, menschliche Geräusche weg und selbst der Himmel ist weg. Das Licht wirkt durch die unglaublich vielen Pflanzen auch leicht grünlich. Es ist nicht wirklich dunkel, aber durch die fehlende direkte Sonne hat man das Gefühl, im Auffangkorb eines Rasenmähers zu sitzen.

Zumindest stell' ich mir das so vor.

Ich habe schon jetzt kein Gefühl mehr dafür, aus welcher Richtung wir eigentlich gekommen sind. Unser erstes Ziel scheint dafür umso klarer.

Den Berg rauf!

Zwischen dicht stehenden dünnen Bäumen geht es steil bergauf. Die Stämme eignen sich gut, um sich an besonders steilen Abschnitten, daran hochzuziehen, sorgen aber gleichzeitig dafür, dass man nicht besonders weit sehen kann. Immer wieder verlieren wir Günther kurz aus den Augen, der barfuss mit einem Wahnsinnstempo voran galoppiert und dann, ein Stück weiter entfernt als erwartet, wieder auftaucht. Walburga und ich versuchen Schritt zu halten, können aber nur darauf bauen, dass Günther von Zeit zu Zeit auf uns wartet.

Nach gut einer Stunde strammen Bergaufmarschs nimmt die Steigung langsam etwas ab. Jetzt bleibt genug Energie, den Blick umherschweifen zu lassen. Günther donnert natürlich weiter wie eine besengte Sau durch das grüne Dickicht, achtet aber darauf, dass wir in

Sichtweite bleiben. An einer kleinen Lichtung bleibt er stehen. Als wir ihn erreichen, haben wir den Eindruck, als hätte jemand einen Lichtkegel in den Urwald gestellt. So unwirklich kommt uns die direkte Sonne nach all dem grünen Schimmer der letzten 1,5 Stunden vor.

Auf dem Boden liegen kleine Kotklumpen und Günther erklärt uns, dass das Affenscheiße ist.

»Affen nicht weit! Kacke noch am Dampfen«, triumphiert er.

Gespannt starren wir in die Baumwipfel und erkennen nichts außer Blättern. Wir gehen ein Stück weiter, bleiben wieder andächtig stehen und erblicken:

Nichts!

Eine halbe Stunde später finden wir erneut Affenscheiße und wieder heißt es, dass die Viecher nicht weit weg sein können. Wenn wir ganz leise seien, könne man sie bestimmt hören.

Aber: Nichts!

Also weiter marschieren.

Dann wieder Affenscheiße, in die Bäume starren, leise sein, nichts.

Das Ganze wiederholt sich innerhalb der nächsten zwei Stunden noch weitere vierzehn Mal und langsam fange ich an, Affenscheiße als echtes Reizthema zu sehen.

Immer wieder Scheiße, Bäume, nichts!

Ich halte das nicht mehr aus! Als Günther ein weiteres Mal damit anfängt und ich gleichzeitig in einen Haufen Scheiße trete, schnauze ich ihn an »Herr Gott nochmal! Zeig uns bitte erst wieder Affenscheiße, wenn da noch ein Affe drauf sitzt!«

Er scheint meinen Unmut zu verstehen und überlegt sich vermutlich zweimal, ob er mich bei Gelegenheit auf mögliche Elefantenscheiße aufmerksam machen soll oder es lieber bleiben lässt.

Wir marschieren weiter und müssen leider ohne Affen auskommen.

Kurz vor der Hälfte unseres Gewaltmarschs sollen wir noch in den Genuss einer Naturschönheit kommen, die auf keinen Fall weglaufen kann, weil sie eine Blume ist.

Die Blume mit der weltgrößten Blüte! Ganz typisch für diese Gegend Thailands, aber dennoch sehr selten und nur für kurze Zeit, in ihrer vollen Pracht zu sehen!

Günther weiß genau, wo wir diese Blüten finden können, weil es Touristen gäbe, die nur deshalb in diese Region kämen und er sie ihnen dann zeigt. Sie würden dann stundenlang Fotos machen und sich gar nicht wieder einkriegen vor Freude, so eine schöne Blume fotografieren zu können.

Man darf gespannt sein!

An einem Hang erkenne ich von Weitem einen kleinen Bretterzaun. Dieser Zaun soll allzu aufdringliche Touristen von der schönen Dschungelblume fernhalten. Je näher wir dem Zaun kommen, umso stärker kriecht uns ein fieser Gestank in die Nase. Ich kontrolliere als erstes meine Schuhe, ob da noch Affenscheiße dran klebt, werde aber nicht fündig. Am Zaun angekommen, ist der Mief kaum noch zu ertragen.

Jetzt können wir sie sehen!

Eine schrumpelige Blüte von gut einem Meter Durchmesser mit einem großen Kelch liegt schmutzig orange vor uns auf dem Boden. Ein bisschen sieht sie so aus, als würde sie gleich einen stinkenden Schleim ausspucken oder kackenden Dschungelaffen in den Arsch beißen.

Absolut hässlich das Ding und nicht die Spur 'besonders'!

Besonders abstoßend vielleicht, mehr aber auch nicht.

So, und das war jetzt die Blume, wegen der hier so viele Touristen vorbeilatschen? Echt krass, womit die Thais Geld machen. Mehr aus Höflichkeit und weniger aus Begeisterung zücke ich meine Kamera und mache genau EIN Bild. Dann gebe ich Günther zu erkennen, dass wir hier fertig sind und weiter können. Schließlich ist gleich Mittagszeit und wir haben Hunger. Walburga kann sich mit dem Stinkding auch nicht anfreunden und macht Günther klar, dass ich das perfekte Bild geschossen hätte und jedes andere nur schlechter werden kann.

Wir bringen die letzte Bergetappe hinter uns. Inzwischen sind wir ungefähr vier Stunden unterwegs. Die Beine sind müde und unsere Mägen hängen uns in den Kniekehlen. Wenige Minuten später ist endlich nix mehr mit Steigung. Fast kommt es uns vor, als könnten wir schweben, weil uns das Wandern auf ebenem Terrain so leicht erscheint. Durch das dichte Gebüsch hören wir immer lauter werdendes Rauschen. Das muss der Wasserfall sein, an dem wir rasten wollen.

Tatsächlich! Wir durchbrechen die grüne Wand, gehen noch ein paar Meter über felsigen Untergrund und erreichen einen Bach von ungefähr zwei Meter Breite. Die Sonne spiegelt sich in der Wasseroberfläche und wir müssen zunächst die Augen zusammenkneifen, weil sich unsere Augen an den matten Grünschimmer der letzten Stunden gewöhnt haben. Dem Bachlauf folgend kommen wir an einen steilen Abhang. Das Wasser rauscht laut tösend über die Kante und klatscht unten in einen kleinen See.

Günther sucht mit uns am Rand nach ein paar trockenen Felsen, auf denen wir unsere Pause machen wollen. Wir setzen uns und genießen die Aussicht. Der See liegt etwa dreißig Meter unter uns und lädt dazu ein, eine Runde zu schwimmen. Das wäre genau das richtige nach der langen Latscherei.

Aber vorher gibt es etwas zu Essen. Günther hat sogar etwas vegetarisches für Walburga dabei. Ihr Essen besteht aus Reis und Gemüse und ich habe noch ein paar Stücke Hühnchen dabei. Nach fünf Stunden bei fünfunddreißig Grad, müsste das Huhn eigentlich bald wieder anfangen zu gackern. Das ist mir aber völlig egal, weil ich mir mein Essen nach dem anstrengenden Marsch echt verdient habe. Wir essen zünftig mit den Fingern und es schmeckt unglaublich gut.

Ein Felsen an einem Wasserfall, um uns herum grüner Dschungel, der grüner nicht sein könnte, Essen aus Bananenblättern und Günther, der sich freut, weil wir uns freuen!

Als unsere Pause beendet ist, raffen wir uns auf und sind gespannt, welche Abenteuer wir noch bestehen müssen.

Die Antwort lässt nicht lange auf sich warten. Günther sagt uns »Könne gleich in See schwimme! Nur schnell runter!«

Runter? Schnell?

Wir stehen an einem dreißig Mieter tiefen Wasserfall! Links und rechts geht's steil bergab! Wie sollen wir da denn runter kommen?

Günther geht an den rechten Rand des Wasserfalls, wo der Hang nicht mehr aus Steinen, sondern aus lehmiger Erde besteht. Dicht bewachsen mit allem möglichen Grünzeug erkenne ich keine noch so kleine Möglichkeit, da heil runter zu kommen.

Günther schon!

Er rupft ein lianenartiges Gestrüpp aus einem Baum und zieht kräftig daran. Eine Art Zerreißprobe. Da das Gebammel aus Unkraut und Baumzeugs offenbar in besserer Verfassung ist als meine Nerven, klammert Günther sich daran und steigt den steilen und rutschigen Hang ein paar Meter nach unten. Als sein Sicherungsseil zu dünn wird, greift er nach einem anderen und weiter geht's in Richtung Tal. Wie ein Klammeräffchen turnt Günther von Gebammel zu Gebammel und ist schließlich am Fuß des Wasserfalls angekommen.

Er winkt uns zu und erklärt uns »Is sicher! Nix passieren kann!«

Klar, Günther! Mit einem Kampfgewicht von vierzig Kilo würde ich mich auch beruhigt durchs Gestrüpp schwingen. Aber sein unversehrtes Ankommen gibt noch keinen Aufschluss darüber, wie viel normalgewichtigen Mitteleuropäer diese Tarzanpflanzen wirklich vertragen.

Damit sich das grüne Seil langsam an die steigende Belastung gewöhnen kann, lasse ich Walburga den Vortritt. Sie liegt vermutlich etwa auf der Gewichtshälfte zwischen Günther und mir und ein Absturz würde mir zumindest schon mal zeigen, dass die ganze Sache für mich überhaupt keinen Sinn macht.

Geschickt hangelt sie sich ebenfalls von Liane zu Liane und ist schließlich heil an Günthers Seite angekommen.

Jetzt ich! Mit einem kräftigen Ruck reiße ich an der ersten Liane und zack, hab ich sie in der Hand. Leider hat sie keine Verbindung mehr zu dem Baum, an dem sie vermutlich seit Jahrhunderten hing.

»Nich schlimm! Andere hält«, ruft Günther mir zu, was meine Zuversicht nicht gerade steigert.

Das ist hier ja wie eine Art thailändisches Dschungelroulette. Greifst du das richtige Seil oder landest du dreißig Meter weiter unten auf den Felsen?

Schlagartig kommt mir die alte Show mit Rudi Carrell wieder in den Kopf - 'Herzblatt'. Darin hat immer eine charmante Stimme aus dem Off die Vorzüge von drei Singles erklärt, die hinter einer Wand saßen. Für einen musste man sich dann entscheiden. Mal hatte man Glück und mal ganz schönes Pech.

Die Stimme hätte meine Lianenauswahl vermutlich in etwa so beschrieben »So Heinzi, jetzt musst du dich entscheiden! Wählst du Liane eins, die schon seit Jahrhunderten hier rumhängt und nur darauf wartet, einen ahnungslosen Touristen mit in die Tiefe zu reißen? Oder entscheidest du dich für Liane zwei, die mit ihrer borstigen und dornigen Art auf jeden Fall ein echter Aufriss für dich wird? Aber auch Liane drei kann dir viel Freude bereiten, wenn du auf halber Höhe feststellst, dass sie viel zu kurz ist und du dich die letzten Meter bis zum Boden fallen lassen musst. Also Heinzi, wer soll dein Herzblatt sein?«

Das laute Rufen von Walburga und Günther weckt mich aus meinem Ausflug ins Showbusiness und beherzt greife ich die erste Schlingpflanze, die mir ins Auge fällt. Locker, geradezu grazil gleite ich wie ein professioneller Bergsteiger immer weiter runter und erwische auch gleich meine Anschlussliane. Ich komme dem Boden der Tatsachen immer näher. Mit einer letzten Rapunzelranke überwinde ich die verbleibenden zwei Meter und stehe sicher vor Walburga und Günther.

Was für ein Abenteuer! Ich blicke hoch und frage mich, was zum Teufel mich dazu bewegt hat, mich an stinknormalen Blumen aus dieser Höhe abzuseilen. In Deutschland doch undenkbar!

Ohne TÜV-Plakette keine Lianennutzung!

Mit stolz geschwellter Brust will ich mit Walburga abklatschen, trete einen Schritt vor.

Flitsch... rutsche ich aus und prelle mir das Steißbein auf dem harten Boden.

Verdammt! Was war das denn?

Wie sollte es anders sein?

Affenscheiße!

Ich bin doch tatsächlich auf einem Haufen Affenscheiße ausgerutscht!

Mir bleibt in dieser Situation nichts anderes als dunkelgrauer Humor. Ich frage Günther »Lass mich raten! Die Affen sind ganz in der Nähe? Haben sie sich vielleicht ihr Fell ausgezogen und baden im See?«

»Quatsch! Affen nich hier baden. Angst vor Fische!«, erklärt mir Günther völlig ernst.

»Aha, und ich soll jetzt aber in den Tümpel steigen, wo jeder Affe weiß, dass da Piranhas drin sind?«

»Kein Problem! Piranhas komme hier nich vor. Glaub ich.«

Wie beruhigend! Aber der Dschungel hat mich hart gemacht! Ich ziehe mir meine Klamotten bis auf die Badehose aus und steige in den kleinen See. Das Wasser ist so klar, dass man jeden einzelnen Felsen auf dem Grund sehen kann. Ein herrliches Gefühl! Nach stundenlanger Latscherei durch den Dschungel endlich etwas Abkühlung, und die auch noch in so einer Umgebung. Walburga testet das Wasser nur kurz mit dem großen Zeh und befindet es für zu kalt. Ich dagegen schwimme in dem kleinen See herum und bekomme bald Besuch von vielen kleinen Fischen.

Keine Piranhas!

Sie knabbern mit ihren kleinen Mündern an meinen Armen und Beinen und ein bisschen muss es so aussehen, als würden sie mich durchs Wasser tragen und mir das Schwimmen beibringen.

Als mir langsam kalt wird, steige ich aus dem Wasser, setze mich neben Walburga auf einen großen Felsen und lasse mich lufttrocknen. Die Geräuschkulisse ist einmalig. Das Rauschen des Wasserfalls und das Zwitschern exotischer Vögel schaffen eine unglaublich schöne und beruhigende Atmosphäre. Die satten Grüntöne des Dschungels beruhigen die gestressten Augen eines Stadtmenschen. Man fühlt sich so geborgen, dass man glatt sein Lager aufschlagen möchte, um diesen Ort so schnell nicht wieder zu verlassen. Walburga sieht das genauso und wir spinnen uns eine kleine Hütte direkt am See zusammen, auf deren Veranda wir morgens frühstücken, bevor ich ein paar Affen erlege, indem ich sie mit ihrer Kacke vom Baum schieße.

Nicht lange, da unterbricht Günther unsere Tagträume und mahnt zur Eile, weil wir noch einen weiten Weg vor uns hätten und vor Einbruch der Dunkelheit wieder im Resort sein müssen.

»Warum?«, frage ich und setze nach »Vor den Affen brauchen wir wohl keine Angst zu haben. Die lassen sich doch eh nicht blicken.«

Günther lässt sich nicht beirren und marschiert fröhlich an dem Fluss entlang, der von meinem Badesee abzweigt. Wir gehen über grobes Geröll und überwinden von Zeit zu Zeit größere Felsen. Bald merke ich, dass man um nasse Schuhe hier nicht lange herum kommt und turne mutiger und schneller über die Steine. Auch Walburga legt einen Zahn zu, wodurch wir tatsächlich das erste Mal auf unserem Marsch den wieselflinken Günther einholen. Der freut sich über unseren Energieschub und verspricht, dass es gleich richtig aufregend wird.

Ein dauerbekiffter, thailändischer Dschungelführer, der sich an zahnseidedicken Lianen an Felsen runterhangelt, spricht davon, dass es aufregend wird? Das sollte stutzig machen! Tut es aber in diesem Moment nicht, weil einfach alles so perfekt scheint.

Dann sehe ich, was Günther meint. Der kleine Fluss ist mit der Zeit immer breiter geworden und an einer Biegung stößt ein zweiter Fluss dazu. Das macht ihn insgesamt nicht nur breiter, sondern auch deutlich schneller. Wir müssen auf die andere Seite und natürlich gibt es keine Brücke. Nicht einmal eine Liane! Lediglich die großen Felsbrocken, die in Abständen von rund 1,5 Metern im Fluss liegen, lassen erahnen, was wir jetzt tun müssen.

Wir klettern auf den ersten Brocken, der uns eine Fläche von ungefähr einem Quadratmeter bietet. Günther stellt sich an den Rand und hopst zum nächsten Stein. Wir sollen ihm folgen. Unter normalen Umständen und rein theoretisch ist so eine Weite für einigermaßen bewegliche Menschen kein Problem. Wenn aber der Anlauf auf einen Meter verkürzt ist und ein Fehlversuch bedeuten würde, in einen reißenden Fluss zu fallen und vermutlich gerade so weit zu kommen, dass man sich das Kinn an der Landebahn aufschlägt, dann wird dieser Sprung plötzlich zu einer echten Herausforderung.

Walburga soll zuerst springen, damit die beiden Herren der Schöpfung bei einem möglichen Unfall von beiden Seiten helfen können.

Auch schon wieder eine tolle Vorstellung!

Walburga stellt sich ganz an das Ende unseres Felsens, macht zwei schnelle Schritte und springt scheinbar mühelos über die Kluft. Ich tue es ihr gleich und bin froh, unseren kleinen Günther bei meiner Landung nicht über die Rand des nächsten Felsen geschubst zu haben.

Die Prozedur wird noch zwei Mal wiederholt, bis wir endlich am anderen Ufer des Flusses angekommen sind.

Erleichtert und noch voller Adrenalin machen wir uns auf den weiteren Weg. Günther zieht wie immer voran und wir bemühen uns, Schritt zu halten. Wir entfernen uns jetzt vom Fluss und gehen wieder quer durch den Dschungel. Dabei fällt auf, dass wir zuerst auf einem Trampelpfad wandern, der sich dann zu einem richtigen Weg entwickelt und das Gefühl von Zivilisation vermittelt. Dieses Gefühl verstärkt sich noch, als wir auf dem Weg um eine Ecke biegen und völlig überraschend auf einem Park ht sogar Teil einer satirischen Reality-Show des thailändischen Fernsehens?

Wie auf einer Heizdecken-Kaffee-Fahrt schleppt Günther uns in das Restaurant. Ob wir hier Nusstorte bekommen und Souvenirs kaufen sollen? Der Wirt bietet uns etwas zu essen an. Wir haben aber nur Durst und genehmigen uns eisgekühlte Limonade.

Günther erklärt uns, dass wir jetzt zwei Möglichkeiten hätten. Entweder wir werden hier vom Auto unseres Resorts abgeholt oder wir gehen die letzten rund fünf Kilometer zu Fuß.

Walburga sagt zu mir »Ich fände es uncool, jetzt mit dem Auto zu fahren.«

Ich dagegen denke, dass wir ja auch am Anfang mit dem Auto gefahren sind und es doch ein schöner Abschluss wäre. Aber als werbendes Männchen pflichte ich ihr bei, dass wir den Rest jetzt natürlich auch noch schaffen und unseren Triumphmarsch standesgemäß per pedes beenden.

Günther, der sich scheinbar auf eine etwas längere Pause eingestellt hatte, wird kurzerhand von uns hochgescheucht.

Wir starten die letzte Etappe. Eine kleine Straße schlängelt sich durch den immer lichter werdenden Dschungel, vorbei an kleinen Häusern von Einheimischen und heruntergekommenen Resorts für Vollaussteiger. Die halten es sogar für zu spießig, vier vollständige Wände um sich herum zu haben und wohnen deshalb in einer Mischung aus Zelt und Hütte. Die Front fehlt einfach! Das spart Türen und Fenster. Vor jeder dieser kleinen Notunterkünfte baumelt eine andere tragische Unabhängigkeitsfigur in der Hängematte und mustert uns skeptisch. Vermutlich ist es schon zu kapitalistisch, mit einem bezahlten Guide durch den Wald zu latschen. Das muss man aus deren Sicht sicher auf eigene Faust machen.

Wir lassen uns von diesen Waldhippies aber nicht aus der Ruhe bringen und kämpfen uns Meter für Meter weiter. Das erhabene Gefühl, etwas Großes geleistet zu haben, nimmt immer mehr zu. Schließlich kommen wir an dem kleinen Supermarkt vorbei, in dem wir unsere Insektengiftkeule gekauft haben. Jetzt wissen wir, dass es nicht mehr weit ist.

Im Resort angekommen scherzen wir »Hey Günther, das war ein netter kleiner Spaziergang. Morgen machen wir die große Runde. Ok?«

Günther lacht und verabschiedet sich von uns.

Da uns das Programm heute so gut gefallen hat, buchen wir für morgen gleich unseren nächsten Trip an der Rezeption.

Elefantenreiten!

Sollen sich diesmal doch andere für uns die Füße platt latschen!

Für heute reicht uns die Action aber! Nur noch schnell frisch machen, ein schönes Abendbrot und danach ab ins Bett!

Punkt 21:00 Uhr knipsen wir das Licht aus und schlafen völlig erschöpft wie zwei Jungs im Sommercamp nebeneinander ein.

Die spontane Backpackeraffäre mit Walburga entwickelt sich irgendwie langsamer als ich gehofft hatte. Hoffentlich bleiben wir nicht auf der Kumpelebene stecken...

## 15 Elefantenreiten.

Der Dschungel hat ganz sicher viele touristische Vorzüge, aber mindestens einen riesigen Nachteil. Morgens um 6:00 Uhr klingeln die Wecker sämtlicher Viecher, die dann lauter als ein Laubbläser in den Tag starten. Ob das nun Vögel, Brüllaffen, Mutantenkäfer oder sonstige Tiere sind, kann man bei all dem Lärm schon gar nicht mehr ausmachen.

Fakt ist: Es ist ZU früh ZU laut!

Ein Vorteil hat dieser frühe Naturwecker allerdings. Ich bin vor Walburga wach und kann ihr zusehen, wie sie langsam und noch viel zu müde die Augen aufschlägt und mich anlächelt. Egal, wie unverbindlich unsere Beziehung ist, es fühlt sich richtig gut an, mit Walburga aufzuwachen. So blöd es klingt, kann ich mir kaum vorstellen, dass es sich in einer 'richtigen' Beziehung besser anfühlt.

Noch ein bisschen gelähmt von den gestrigen Strapazen, nutzen wir die frühe Stunde, uns ganz allmählich dschungelausgehfein zu machen. Die Dusche unter freiem Himmel hat schon etwas Belebendes.

Ein herzhaftes Frühstück, Günther, der noch in seiner Hängematte pennt und das lustige Vogelgezwitscher geben dem Tag einen richtigen Schubs in Richtung Glückstag. Echt komisch! Die Biester, die noch vor ungefähr einer Stunde so nervig gekreischt, gezirpt und gebrüllt haben, hören sich jetzt richtig gut an. Kommt eben darauf an, zu welcher Tageszeit man etwas hört. Ich würde allerdings nicht so weit gehen, dass man Carmen Nebels Frühlingsgewitter der Volksmusik nur zur richtigen Uhrzeit hören muss, um es zu genießen.

Nach unserem Frühstück packen wir eine kleine Tasche mit Wasser, Geld, Sonnencreme und was man sonst noch so braucht. Um 8:00 Uhr sollen wir abgeholt werden. Man hat uns bereits bei der Buchung unseres Elefantenreitens darauf hingewiesen, dass wir diesmal leider nicht allein unterwegs sind, sondern noch andere Gäste mitkommen. Macht ja nichts, können wir diesmal wenigstens noch anderen Hilfstarzans dabei zusehen, wie westliche Industriestaatler auf fernöstliche Abenteuer stoßen. Wobei ein Elefantenritt nicht so spektakulär klingt.

Wandern durch den Dschungel allerdings auch nicht... und siehe da...

Kurz vor 8:00 Uhr trudeln unsere Mitreiter ein. Es handelt sich um eine Familie mit Kind und ein älteres Ehepaar. Alle sehen sehr kommunikativ aus, was mich an Pauschaltouristen erinnert, denen bereits im Katalog versprochen wurde, dass sie Land und Leute kennenlernen. Dabei verwechseln sie 'Leute' leider oft mit den übrigen Reisenden. Bedingungslos wird jedes Erlebnis und jeder Eindruck ungefragt mit jedem geteilt, der nicht rechtzeitig verschwinden kann.

Wir stellen uns alle brav gegenseitig vor und lernen kennen: Cindy und Enriko mit ihrem Sohn Marvin und das Ehepaar Erika und Albert.

So hätte es jeder neutrale Beobachter beschrieben.

Ich bin aber kein neutraler Beobachter, sondern mittendrin in der Realsatire 'Urlaubshölle'.

Cindy und Enriko kommen, wie sollte es anders sein, aus den neuen Bundesländern, also 'von Drüben', wie sie selbst sagen. Deshalb muss man sich die Aussprache ihrer Namen eher so vorstellen: Tzindie und Enriköh. Der kleine Marvin ist von seiner Statur her eher breit als hoch und beweist, dass 'Drüben' niemand mehr für fettige Lebensmittel Schlange stehen muss. Marvin, gesprochen Moarwiehn, verfügt für seine acht Jahre schon über einen erstaunlichen Fäkalwortschatz. Gelernt hat er diesen vermutlich im Waldorf-Kindergarten.

»Wann fahren wir denn endlich zu den scheiß Elefanten? Ich kotz, wenn das noch lange dauert.«

Soviel zum ersten Eindruck unserer Westpolen. Erika und Albert sind dagegen von der Sorte Pädagogenrentner mit Weltenbummlererfahrung. Gleich nach der Begrüßung erfahren wir von Erika, dass beide bereits in Indien auf Elefanten geritten seien. Was Albert mit seinem Tropenhelm will, weiß ich zwar nicht. Aber vielleicht ist das so eine Art asiatische Reitkappe. Beide tragen diese weiten kakifarbenen vollfunktionsfähigen

Tropenklamotten, die aussehen, als käme Heinz Sielmann gerade von einer Expedition ins Tierreich.

Das sind nun also unsere Weggefährten für die nächsten Stunden. Zum Glück dauert der Trip nicht so lange. Marvin teilt uns ein weiteres Mal seinen Unmut über die Wartezeit mit, indem er zum Besten gibt

»Wenn die scheiß Elefanten nicht schnell genug rennen, tret' ich denen in ihren dicken Arsch oder erschieß' die einfach.«

Ist klar, Marvin! Ich denke nur, dass die Elefanten das mit dem dicken Arsch auch gleich von DIR denken und freue mich, als endlich der kleine Bus vorfährt.

Nach nur zwanzig Minuten kommen wir an der Elefantenfarm an. Wir steigen aus dem Auto und werden standesgemäß von drei rüsselwinkenden Dickhäutern begrüßt, die mit ihren Trainern hinter einem kleinen Zaun auf uns warten. Ein Mitarbeiter der Farm begleitet uns zu dem Zaun und gibt uns eine Einweisung in das, was uns erwartet, was wir tun und lassen sollen und erläutert ein paar Hintergründe. So erfahren wir, dass die Elefanten meist lebenslang einem einzigen Pfleger gehören. Seine gesamte Zeit verbringt der Elefantenbesitzer dann mit seinem stolzen Tier. Diese Verbindung ist auch gleichzeitig dauerhaft geschäftlich, da die Betreuung eines Elefanten so kostspielig ist, dass man nicht mal eben abends zum Reiten vorbeikommen kann, sondern dazu gezwungen ist, gemeinsam Geld zu verdienen. Das passiert dann entweder in der Holzwirtschaft als Lastentier im Dschungel oder in der Tourismusbranche als Reitelefant.

Dann kann´s ja losgehen! Über eine Treppe gelangen wir auf eine Art Aussichtsplattform. An einer Seite hat sie kein Geländer. Von dort steigen wir auf die Elefanten. Jede Partei bekommt einen eigenen Riesen zugewiesen, wobei ich unglaublich schadenfroh bin, als der kleine dicke Marvin durch sein Vordrängeln nur erreicht hat, den kleinsten Elefanten zu erwischen.

»Scheiß Minielefant! Ich will einen größeren scheiß Elefanten haben«, mault er, was die besser wissende Erika so kommentiert

»Marvin, hier in Asien sind alle Elefanten etwas kleiner. Die Elefanten in Afrika, die sind größer.«

Dabei blickt sie in die Runde und niemand ist überrascht, als sie hinzufügt »Wir waren letztes Jahr in Afrika auf Safari. Mit Thailand ja gar nicht zu vergleichen.«

Ne, wie soll Afrika auch mit Thailand zu vergleichen sein? Warum sie aber einen auf wichtig macht, nur weil sie wochenlang durch knochentrockene Steppe gedüst ist, um Tiere zu fotografieren, die in jedem Zoo stehen, weiß kein Mensch.

Naja, wir sind ja gestern auch der Affenscheiße hinterher gerannt, anstatt uns die entfernte Verwandtschaft in Hagenbeck´s Tierpark anzugucken.

Marvin sitzt schimpfend wie ein Rohrspatz auf seinem Minielefanten und wackelt langsam in Richtung

Dschungel. Erika und Albert sind die Nächsten. Gekonnt schwingen sie sich in den Sattel und Albert macht einen Gesichtsausdruck, als würde er im Heer von Hannibal die Alpen überqueren. Jetzt kommt unser fahrbarer Untersatz angetrottet, macht kurz Halt und kaum, dass wir sitzen, schaukeln wir auch schon den anderen hinterher. Die Dame, die uns transportiert, heißt Selma, sagt uns der kleine thailändische Rittmeister, der in ihrem Nacken sitzt. Wir logieren auf einer Gartenbank, die auf ihrem Rücken festgeschnallt ist. Ziemlich unbequem für uns und bestimmt auch für Selma. Gemächlich geht es einen Pfad entlang. Würde man nicht immer mal wieder den dicken Marvin motzen hören, wäre es richtig schön ruhig und entspannend.

Nach einer Weile wird der Weg schmaler und Selmas Herrchen steigt ab, um sie zu führen. Ich hoffe nicht, dass er ihr zu schwer geworden ist, weil ich dann ein ziemlich schlechtes Gewissen bekomme. Aber Walburga beruhigt mich damit, dass Selma vermutlich gar nicht merken wird, dass wir auf ihr sitzen. Ob das jetzt so gut ist, weiß ich allerdings auch nicht.

Der Weg schlängelt sich einen kleinen Hügel hinauf und ich frage mich, was das kleine Männchen neben uns macht, wenn Selma sich entscheidet, durchzudrehen. Was will er schon tun? Will er sie mit seinem Stock hauen? Richtig, der Stock wird sie unglaublich beeindrucken, während zwei Erwachsene mit einer eisernen Gartenbank auf ihr sitzen, was sie auch schon kaum mitbekommt. Soll er sie anschreien? Sie würde vermutlich nicht mal sehen, woher das piepsige Stimmchen kommt. Es bleibt uns nichts anderes übrig, als darauf zu vertrauen, dass die beiden ein eingespieltes Team sind.

Das sind sie zum Glück! Ohne große Zwischenfälle kommen wir zu einer zweiten Plattform mitten im Dschungel, die wir für unseren Abstieg von Selma nutzen.

Die Elefantenführer bleiben mit ihren Tieren hier. Wir sollen noch ein Stück den Weg entlang gehen, um zu einem romantischen Wasserfall zu kommen. Walburga und ich machen uns auf den Weg. Die anderen scheinen schon vorgegangen zu sein. Nach einigen Minuten kommen wir an einen kleinen Bach, an dem wir entlang gehen und kurz darauf Erika und Albert einholen. Beide berichten, dass sie schon viele schöne Wasserfälle auf der ganzen Welt gesehen hätten und ich denke nur, dass sie wohl deshalb auch reden wie einer.

Kurz vor dem gesuchten Kleinod hören wir schon, dass Marvin wohl gar nicht zufrieden ist und pöbelt »Dieser scheiß Wasserfall kann mich einen Scheiß noch mal! Ich will wieder zu den scheiß Elefanten und mal richtig galoppieren!«

Und schon kommt uns die sympathische Familie wieder entgegen, während Marvin eingeschnappt vorweg stapft und Cindy und Enriko hinterher eilen. Wir dagegen gehen weiter bis zum Wasserfall und erkennen gleich, was Marvin gemeint hat.

Dieser Wasserfall sieht so aus, als würde mein Nachbar aus dem oberen Stockwerk seine Geranien gießen. Kaum mehr als ein Rinnsal quält sich da in fünf Meter Höhe über die Kante und klatscht unten in eine bessere Pfütze, um dann, wie eine Pinkelrinne auf dem Oktoberfest, abzulaufen.

Das war wohl nix!

Nun aber schnell wieder zurück, um nicht den Wasserfallerfahrungen von Erika und Albert ausgesetzt zu sein. Selma wartet schon an der Plattform auf uns und scheint sich fast zu freuen, dass es wieder los geht. Sie marschiert mit uns wieder in Richtung Farm, wobei wir einen etwas anderen Weg nehmen, damit Selma nicht irgendwann den gleichen leeren Gesichtsausdruck bekommt, wie die Ponys auf dem Hamburger Dom, die Tag für Tag Kinder im Kreis herumtragen.

An der Farm erwartet uns schon der niedliche Marvin mit seinem feisten Blick »Beeilt euch mal! Ich darf die scheiß Elefanten erst füttern, wenn alle da sind!«

Ich frage mich, ob er wirklich bereit ist, Essbares zu teilen und das auch noch mit den einzigen Lebewesen, die dicker wirken als er selbst.

Stolz streckt er eine Hand in die Luft, in der er ein Bund Bananen hält, dass Papa ihm für die Fütterung besorgt hat.

»Hat Papa für mich gekauft«, triumphiert er und Walburga und ich bekommen Lust, ihm seinen Spaß gehörig zu versauen.

Dabei verfolgen wir offenbar ganz unterschiedliche Ziele. Walburga geht los und kauft an dem kleinen Kiosk der Farm gleich fünf Bund Bananen und fängt unter den neidischen Blicken Marvins an, sie zu verfüttern. Marvin hat inzwischen keine Munition mehr und keift seinen Vater an, Nachschub zu kaufen.

Als dieser sich weigert, schreit Marvin auf tiefstem Herzen

»Ich will sofort scheiß Bananen haben! Sonst schieß ich die beschissenen Elefanten tot!«

Als er sich langsam wieder einkriegt, bin ICH an der Reihe:

Ich stehe direkt neben Marvin und flüstere ihm leise zu »Die scheiß Bananen gibt es am Kiosk doch umsonst! Du musst nur loslaufen und dir welche holen. Beeil dich aber! Erika und Albert wollen auch noch welche haben. Und das wäre doch Scheiße. Oder nicht?«

Marvins Augen quellen vor Freude zwischen seinen dicken Wangen hervor. Er klatscht erst in die Hände...

und dann lang hin!

...weil ich auf seinem offenen Schuhband stehe.

Er rappelt sich wieder hoch und ich krieg' mich vor Lachen kaum noch ein. Auch Walburga, Erika und Albert kringeln sich, weil der kleine Marvin aussieht, wie der Sarotti Mohr, nur viel dicker.

Jetzt kocht der Knirps vor Wut und wünscht sich vermutlich, mich auf der Stelle 'totzuschießen'. Ist aber mit acht Jahren auf Urlaub mit Mami und Papi eben schlecht. Wütend guckt er sich nach etwas um, dass er nach mir schmeißen kann.

Ich warne ihn mit möglichst oberlehrerhafter Stimme »Wehe du nimmst die großen Steine von dem Stapel! Das ist gefährlich!«

Durch dieses Verbot nur noch mehr in Fahrt gebracht, greift der Giftzwerg nach einem der Steine, hebt ihn hoch und will ihn gerade in meine Richtung feuern, als das schwarze Ding zwischen seiner Hand zerbröselt und dampfend zu Boden fällt.

Elefantenscheiße!

Der dusselige Vielfraß greift in seinem jugendlichen Leichtsinn doch tatsächlich vor lauter Wut in einen Haufen Elefantenscheiße und merkt es erst, als der Klumpen in kleinen stinkenden Stücken an seinem Arm runterkullert.

Meine Güte, was für ein Trottel!

Dicker Marvin, große erschrockene Augen, weit aufgerissener Mund und ein wahnsinns Geschrei, dass nur von dem Gelächter aller Umstehenden übertroffen wird.

Ein herrlicher Ausgang dieses kleinen Ausflugs. Der einzige Wermutstropfen ist, dass Marvin ja noch mit uns im Bus zurückfahren muss. Aber diese Nummer ist den Gestank auf jeden Fall wert.

Danke Marvin, danke Schadenfreude!

# 16 Schwarzes Loch.

Einen letzten Ausflug haben wir uns für unseren Dschungelaufenthalt noch aufgehoben und der soll direkt nach dem Tag des Marvin stattfinden.

Diesmal geht es zum Glück nicht ganz so früh los. Gegen 9:00 Uhr steigen wir aus unserem Baumhaus runter zum Frühstück. Als wir danach auf unseren Bus warten, schaue ich mich ständig um, ob die Sielmanns und der kleine Marvin auch wieder mit am Start sind. Aber scheinbar sind wir diesmal die Einzigen, die sich so früh aus den Federn gequält haben. Mit typisch thailändischer Pünktlichkeit kommt ein uralter Pickup auf den Parkplatz gerauscht, geht in die Eisen und staubt alles voll.

Der Fahrer fragt uns, ob wir zur Höhle wollen. Als wir das bestätigen, bittet er uns, auf der Ladefläche Platz zu nehmen. Nein, es gibt dort keine Sitzbänke und keine Haltegriffe. Wir sollen uns am besten auf den Rand setzen, weil einem da nicht so sehr der Rücken weh tun kann. Langsam nerven mich diese Pickup-Fahrten und ich sehne mich nach den klebrigen, verrauchten Kunstledersitzen eines deutschen Taxis. Walburga findet es lustig. Dann finde ich es natürlich auch lustig. Echt witzig, wenn man bedenkt, dass wir über eine Stunde Fahrzeit vor uns haben. Glücklicherweise sind die Straßen zu unserem Ziel gut ausgebaut und nur ein paar Bodenwellen sorgen für Schweißperlen auf meiner Stirn.

Letztlich geht aber alles gut. Circa eine Stunde nach unserer Abfahrt kommen wir am Parkplatz eines kleinen Piers an. Ein Souvenirshop, eine Toilette und ein Restaurant gaukeln ein reges Treiben an diesem Anleger vor. Bis jetzt liegen hier aber nur ein paar winzige Longtailboote mit Außenbordmotor. Menschen sind kaum zu sehen.

Dann kommen einige andere Touristen mit Minibussen, Taxis und anderen Menschentransportern an. Sie stehen ebenso hilflos in der Gegend herum wie wir.

An der Rezeption unserer Bungalowanlage haben sie uns gesagt, dass wir mit einer Fähre zu einem kleinen schwimmenden Dorf fahren, von wo aus wir dann in den Dschungel vordringen, in dem eine große Höhle liegt, die wir heute erkunden wollen.

Naja, erkundet wird sie hoffentlich schon sein, oder?

Vorher aber mit gedanklichem Trommelwirbel: Auftritt Big Man!

Ein völlig überdimensionierter Thai bahnt sich den Weg durch die herumstehenden Touristen und sagt immer wieder, dass er Big Man sei. Super, denke ich. Und was sollen wir mit dieser Information anfangen? Aber dann klärt sich alles auf. Ein anderer Thailänder sagt uns, dass Big Man hier der Herr aller Dinge und für die Touren zum schwimmenden Dorf verantwortlich sei.

Jetzt, wo ich weiß, wer hauptverantwortlich ist, halte ich es für das Beste, nicht mehr von Big Mans Seite zu weichen. Dieser ruft neben Walburga und mir noch sieben andere Touristen zu sich.

Die Big-Man-Group besteht jetzt neben Walburga und mir aus zwei englischen Frauen, die offensichtlich ein Paar sind, einer französischen Familie, bestehend aus Vater, Mutter und einer circa dreijährigen Tochter und aus einem russischen Paar, das alle Klischees erfüllt, die man bis dato über russische Touristen gehört haben mag.

Was jeder bei einem solchen Anblick im Urlaub denkt: Sie sind auf dubiosem Weg zu etwas Geld gekommen und für russische Verhältnisse wohlhabend. Jetzt erobern sie die Tourismusgebiete der Welt mit dem Drang, ihr gesamtes Leid von Unterdrückung und Geringschätzung der letzten Jahrhunderte in einem zweiwöchigen Urlaub zurückzugeben. Obendrein sind sie ständig darum bemüht, auch wirklich jedem klar zu machen, dass sie ihren jeweiligen Aufenthaltsort auch komplett kaufen könnten, wenn es nicht so läuft, wie sie es sich vorstellen. Am Ende kommt dabei nicht immer, aber leider häufig, eine Mischung aus Großkotzigkeit, Übermut, Respektlosigkeit und Lärm heraus.

An dieser Stelle entschuldige ich mich natürlich bei allen russischen Staatsbürgern, auf die diese Erfahrungswerte, oder nennen wir es doch lieber Vorurteile, nicht zutreffen!

Die Frau unserer russischen Abgesandten lässt sich am besten so beschreiben:

Alter schwer zu schätzen, besticht durch eine chirurgische Rundumerneuerung, bei der scheinbar ein paar schwere Spanngurte zum Einsatz gekommen sind. Die Augenlider soweit gestrafft, dass man behaupten könnte, sie habe chinesische Vorfahren. Die Nase macht den Eindruck, als sei sie schon Mal abgefallen und danach wieder drangeklebt worden und die Lippen haben Ausmaße, als seien ihr zwei Bratwürste implantiert worden. Es muss vermutlich nicht gesondert erwähnt werden, dass auch die Brüste massiv aufgepumpt wurden und gleichzeitig derart hochgeschnallt sind, dass zu befürchten ist, sie könne sich beim Zubinden ihrer Schuhe versehentlich einen Nippel ins Auge pieksen. Vielleicht ist dies kürzlich auch schon passiert. Ihr Make-up macht den Eindruck, als hätte sie versucht, Meteoriteneinschläge überzuschmieren und dafür alles an Farbe benutzt, was die Farbskala von L'Oreal hergibt. Getreu dem Motto:

»Wer kein Gesicht hat, malt sich eins.«

Bei diesem herausragenden Erscheinungsbild in Sachen Körperkunst darf eine anständige Klamotte natürlich nicht fehlen. Auch hier greife ich auf ein paar Erfahrungswerte und/oder Vorurteile zurück.

Russische Frauen mittleren bis gehobenen Alters kleiden sich gern 'laut'. Höflicher kann ich das nicht formulieren. In diesem Fall bezieht sich 'laut' allerdings ausnahmsweise nicht auf die Farbgebung, sondern auf das konsequente Tigermuster, angefangen bei ihrer Sonnenkappe, über das seidene Hemdchen, weiter zur Leggings, bis hin zu ihren Stöckelschuhen.

Moment mal! Ich glaube, ich guck' nicht richtig! Die Tante hat doch tatsächlich Stöckelschuhe auf dem Weg zu einer Dschungel-Höhlentour an. Der Wahnsinn!

Big Man reißt mich aus meiner Fassungslosigkeit über so wenig Geschmack und fragt in die Runde »Hat jeder Taschenlampe dabei?«

Alle blicken sich ratlos an, denn offenbar ist niemand von uns darüber informiert worden, dass wir Taschenlampen mitbringen sollen. Big Man guckt ebenso ratlos wie wir, wobei ich irgendwie gehofft hatte, dass er uns jetzt erklärt, dass wir zufällig im Souvenirshop Lampen kaufen können, die zufällig nur drei Mal so teuer sind, wie in jedem normalen Geschäft. Leider bleibt dieser Zufall aus und Big Man berät sich mit den anderen Guides, was nun zu tun sei. Alle wühlen in ihren Taschen und Rucksäcken und zaubern nach und nach ein paar Lampen hervor, die aus einer Zeit stammen müssen, als Taschenlampen noch mit Kerzen befeuert wurden.

Nach dem obligatorischen 'Mach die Lampe an, guck direkt rein und wenn du blind bist, funktioniert sie'-Test stellt sich heraus, dass wir in unserer Gruppe für neun Leute vier Lampen haben. Unser Höhlenführer hat aber auch noch eine. Da müssen wir uns also keine Gedanken machen, weil zumindest jedes Paar eine Lampe hat. Zudem sind solche Höhlen ja in der Regel auch mit ein paar Glühbirnen ausgestattet. Das kennt man zum Beispiel von den Bad Segeberger Kalkberghöhlen in Schleswig-Holstein. Alle zehn Meter Licht! Nix mit Dunkelheit! Da drinnen gibt es wahrscheinlich sogar W-LAN.

Von mir aus kann es langsam mal losgehen.

»Wann kommt denn die Fähre?«, frage ich Big Man.

Er lacht und nickt rüber zu den Longtailbooten.

Ich lache auch, finde das aber gar nicht witzig. Die Longtailbootsfahrt im Hafen von Mae Hat, rüber zum Tauchboot, war schon gruselig. Die ging aber zum Glück nur ein paar Minuten. Eine ganze Stunde mit sieben Touristen und Big Man in einer Art ausgehöhltem Baumstamm, über einen riesigen See zu knattern, behagt mir dann aber ganz und gar nicht.

Das spielt aber keine Rolle! Es beginnt das große Kloppen um die besten Plätze in unserer kleinen Nussschale.

Glücklicherweise bin ich wohl der einzige von der Waterkant und offenbar auch der einzige, der sich mit den wirklich besten Plätzen in Booten auskennt. Die Russen drängeln sich an allen anderen vorbei, um auf jeden Fall die Plätze ganz hinten zu bekommen, wo bereits auch Big Man Platz genommen hat, der das Boot mit dem langen Ausleger und Außenbordmotor in Gang bringen wird. Als Tigermutti ihren dicken Hintern in das wackelige Boot gepflanzt hat und ihrem spindeldürren Begleiter befohlen hat, sich schnell neben sie zu setzen, fängt sie auch noch an, in einem gebrochenen Mix aus Englisch und irgendwas lautstark darüber zu palavern, dass es vorn ja so doll spritzt und mal schön jemand anders nass werden kann.

Als nächstes wäre die Familie dran, aber ich halte den Vater am Arm fest und sage ihm, dass er mal lieber erst die beiden Mädels einsteigen lassen soll. Erst will er mir nicht wirklich zuhören und ebenfalls um einen guten Platz für seine Familie kämpfen. Als ich ihm aber sage, dass er mal darüber nachdenken soll, wie viele russische 'Vorbilder' er kennt, denkt er kurz nach. Ich sage dem Familienvater, dass er bald sehen werde, dass zumindest diese beiden Russen keine guten Vorbilder seien und helfe ihm beim Einsteigen mit seiner Tochter, nachdem sich die beiden Engländerinnen in die Mitte gesetzt haben. Ganz zum Schluss setzen Walburga und ich uns vorn in das Boot.

»Warum haben wir nicht versucht, hinten zu sitzen?«, fragt Walburga.

»Dreh dich nach ein paar Minuten mal um. Dann siehst du warum!«

Nachdem auch die anderen Gruppen ihre Boote bestiegen haben, gibt Big Man das Zeichen zum Aufbruch. Alle Guides schmeißen die Außenbordmotoren an und ein lautes Geknatter bricht die Stille am Pier. Es klingt als stünde man an der Rennstrecke der Mofa-Weltmeisterschaft. Langsam setzen sich die Boote in Bewegung. Unseres führt den Tross an.

Als wir ungefähr fünfhundert Meter vom Pier entfernt sind, reißt Big Man den Gashahn ordentlich auf. Das Boot hebt sich vorn ein wenig an und gleitet jetzt mit zunehmender Geschwindigkeit über den See. An der Stelle, an der Walburga und ich sitzen, berührt der Rumpf des Bootes kaum noch die Wasseroberfläche.

Demzufolge kann hier auch kein Wasser spritzen!

Erst direkt hinter uns schneidet der Bug durch die Wellen, verdrängt das Wasser seitlich und sorgt dafür, dass die entstehende Bugwelle im hinteren Bereich des Bootes aufwirbelt und für ein gleichmäßiges Spritzen sorgt, dass alles und jeden binnen weniger Minuten völlig durchnässt.

Zumindest jeden in der hinteren Hälfte!

Ich zeige mit dem Daumen nach hinten und Walburga dreht sich um. Sie guckt mich an und meint »Eigentlich logisch!«

Tigertussi versucht krampfhaft, ihren Hut und ihr aufgemaltes Gesicht vor den Wassermassen zu schützen.

Vergeblich!

Der Hut fliegt weg und das Wasser bahnt sich unbarmherzig den Weg in Richtung Farbanstrich.

Wir lachen und lassen uns den trockenen Fahrtwind um die Nasen wehen.

Der große See ist vor vielen Jahren künstlich angelegt worden. Man hat einfach ein riesiges Gebiet geflutet und den Wald sowie einige kleine Dörfer überschwemmt, um ein großes Süßwasserreservoir anzulegen. Kurz vor den Ufern sieht man Baumwipfel im Wasser, die davon zeugen, dass hier einst ein dichter Wald gestanden haben muss. Dahinter ragen steile Felswände bis zu hundert Meter hoch, was eine atemberaubende Kulisse ergibt. Die Szene mehrerer Boote, die in einer Art Geschwader über den See gleiten, könnte auch in jedem Abenteuerfilm vorkommen. Die Bilder sind einmalig.

Nach knapp einer Stunde sehen wir in der Ferne rund ein Dutzend Hütten auf dem Wasser treiben. Sie schwimmen kurz vor dem Ufer und sind aus Bambus gebaut. Schwimmendes Dorf ist nicht übertrieben, wie wir erkennen, als wir langsam näher kommen. Zwischen den Hütten gibt es schmale Stege und mittendrin liegt eine Art Haupthaus, das zur Wasserseite offen ist. Direkt davor legen wir an. Der Ausstieg aus unserem Boot erfolgt in umgekehrter Reihenfolge zum Einstieg. Zuerst Walburga und ich, dann die französische Familie, die weitestgehend trocken geblieben ist und anschließend zwei triefnasse Engländerinnen.

Als letztes verlässt...

Wie soll ich das beschreiben?

...eine kürzlich detonierte, russische Farbbombe das Boot.

Ihre Haare stehen waagerecht nach hinten und ihre Spachtelmasse sieht aus, als hätte ein ziemlich schlechter Graffiti-Sprayer die Wut über sein Unvermögen an ihrem Gesicht ausgelassen.

Stellen Sie sich einfach das Gesicht des Joker aus Batman in einem Tornado vor und Sie haben in etwa das vor Augen, was jetzt sämtliche Touristen und Thais ungläubig anstarren, bevor das gesamte schwimmende Dorf vor lauter Gelächter ins Schaukeln gerät. Ausnahmslos alle Leute, die einen Blick auf diesen Farbunfall werfen können, prusten laut los. Einige klatschen sogar Beifall und auch Big Man, der erst jetzt aus dem Boot gestiegen ist, klopft sich vor Lachen auf die Schenkel.

Das Gelächter beantwortet unsere Künstlerin mit brüllendem Gekeife, wovon niemand so genau weiß, ob es uns oder ihrem bemitleidenswerten Begleiter gilt, der völlig überfordert damit ist, einen Spiegel und Taschentücher aus seinem Rucksack zu zerren. Der bunte Tiger wird immer lauter und steigert sich derart in seine Wut, dass alle einen Schritt zurückweichen.

Nur ein kleiner Junge steht noch in ihrem Einzugsgebiet, weil er vor Lachen so sehr weint, dass er wohl nicht sieht, wie sich der Blick des russischen Panzers auf ihn heftet. Tigertussi schnaubt wütend, hebt die Hand und will gerade einen Schritt auf den Jungen zumachen, um ihm gehörig eine zu knallen, als ihre Absätze zwischen den Bambusrohren des Stegs stecken bleiben und sie auf einen Schlag gelähmt scheint, wie ein Elefant im Treibsand. Ihr Begleiter flitzt abwechselnd zwischen ihren Füßen und dem Rucksack hin und her, was die Komik dieser Situation noch verstärkt. Es hilft nichts! Sie muss aus ihren Schuhen raus, die sich hoffnungslos zwischen dem Bambus verkeilt haben. Immer wieder schimpft sie laut los und ich frage mich, ob sie wohl darüber nachdenkt, jetzt das schwimmende Dorf zu kaufen, um alle lachenden Leute einfach ihres Besitzes zu verweisen.

Um ein bisschen Feuer aus der Situation zu nehmen, bittet Big Man alle, in das Haupthaus zu gehen, weil es dort gleich ein Mittagessen gäbe. Fröhlich und dankbar über diese kleine Einlage folgen alle Big Mans Anweisung und setzen sich an die langen Tafeln im Haupthaus. In der Zwischenzeit hat Big Man ein paar Flip-Flops für unseren nassen Clown besorgt, der sich in Richtung Toilettenhaus verzogen hat, um einen neuen Anstrich aufzutragen.

Nach einem leckeren thailändischen Mittagessen mit verschiedenen Gerichten, die es alle verdient haben, probiert zu werden, soll es nun in Richtung Höhle gehen. Tigertussi ist auch wieder bei der Gruppe, verhält sich aber deutlich unauffälliger als vorher, wenn man bei ihrer Erscheinung überhaupt von unauffällig sprechen kann. Big Man wird uns nicht begleiten. Er sagt, dass er die Höhlen nicht mag.

»Da gibt es wilde Tiere«, erklärt er mir mit einem Augenzwinkern.

Trotzdem bleiben wir als Gruppe erhalten, was irgendwie ganz nett ist, weil man sich jetzt schon ein wenig aneinander gewöhnt hat und ich gespannt bin, wie unsere russische Diva mit den Widrigkeiten des Dschungels und der Höhle umgeht. Die Tochter der Franzosen bleibt mit Big Man in dem schwimmenden Dorf. Er verspricht, sich um sie zu kümmern. Da mir auf der gesamten Reise bereits mehrfach aufgefallen ist, dass die Thailänder einen Narren an kleinen europäischen Kindern gefressen haben und bisher alle den Anschein machten, als würden sie nie zulassen, dass einem solchen kleinen Geschöpf etwas zustößt, wundert es mich nicht, dass die Eltern das Angebot dankend annehmen.

Jetzt aber alle wieder rein ins Longtailboot, wobei ich diesmal großzügig unsere vorderen Plätze an die Familie abtrete, weil ich weiß, dass die kurze Fahrt durch den Dschungel nicht besonders rasant und demzufolge auch nicht sonderlich nass wird.

Wir tuckern ganz gemütlich durch schmale Flüsse, die von dichten Wäldern gesäumt sind. Das Grün an den Ufern ist so satt und leuchtend, dass man das Gefühl hat, hier wäre nachgeholfen worden. Das Wasser ist glasklar und vereinzelt erkennt man ein paar Fische. Eine geballte Ladung aus Romantik und seichtem Abenteuer. Unser Höhlenführer, der Big Mans Boot für den kurzen Trip übernommen hat, steuert auf eine kleine Lücke im Dickicht des vor uns liegenden Ufers zu. Als das Boot knirschend auf den Sand aufläuft, springt er raus und hilft allen beim Ausstieg. Nur unsere Grand Dame will sich ausschließlich von ihrem Begleiter helfen lassen. Das Boot wird noch kurz an einem Baumstumpf festgetüdelt. Dann marschieren wir los.

Dschungelmarsch... - kommt mir irgendwie bekannt vor und ich bete zu Gott, dass uns unser Guide nicht gleich Affenscheiße zeigt, weil ich ihn sonst marvinartig damit beschmeißen werde.

Großartige Versprechungen über wilde Tiere oder sonstige Sehenswürdigkeiten bleiben aber aus. So können wir den Marsch völlig erwartungsfrei genießen, was ein pures, aber grundschönes Erlebnis ist. Es geht über schmale Pfade durch enge Pflanzengassen, vorbei an künstlich aussehenden Felsformationen und hier und da auch durch ein flaches Flussbett. Mich wundert, dass Tigertussi gar keinen Laut von sich gibt, wo doch unsere Wanderung noch nicht wirklich etwas mit einer Höhlentour zu tun hat und alles andere als ein leichter Spaziergang ist. Aber vielleicht beflügeln sie die neuen sportlichen Treter, die ihr plötzlich Wege zugänglich machen, an die mit ihren Stöckelschuhen auf keinen Fall zu denken war.

Nach einer Weile haben wir unser Ziel erreicht. Ein riesiges schwarzes Loch in einer hohen Felswand lässt ansatzweise erahnen, dass die Höhle nicht die kleinste ist. Immerhin sollen wir ja circa zwei Stunden brauchen, um am anderen Ende wieder herauszukommen.

Wir gehen gemeinsam etwa zehn Meter in die Höhle hinein, wo es schon deutlich dunkler wird. Unser Guide trägt eine Kopflampe. Er schaltet sie ein und wir sollen unsere Lampen ebenfalls einschalten. Stolz präsentieren wir ihm unsere vier Lampen. Leider hat er die Diskussion um unsere Erleuchtung am Pier nicht mitbekommen.

Er blickt uns fassungslos an und sagt »So nicht in Höhle können! Zu dunkel! Kein Licht! Nur Taschenlampen!«

Leider doch nicht wie in den Segeberger Kalkberghöhlen!

Tja, das Problem lässt sich nun aber auf die Schnelle nicht lösen und wir versuchen, ihm zu erklären, dass wir pro Paar eine Lampe nehmen. Dann wird das schon. Er nickt widerwillig und wir knipsen unsere Taschenlampen an.

Pustekuchen!

Da waren es nur noch drei.

Die Lampe der beiden Engländerinnen versagt den Dienst. Da wird mal eben schnell aus ihrer Zweiergruppe ein Dreierteam mit dem Guide.

Walburgas und meine Lampe funktioniert zum Glück einwandfrei und auch die der Franzosen leuchtet taghell. Tigertussi hat ebenfalls Glück.

Als die Leuchtfeuerfrage geklärt ist, geht es weiter in den Schlund des Felsens. Mit uns schlängelt sich ein schmaler flacher Bach in den Berg hinein. Wir gehen an seinem linken Ufer entlang. Schroffe Steinformationen, Stalagniten und Stalagtiten säumen unseren Weg, der uns immer tiefer in die Höhle führt. Das Licht nimmt mehr und mehr ab und bald kann man abseits der Lichtkegel unserer Taschenlampen die Hand vor Augen nicht mehr erkennen. Im Schein der Lampen wirken die Gesteinsgebilde noch faszinierender.

Unser Guide hält ab und zu an, um uns zu erklären, welche Tierformen man in einzelnen kleinen und großen Felsen erkennen kann.

Das häufigste Tier ist der Elefant. Wohin man auch blickt, immer wieder Elefanten.

Das kommt mir fast schon vor, wie beim Bleigießen an Silvester, bei dem man versucht, in einem Klumpen Metall irgendwelche Formen zu sehen. Deren Erscheinungen sind dann, anhand eines kleinen Beipackzettels zu deuten. Dieser Zettel gibt in der Regel nur wenige Formen vor. Deshalb muss jeder gegossene Klumpen zwangsläufig einer dieser Formen entsprechen. Mit genügend Fantasie und Alkohol, gelingt es tatsächlich, alles immer passend zu machen.

Genauso verhält es sich auch mit der Deutung der Steinformationen in einer Höhle, die ausschließlich für zahlende Touristen zugänglich gemacht wurde.

Das Elefantenthema geht mir bald mindestens so auf den Senkel, wie die Begeisterung über Affenscheiße bei unserer Dschungelwanderung. Hier ein Elefant, da ein Elefant. Da bleibt einem nichts anderes übrig, als die Sache mit Humor zu nehmen.

Man leuchte auf einen x-beliebigen Stein und frage den Führer, ob es sich dabei auch um einen Elefanten handele. Dies wird von diesem natürlich selbst bei noch so entfernt scheinenden Gebilden bejaht und der übrigen Gruppe präsentiert. Ein tolles Spiel, mit dem ich den Elefantenspieß umdrehe und unsere Gruppe kaum noch zur Ruhe kommen lasse.

Der Weg ist inzwischen schmaler geworden. Der Bach leider nicht!

Das führt dazu, dass wir jetzt knöcheltief im Wasser laufen, was angesichts der niedrigen Wassertemperatur anfangs erfrischend, auf Dauer aber nicht besonders angenehm ist. Die Lufttemperatur in der Höhle beträgt inzwischen auch nur noch ungefähr fünfzehn Grad. Langsam sehne ich mich nach einer langen Hose und einem Pullover. Das hätte aber wenig Sinn, wie wir kurz darauf feststellen müssen.

Ich leuchte nach vorn neben unseren Guide, der vor einer Felswand stehen geblieben ist. Vor seinen Füßen verschwindet das Wasser des Höhlenbachs in der Wand.

Super!

Müssen wir jetzt etwa den gleichen Weg zurücklatschen, den wir gekommen sind?

Wir sollen alle Wertsachen, Fotoapparate und überflüssige Kleidung an unseren thailändischen Höhlentroll übergeben. Dieser breitet einen großen Müllbeutel aus und stopft das ganze Geraffel hinein.

Toll, denke ich! Jetzt stehen wir hier tief unter der Erde und werden von einem 1,5 Meter kleinen Touristennepper ausgeraubt, der uns sogar unsere Kleidung klaut.

Was will er bloß damit?

Als ich neben ihm stehe, um meine Sachen abzugeben, wird es mir klar.

Das Wasser des Bachs ist gar nicht in der Wand verschwunden! Wegen der Dunkelheit wurden wir optisch getäuscht. Vor der Wand ist ein Loch von ungefähr einem Quadratmeter. Das Wasser des Bachs fällt senkrecht in das Loch und fließt ungefähr zwei Meter unter uns nach links. Von rechts kommt ein anderer, deutlich größerer Bach, der sich mit unserem zu einem schnell fließenden Fluss vereint.

»Und jetzt?«, frage ich, womit ich ausspreche, was alle anderen wohl auch gedacht haben.

»Runter«, heißt es nur und ich hab nicht die leiseste Ahnung, wie ich diese einfache Anweisung umsetzen soll.

»Wie jetzt runter?!«

Und dann wird es mir klar. Der Typ knotet den Müllbeutel mit unseren Klamotten zu und springt einfach so in den Fluss. Unten muss er ganz schön gegen die Strömung ankämpfen, um uns noch zu erklären, dass wir es ihm gleichtun sollen und dabei aufpassen müssen, dass unsere Lampen nicht unter Wasser geraten. Das war das Letzte, was wir hören können, bevor er sich einfach von den Wassermassen mitreißen lässt.

Da stehen wir nun. Eine Gruppe von acht Touristen, ohne Guide, mit wenig Licht und keinem Schimmer, ob wir gegenseitig die letzten Gesichter sind, die wir in unserem Leben sehen werden.

»Ach scheiß drauf«, sage ich und nutze die Gelegenheit, vor Walburga den harten Mann zu markieren.

Ich gebe ihr unsere Taschenlampe und sage, dass sie auf die Wasseroberfläche leuchten soll. Gesagt, getan und schon springe ich in das dunkle Nass, tauche kurz unter, kann aber sofort wieder an die Oberfläche kommen und mich an der Felswand festhalten. Walburga wirft mir die Lampe zu, die ich gerade so fangen kann. Sie springt hinterher. Ich halte sie fest.

Was Tigertussi jetzt wohl macht? Da schlägt es neben mir ein, als hätte jemand eine spitzen Arschbombe hingelegt.

Arschbombe stimmt sehr treffend, weil direkt danach eine prustende und keuchende Tigertussi neben mir auftaucht und sich an mich klammert, als wäre ich eine Rettungsinsel.

Um sie abzuschütteln, lasse ich einfach die Felswand los. Sofort werden wir mit der Strömung weggerissen und paddeln jetzt jeder für sich allein, um an der Oberfläche zu bleiben. Ich habe dafür nur einen Arm, da ich mit dem anderen dafür sorge, dass unsere Lampe nicht nass wird. Nach gefühlten Minuten, obwohl es vermutlich nur wenige Sekunden waren, verlangsamt sich der Strom und macht eine Biegung nach rechts. Genau an dieser Kurve steht unser thailändischer Musterguide am Ufer und hilft uns aus dem Wasser.

»Wir gehen gerade. Nicht schwimme mit Wasser.«

Das beruhigt mich und gemeinsam mit Tigertussi warten wir auf das Herantreiben der übrigen Gruppenmitglieder. Ich bin immer noch über den russischen Bauchklatscher verwundert, von dem ich nie gedacht hätte, dass er so beschwerdefrei über die Bühne geht.

Es geht weiter durch die Höhle. Inzwischen müssen wir bestimmt schon eine Stunde hier unten sein. Natürlich gibt es auf unserem Weg wieder jede Menge Elefanten und andere heilige Steinbilder zu bewundern.

Aber auch Fledermäuse!

In diesem Teil der Höhle hängen sie zu Tausenden von der Decke. Alle sind bemüht, sie nicht zu wecken. Das ist natürlich völliger Quatsch, gibt einem aber das Gefühl, nicht ihre Nacht- oder vielmehr Tagruhe zu stören und so zu verhindern, dass sie sich auf einen stürzen.

Eine von ihnen fühlte sich aber wohl doch etwas gestört und flattert unentwegt über unseren Köpfen hin und her. Bei jedem neuen Anflug kommt sie uns ein Stück näher und es kann nicht mehr lange dauern, bis sie einen von uns streift. Die Viecher sollen ja ein ausgeklügeltes Peilsystem haben, um eben nicht mit Hindernissen zu kollidieren.

Diese Fledermaus muss aber dringend mal ein Update ihres Navigationssystems machen!

Sie donnert ausgerechnet auf unsere Tigertussi zu, die wie wild anfängt, mit den Armen zu fuchteln. Von dem Minivampir umkreist, brüllt der wild gewordene Tiger, dass man Angst bekommt, die Höhle könnte über uns einkrachen.

Als die Flugmaus endlich verschwunden ist, drängelt Madame sich an uns vorbei, um den Weg möglichst dicht beim Führer fortzusetzen.

Während mich Tigertussi zur Seite schiebt, traue ich meinen Augen nicht!

Die Fledermaus hängt hinten an ihrem Tigerhemd und scheint es sich richtig gemütlich gemacht zu haben.

Gerade will ich sie darauf aufmerksam machen, als mich ihr Begleiter am Arm packt und einen Finger auf seine Lippen legt. Dann macht er »Psssst«, hält die Hand vor den Mund und kichert.

Was für ein geiler Typ!

Wir müssen ebenfalls kichern, halten uns aber möglichst leise im Hintergrund und schauen zu, wie er auch den anderen signalisiert, nichts zu sagen.

Derart angeheitert setzen wir unseren Weg fort. Unser Guide vorne, dann Tigertussi mit Anhalter, danach ihr Begleiter, die beiden Engländerinnen, dann die Franzosen und zum Schluss Walburga und ich.

Nach insgesamt zwei Stunden erreichen wir den Ausgang der Höhle. Endlich wieder Tageslicht!

Findet die Fledermaus aber überhaupt nicht! Sie fängt an, zu zappeln und mit den Flügeln zu schlagen, was ihren Transport-Tiger auf sie aufmerksam macht.

Wieder schlägt die Gute wild um sich, flucht auf Russisch, tritt auf einen Stein, der auf dem feucht glitschigen Boden wegrutscht und hebt mit beiden Beinen ab. Einer ihrer Flip-Flops saust an mir vorbei und schlägt an der Felswand ein. Dann macht es nur noch 'Rums' und der Tiger liegt auf dem Rücken!

Die Fledermaus flattert wieder in die Höhle.

»Meine Güte«, denke ich und bin mir sicher, dass das der letzte Ausflug in diesem Urlaub ist, den die Tussi gemacht hat. Von nun an wird sie sich bestimmt nicht mehr aus ihrer Hotelanlage wegbewegen, permanent die Angestellten malträtieren und dafür sorgen, dass alle Klischees weiterleben. Und ihr kleiner dünner Begleiter darf alle Scherben auffegen, die sie auf ihrem Kreuzzug durch dieses schöne Land hinterlässt.

Der Rest dieses Tages verläuft zum Glück etwas ruhiger, auch wenn ich die Erlebnisse nicht missen möchte. Rückmarsch zum Boot, kurzer Stopp am schwimmenden Dorf und eine feuchtfröhliche Rückfahrt zum Pier mit Big Man.

Walburga und ich nehmen freiwillig die nassen Plätze am Ende ein. Tigertussis Tag war hart genug. Da geht nichts mehr. Die Familie mit kleinem Kind muss auch nicht unbedingt kalt geduscht werden und die Engländerinnen sitzen direkt vor uns, werden damit sowieso nass. Während der Fahrt erzähle ich Big Man von unseren Höhlenabenteuern.

Er lacht, zwinkert mir zu und sagt nur »Hab' ich gesagt! Wilde Tiere!«

# 17 Echter Männerspielplatz.

Unseren letzten Abend im Dschungel verbringen wir unverbindlich aber gemütlich. Wir können sogar schon über gemeinsame Erlebnisse reden.

Wann beginnen nach wenigen Tagen des Kennenlernens Sätze schon mit »Weißt du noch...?«

Es wirkt wunderschön vertraut. Ich habe das Gefühl, Walburga schon ewig zu kennen.

Von einer Wolke aus Wohlgefühl und Vertrauen umgeben, ordere ich völlig selbstverständlich ein mir bis dato unbekanntes Gericht von der Speisekarte.

Papayasalat.

Die Kellnerin fragt mich noch, ob wir die Gerichte »spicy« oder »not so spicy« haben wollen und ich antworte nur »original«.

Das freut die junge Frau und schon nach wenigen Minuten gibt es den Papayasalat. Klang für mich zunächst wie eine süße Nachspeise, entpuppte sich aber als echter Rachenbrenner. Eine frühreife Papaya wird in feine Streifen geschnitten und in einen ausgehölten Holzklotz gegeben. Dann kommen ein paar unbedeutende Zutaten UND Chili dazu. Das Ganze wird ein bisschen gestampft und heraus kommt der vermutlich schärfste Salat, den die Welt je gesehen hat. Mir jedenfalls hat´s die Sprache verschlagen und Walburga versucht krampfhaft, etwas auf dem Tisch zu entdecken, das die Schärfe mildern könnte. Da hilft nur eine Rachen-Bierdusche.

Gemeinsam lachen wir darüber, wie man auf die beknackte Idee kommen kann, einer thailändischen Küchenfee aufzutragen, einfach mal 'original' kommen zu lassen. Dieses und die anderen gemeinsamen Erlebnisse schweißen uns ganz unverbindlich zusammen. Am liebsten würde ich Walburga nie wieder gehen lassen.

Nach dem Essen und reichlich Löschbier klettern wir, erschöpft von dem ereignisreichen Tag, für eine letzte Nacht in unser Baumhaus.

Walburga muss am nächsten Morgen nach Bangkok aufbrechen, um sich da wieder mit ihren Freunden zu treffen. Und auch ich sollte langsam mal wieder zu Immi stoßen. Vielleicht hat die jetzt auch schon Dreadlocks und schleudert mit Feuerbechern rum. Ich beschließe, Immi eine Email zu schreiben, dass ich mich jetzt auf den Weg nach Bangkok mache und sie dort treffe.

Während Walburga ihre Sachen packt, habe ich eine Idee

»Wir können zusammen nach Bangkok fahren. Dann haben wir noch etwas Zeit zusammen.«

»Hast du denn schon ein Ticket für den Zug gebucht?«

Ich muss leider eingestehen, dass ich das total verpennt habe. Die letzten Tage waren so unglaublich, dass ich einfach nicht daran gedacht habe, mich um so unnützes Zeug, wie meine Abreise aus dem Dschungel zu kümmern.

»Ist doch kein Problem«, sage ich. »Ich buche mir hier an der Rezeption schnell noch ein Ticket. Dann können wir zusammen fahren.«

Walburga schaut mich etwas mitleidig an »Ist dir klar, dass die Zugtickets in der ersten Klasse immer Tage im voraus ausgebucht sind?«

»Ach was! Da gibt's bestimmt noch eins für mich. Und notfalls fahre ich eben in der zweiten Klasse und besuche dich in deinem Nobelwagon.«

Auf dem Weg zur Rezeption kommen mir erste Zweifel, ob ich wirklich noch ein Zugticket ergattern kann.

Und tatsächlich!

Ich bekomme kein Ticket mehr für die erste Klasse im Nachtzug nach Bangkok. Es bleibt nur eins in der dritten Klasse.

Moment mal, DRITTE Klasse?

Ich frage unsere Herbergsleiterin, die gleichzeitig auch das Minireisebüro der Anlage betreibt, wie viele Klassen es denn gäbe und hoffe inständig auf mindestens sieben Klassen. Es sind aber natürlich nur drei. Dazu bekomme ich mit einem Lächeln in gebrochenem Thai-Deutsch vermittelt »Dlitte Klasse, Holzklasse!«

Ich kann nicht zusammen mit Walburga im Zug sitzen?

Dieser Bruch in unserer schönen Zeit ist jetzt aber wirklich unverbindlich…, scheiße!

Mir bleibt trotzdem nichts anderes übrig, als den freien Platz zu buchen. Was soll´s? Dann besuche ich sie eben tatsächlich in der 'First Class' und hänge ein bisschen bei ihr rum. Das wird schon funktionieren. Oben im Bungalow überbringe ich die frohe Botschaft unseres gemeinsamen Trips sogleich Walburga, die es sich in unserer Liebesmoskitonetzhöhle schon bequem gemacht hat.

Ich packe schnell meine paar Sachen in den Rucksack, nehme noch eine Dusche in unserem Freiluftbad und schlüpfe zu Walburga ins Bett.

Diese Nacht ist ein unvergleichliches Feuerwerk aus Gefühlen und purer Lust. Keine Unfälle, keine Kleintierattacken. Einfach nur zwei Menschen, die eine Mischung aus Nähe und Unbekanntem genießen und erst kurz vorm Sonnenaufgang eng umschlungen einschlafen.

Aber nach aller Romantik kommt eben immer wieder das reale WECKERKLINGELN.

An diesem Morgen um 8:00 Uhr, weil wir um 9:00 Uhr mit dem Minibus abgeholt werden. Eigentlich würde die direkte Fahrt nach Surat Thani nur zwei Stunden dauern. Um Geld zu sparen, kann man aber eine Kombination aus verschiedenen öffentlichen Busverbindungen buchen, mit denen man insgesamt rund sechs Stunden unterwegs sein soll. Das ist nicht weiter schlimm, da wir auf diesem Weg noch etwas von Thailand sehen und unser Zug eh erst um 19:00 Uhr in Surat Thani abfährt.

Ich mache mich schnell fertig, packe meine restlichen Sachen in meinen Travelmaster 3000 und gehe schon mal vor ins Haupthaus unserer Bungalowanlage, um unsere Lunchpakete in Empfang zu nehmen, die unsere Herbergsleiterin für uns bereit hält. Unwillkürlich kommen mir beim Anblick der kleinen Plastiktüten Gedanken an die Reisen meiner Kindheit.

Wir fuhren meist nach Dänemark, weil die Autofahrt nur vier Stunden dauerte, es schöne Strände gab und die kleinen Ferienhäuser nicht sehr teuer waren. Auf der Fahrt gab es damals noch keine Videospiele, Filme auf dem Tablet oder andere technische Unterhaltungsmöglichkeiten. Es gab ein Comic-Heft, ein Malbuch und eine kleine bunt bedruckte Lunchbox.

Jedes Mal hoffte ich auf leckere Knabbereien, kleine Würstchen, Süßkram und Cola. Und jedes Mal wurde ich bitter enttäuscht. Der Inhalt war grundsätzlich der Gleiche: Ein trockenes Butterbrot, ein paar Kekse, die saftiger waren als das Brot und ein Saftgetränk mit Strohhalm. Letzteres war aber nicht etwa Capri Sonne oder Sunkist, sondern immer ein wässerig-zuckeriger Ersatz vom Discounter. Man brauchte dieses Getränk trotzdem dringend, um das trockene Brot und die Kekse runter zu spülen.

Wenn ich dann immer noch Hunger hatte und fragte, ob wir nicht irgendwo Pommes essen können, bekam ich jedes Mal die gleiche völlig verstörende Antwort:

»Ich hab' noch einen Apfel für dich!«

Wie bitte? Ich frage nach Pommes und bekomme einen Apfel? Ich habe meiner Mutter bis heute nicht verziehen, dass sie tatsächlich versucht hat, mir Pommes mit einem sauren Apfel auszureden. Wenn mein Vater ein Bier trinken wollte, habe ich ihm ja auch keine Milch aus dem Kühlschrank geholt!

Die Lunchboxen in Thailand sind zwar nicht so lustig bedruckt, enthalten aber tatsächlich leckere Dinge. Es gibt unter anderem eine kleine Banane, die mit jeder Süßigkeit zu Hause mithalten kann, weil sie so lange am Baum gereift ist, bis der Fruchtzucker schon fast herausquillt. Dazu wird ein Reisgericht in einem Bananenblatt gereicht und zu trinken gibt es eine Flasche Wasser. Damit hätte man mich als Kind vermutlich auch nicht mehr begeistern können als mit einem Apfel, aber jetzt gerade finde ich es super.

Walburga kommt mit ihrem vergleichweise minimalistischen Rucksack zur Rezeption und bedankt sich bei unserer Dschungelmutti für den tollen Bungalow, das schöne Essen und die netten Leute. Als sie Abschied nimmt, wird´s mir auch ein bisschen schwer in der Brust, weil ich mit Walburga hier im Dschungel meine bislang schönste unverbindlichste Zeit verbracht habe. Langsam wird mir auch bewusst, dass nicht nur der Abschied vom Dschungel gekommen ist, sondern auch der Abschied von Walburga naht und ich keine Ahnung habe, wie unverbindlich man als Backpacker ein Wiedersehen planen darf. Oder muss man das auch einfach auf sich zukommen lassen? Aber wie soll ein Wiedersehen schon auf einen zukommen, wenn man es nicht plant?

Ich muss einfach versuchen, ein unverbindlich unwiderstehlicher Reisebegleiter für Walburga zu sein. Die Ereignisse der letzten Tage müssten da doch einen ordentlichen Grundstein gelegt haben. Dann kann sie gar nicht anders, als sich mit mir zu verbinden!

Wir gehen raus zum Parkplatz und sind vermutlich beide froh, dass wir ganz allein den Weg in Richtung Surat Thani antreten. Zumindest die erste Etappe, denn unsere Fahrt zur Bahnstation hat insgesamt drei. Ich muss unweigerlich an Immis und meine Reise von Bangkok in Richtung Süden denken, die ja ebenfalls über mehrere Etappen ging und alles andere als reibungslos verlief. Immerhin soll diese Fahrt nur sechs Stunden dauern und nicht zwölf. Damit kann auch nur halb so viel schief gehen und außerdem kommt mir eine möglichst lange Fahrt im Hinblick auf Walburgas Gesellschaft nur gelegen.

Die erste Etappe starten wir mit einem Pickup. Wir sitzen, wie üblich, auf der Ladefläche und reiten unsere Blechsänfte inzwischen wie die Profis. Die Fahrt geht vom Parkplatz unserer Dschungelanlage zunächst über die kleine Straße, die quer durch den Dschungel führt. Dann biegen wir auf eine breitere Straße ein, an deren Rand sich der Dschungel etwas lichtet. Nach der nächsten Abzweigung hat man wieder das Gefühl von Zivilisation. Dieser Übergang erscheint einem etwas unwirklich, weil er nur etwa eine halbe Stunde gedauert hat und man sich auf der breiten Schnellstraße kaum noch vorstellen kann, vor kurzem in einem Meer aus Grün gewohnt zu haben. Jetzt stehen nur noch vereinzelte kleine Wälder aus Kautschukbäumen am Rand der Straße. Dazwischen gibt es kleine Felder auf denen so etwas wie Minipalmen wachsen. Ananaspflanzen. Sie sehen aus, als hätte jemand die Früchte auf eine Zimmerpalme gesteckt.

Während der Fahrt reden Walburga und ich kaum. Wir genießen die Eindrücke der Landschaft, der kleinen Orte und der Menschen, die an uns vorüberfliegen. Auf dem Weg biegen wir mehrmals von der großen Straße ab, machen in kleineren Orten an Geschäften und Privathäusern Halt und nehmen hier und da kleine Kartons, Reissäcke oder Getränkekisten an Bord und liefern diese dann an anderer Stelle wieder ab. Eine gute Möglichkeit, Land und Leute außerhalb der Touristenbereiche zu erleben. Nach insgesamt 1,5 Stunden und zahlreichen Angriffen wilder Schlaglöcher auf unsere Steißbeine haben wir das erste Zwischenziel erreicht.

Wir halten auf dem Hof einer Mischung aus Werkstatt, Tankstelle und Landstraßenimbiss mitten im Nirgendwo. Die Werkstatt besteht aus einer Art offenem Carport. Darin steht ein etwa dreißig Jahre alter Nissan, bei dem ein höchstens halb so alter Junge gerade einen Reifen wechselt. Der 'neue' Reifen stammt vermutlich aus der Formel 1, hat nämlich überhaupt kein Profil. Die Tankstelle ist eine Art Billy-Regal von Ikea, in dem lauter Flaschen mit gelbgoldener Flüssigkeit stehen. Benzin.

Hier würde das Herz eines jeden Linksradikalen aufgehen, muss er doch nur noch einen Lappen in den Flaschenhals stecken, anzünden und wegschmeißen. Ich überlege kurz, ob das eine Marktlücke für die nächsten Maikrawalle sein kann. Ein schöner Stand inmitten der Krawalle, an dem ich abgefüllte Molotowcocktails und Pflastersteine aus dem Baumarkt verkaufe. Aber den Gedanken kann ich schnell wieder verwerfen, weil die alle keine Kohle haben bzw. das Geld letztlich über die Stütze von mir selbst kommt. Blödsinn also!

In Thailand gibt es zum Glück Menschen, die gewissenhaft Benzin in Flaschen füllen, um es dann in ihren Tank zu schütten. Und ganz viele aufgereihte Benzinflaschen in einem Regal an der Straße ergeben... eine... Tankstelle! Ist ja klar!

Der Imbiss ist eine der üblichen rollenden Garküchen. Eine Gasflasche mit Brenneraufsatz, darüber ein Wok geschweißt, eine Schnibbelfläche mit allerlei Gemüse und Fleischzeugs und das Ganze an ein Moped getüdelt. Fertig ist die Garküche. Die angebotenen Gerichte sind meist gebratener Reis oder Nudeln mit unterschiedlichen Wunschzutaten, wie Ei, Hühnchen oder Gemüse. Es gibt die Garküchen auch als rollenden Grill. Das ist dann die Barbequevariante, bei der das Fleisch zunächst tagsüber in der Sonne liegt und auf seinen Kunden wartet und abends dann mit höchster Hitze wieder geschmeidig geröstet wird. Klingt übel, ist aber saulecker!

Da Walburga und ich ohne Frühstück aus dem Haus sind und die Mischung aus Essen- und Benzingeruch offensichtlich Appetit macht, meldet sich langsam der kleine Hunger. Wir beschließen, uns über unser Lunchpaket herzumachen und genießen das einfache, aber köstliche Essen in dieser einfachen, aber total harmonischen Umgebung.

Nach ungefähr einer Stunde Wartezeit sammelt uns ein Minibus ein, in dem wir die einzigen Europäer sind. Auch hier wieder die gleiche Prozedur wie mit dem Pickup, nur dass wir neben Waren aller Art, jetzt auch Menschen von A nach B fahren. Große Straße, kleine Straße, Stopp im Dorf, dann wieder kleine Straße, große Straße und ab zum nächsten Dorf. Und so spielen wir insgesamt rund 2,5 Stunden den Lieferdienst und arbeiten uns gemächlich vor in Richtung Surat Thani. Hoffen wir zumindest! Unsere Reiseroute muss auf der Landkarte aussehen, wie ein Strickmuster für eine von Omas Häkeldecken. Aber Zeit spielt ja NOCH keine Rolle, da unser Zug erst abends um 19:00 Uhr abfährt und wir bis dahin gern ein Teil der thailändischen Antistressbewegung sind.

In einer richtigen kleinen Stadt sind es schließlich wir selbst, die abgeliefert werden und zwar an einer richtigen Bushaltestelle. Ein Wartehäuschen, ein Schild mit Abfahrtzeiten und andere Reisende deuten darauf hin, dass wir eine geordnete letzte Etappe antreten werden. Als ein großer Reisebus auf uns zusteuert, sage ich zu Walburga, dass wir wohl deutlich länger als sechs Stunden brauchen werden. Immerhin sind wir jetzt schon 5,5 Stunden unterwegs und ich kann mir kaum vorstellen, dass wir in einer halben Stunde am Bahnhof sind.

Sind wir doch! Da haben wir endlich einen luxuriösen Reisebus, der deutlich komfortabler ist, als Immis´ und mein Bus in den Süden, und können diese weichen Sitze mit Beinfreiheit nach europäischer Norm und die Klimaanlage nur eine halbe Stunde genießen. Was soll´s, immerhin sind wir pünktlich! Und zwar RICHTIG pünktlich! Um genau 15:00 Uhr stehen wir am Bahnhof von Surat Thani und haben wieder etwas gelernt:

Warte mal ab, das wird schon!

Unser Zug geht erst in vier Stunden. Es bleibt eine Menge Zeit, um die Gegend zu erkunden. Aber was will man am Bahnhof einer Stadt, die hauptsächlich als Touristenumschlagsplatz dient, schon großartig erkunden?

Hier kommen Touristen aus Bangkok an, die statt des Busses lieber den Zug in den Süden genommen haben, um weiter auf die Inseln des Golfs von Thailand zu fahren. Die meisten schippern vom Hafen aus nach Koh Phangan und dröhnen sich bei einer der Parties voll. Früher gab es die Full-Moon-Parties. Da aber die meisten Teilzeitaussteiger mehr als nur einmal im Monat feiern wollen, gibt es mittlerweile Full-Moon-, Half-Moon-, Überhaupt-Moon- und sonstige Moon-Parties. Für jeden ist jeden Tag etwas dabei. Einige fahren nach Koh Tao, um wie ich eine der unzähligen, günstigen Tauchbasen für herrliche Tauchtrips zu nutzen. Eher wenige setzen von hier aus nach Koh Samui über.

Koh Samui war früher eine Aussteigerhochburg, wurde dann aber schnell sehr touristisch und ist heutzutage vor allem bei gediegenen Urlaubern beliebt. Das sind diejenigen, die auf Clubanlagen und Wellnesshotels stehen. Solche Anlagen unterscheiden sich in Asien von denen in Europa oder Amerika höchstens durch die Sprache und Hautfarbe des Personals. Den ganzen Tag am Pool, hier und da mal einen Ausflug in die Gegenden der 'Eingeborenen' und fertig ist der TUI-Abenteuerurlaub Deluxe. Zwei Jahre später erzählen solche Urlauber ihren Freunden dann ungefähr so von ihrem Trip »Schatz, ich wollte dem Dietmar gerade von unserem Urlaub erzählen. Du weißt schon, in diesem... äääh, wo war das noch? Ach ja, Thailand. Da waren wir doch auf so einer Dings, also... Insel. Mensch, wie hieß die noch? Ist ja auch egal. War jedenfalls wunderschön gewesen. Tolles Zimmer, leckeres Essen und ein schöner Pool.«

Von solchen Touristen gibt es nur wenige in Surat Thani, weil die Pauschalreisen von TUI und Neckermann inzwischen komfortable Flüge von Bangkok nach Koh Samui anbieten. Warum da noch mit diesen schmuddeligen Rucksackchaoten auf einem Boot fahren, wenn man auch fliegen kann?

Wer nicht voller Vorfreude von Surat Thani auf eine der Inseln unterwegs ist, tritt in vielen Fällen seine Rückreise in Richtung Zivilisation an und nähert sich dann über Bangkok der Heimat. Dazu gehören nun auch Walburga und ich.

»Essen geht immer«, sagt Walburga. »Lass uns doch in ein Restaurant gehen.«

So soll es sein. Wir schlendern eine Straße entlang und entdecken ein gemütliches Restaurant mit einer Art schattigem Biergarten im Hinterhof. Der Laden steht wohl auch im 'Einsamen Planeten', dem Loose oder vielleicht sogar als 'Geheimtipp' im Marco-Polo-Reiseführer. Es hängen hier auf jeden Fall viele Backpacker rum, die alle auf ihre Weiterreise zu warten scheinen. Wir setzen uns an einen Tisch, der aussieht, wie frisch aus dem Baum gehauen. Darauf liegen die typischen eingeschweißten Speisekarten mit dem Namen des Gerichts sowie der englischen Erläuterung der Zusammensetzung. Man merkt, dass die Gäste gezwungen sind, hier ihre Zeit zu verbringen, da alle Gerichte fast doppelt so teuer sind, als wir es bisher kennengelernt haben. Da verlangen die hier doch tatsächlich für ein Hauptgericht umgerechnet DREI Euro!, wie die Wegelagerer an einer Bahnstrecke im Wilden Westen.

Die Kellnerin schlurft zu uns und nimmt unsere Bestellung auf. Schlurfen ist hier wörtlich zu nehmen. Beim Gehen hebt sie ihre Füße keinen Zentimeter vom Boden und verursacht damit permanent ziemlich unangenehme Schleifgeräusche. Wir bestellen beim Schlurf-Schlumpf jeweils eine Portion Bratreis mit Gemüse und eine Cola. Schnell schlurft die Kellnerin in die Küche.

Walburga gesteht mir, dass eine ihrer Macken darin besteht, das Bedürfnis zu verspüren, schlurfenden Menschen ins Gesicht zu brüllen, dass sie ihre Füße hochheben sollen. Das gelte nicht nur für Thailänder, sondern auch für die coolen Kids und Hipster in den Großstädten, die einen Teil ihrer Lässigkeit dadurch ausdrücken, dass sie ihre Füße nicht anheben. Möglicherweise verhindern die engen Röhrenhosen den Aufbau normaler Beinmuskulatur und den hippen Grashüpfern fehlt es schlichtweg an Kraft, die auf ausgelatscht getrimmten Designersneaker, in die Luft zu wuchten.

Ich finde witzig, dass die sonst so weltoffene und chillaxte Walburga die Grenze ihrer Toleranz bei schlurfenden Füßen überschritten sieht. Aber jeder noch so tolerante Mensch braucht vermutlich einen Bereich, in dem er eine Norm ansetzen und andere danach bewerten kann. Nach wenigen Minuten hören wir die Flip-Flops erneut heranschlurfen und köstlich würziger Bratreis sowie zwei eiskalte Dosen Cola stehen auf dem Tisch.

Das Essen ist schnell verputzt.

Ich überlege laut »Wie wollen wir die nächsten drei Stunden rumkriegen?«

»Ich würde gern etwas lesen und die Leute beobachten. Wozu hast du denn Lust?«, fragt Walburga mich.

»Ich drehe 'ne Runde durch den Ort. Wir treffen uns einfach nachher wieder hier«, sage ich und verspreche, in spätestens zwei Stunden wieder da zu sein.

Was kann man in zwei Stunden in einer unbekannten Stadt anstellen? Großartige Touren fallen weg, weil ich mich nicht auf eine pünktliche Rückfahrhilfe mit thailändischen Verkehrsmitteln verlassen kann. Mir bleibt nur, die Gegend zu Fuß zu erkunden und mir den Weg möglichst genau einzuprägen, um eigenständig zurückzufinden. Ich gehe die Straße, in der unser Restaurant liegt, weiter und entferne mich vorsichtig vom 'Basislager'. Zunächst komme ich an ein paar Häusern vorbei, in denen unten jeweils eine Art Garage als Geschäft oder Büro genutzt wird und oben vermutlich Wohnräume liegen. In einem Geschäft kann man Gemüse und Reis kaufen. In einem weiteren gibt es Kleidung. Und das nächste bietet Haushaltswaren aller Art, wie Reisdämpfer, Töpfe und viele andere Dinge. Es gibt auch ein paar kleine Internetcafés, in denen Backpacker sitzen, mit ihren Daheimgebliebenen skypen oder ihre Mails checken. Einige hundert Meter weiter ist von Tourismus nichts mehr zu spüren. Die kleinen Garagenläden sind Wohnhäusern gewichen und die Abstände zwischen den Häusern vergrößern sich.

Ich komme an eine Kreuzung und habe keine Ahnung, in welche Richtung ich jetzt gehen soll. Auf einem großen Eckgrundstück liegt eine Baustelle. Hier soll offensichtlich ein weiteres Wohnhaus errichtet werden, wobei das Grundstück deutlich größer scheint, als die der übrigen Häuser in der Straße. Der Rohbau des Erdgeschosses sieht fertig aus. Neben dem obligatorischen Garagenerdgeschoss verfügt dieser Bau zusätzlich über weitere Räume mit Fenstern. Eine Deckenplatte ist ebenfalls schon aufgesetzt. Für die Arbeiten am Obergeschoss wurde das Gebäude mit einem Gerüst umstellt. Dieses Gerüst ist nicht etwa mit Gerüsten auf deutschen Baustellen vergleichbar.

Bei uns werden eigenständige Gerüstbaufirmen beauftragt, die mit ihrem Werk, Angestellten anderer Firmen das Arbeiten in der Höhe ermöglichen. In Thailand zimmern und tüdeln die Bauarbeiter ihr eigenes Gewirr aus Bambusrohren, Brettern, rostigen Nägeln und Tau zusammen. Diese Gerüste dienen weniger der Sicherheit als vielmehr der reinen Höhengewinnung für die Arbeitskräfte.

Hier muss man sich das Bauen vorstellen, wie den Bau der Pyramiden in Ägypten. Es schlurfen haufenweise Arbeiter, barfuss oder in Flip-Flops herum, die alle ganz geschäftig aussehen. Unzählige, wie Ameisen wirkende Männer und auch Frauen wuseln herum und treten sich aufgrund ihrer Vielzahl schon fast auf die Füße. Eine solche Armee von gut ausgebildeten Handwerkern müsste ein Wohnhaus eigentlich in wenigen Tagen fertig gestellt haben. Guckt man dann aber genauer hin, fragt man sich, wie die überhaupt jemals fertig werden wollen.

Da gehen zum Beispiel zwei Leute mit EINEM Eimer zu einem Wasserschlauch. Einer trägt den Eimer und der andere ist mitgegangen, um den Schlauch in den Eimer zu halten. Natürlich dürfen wir den dritten Arbeiter nicht vergessen, der am zwei Meter entfernten Wasserhahn steht und auf Kommando des Eimerträgers das Wasser laufen lässt. Der Schlauchhalter sagt irgendwann Stopp. So sind drei Leute damit beschäftigt, einen einzigen Eimer mit Wasser zu füllen.

Ich habe die Befürchtung, dass auch deutsche Projekte, wie die Hamburger Elbphilharmonie oder der Berliner Flughafen mit einer eher thailändischen Ruhe gebaut werden. Wobei hier auch andere Umstände zu Verzögerungen führen. In Hamburg mussten zum Beispiel einmal die beiden Bauarbeiter der Elbphilharmonie wegen eines Sturms nach Hause geschickt werden. Und in Berlin hat man festgestellt, dass man für den Bau des

Flughafens versehentlich die Pläne einer alten Autobahnraststätte verwendet hat.

An dieser Baustelle auf dem Eckgrundstück in Surat Thani ist aber derzeit gar kein Fort- oder Rückschritt zu erkennen. Außer einem Baggerfahrer, der schlafend in seinem Bagger sitzt, ist niemand zu sehen. Der Bagger steht auf der großen Freifläche hinter dem Rohbau und soll vielleicht schon mal das Loch für den Pool ausheben. Die Arbeitsschritte haben in Thailand ja ihre eigene Reihenfolge. Im Moment wird hier aber nicht gebaggert, sondern gepennt.

Moment mal! Verlassene Baustelle, großes Grundstück, Bagger? Na, wenn das mal nicht ein 1A-Männerspielplatz ist.

Männerspielplätze sind die Orte, an denen sich Männer ihre Kindheitsträume erfüllen. Man kann mit Geländewagen durch Kieskuhlen fahren, mit dem Quad durch riesige Matschlandschaften heizen oder eben Baggern. Das alles geht weit über Baumarktbesuche und die dortigen Bohrmaschinentests hinaus. Hier kann man noch richtig was bewegen... - auch wenn es nur Erde ist.

Warum soll ich die Zeit und meinen für thailändische Verhältnisse Reichtum nicht nutzen, um die Baustelle zum exklusiven Männerspielplatz zu erklären? Dafür muss ich nur den schlafenden Baggerfahrer von meiner Idee überzeugen.

Ich beschließe, den Mann auf echte Baustellenart zu wecken, schnappe mir eine kleine Holzlatte und dresche sie ein paar Mal auf eine umgekippte Schubkarre, die direkt neben dem Bagger steht.

Mein »MOIN, MOIN!« kann ich mir einfach nicht verkneifen, aber dann war es das auch schon mit dem Nutzen von gesprochenen Worten. Wie erwartet, spricht der völlig verpennte und perplexe Baggerfahrer kein Wort Englisch. Ich muss ihm mit Händen und Füßen erklären, dass ich seinen Bagger mal eine Runde fahren möchte. Ich mache Lenkbewegungen und 'Brumm-Brumm'-Geräusche und anschließend halte ich ihm einen Geldschein hin.

Zunächst schüttelt der Mann noch energisch mit dem Kopf. Ich mache weiter 'Brumm-Brumm' und wedele weiter mit dem Geldschein. Nix zu machen! Nachdem mir vom 'in der Luft lenken' schon die Arme weh tun und mein Hals vom 'Brumm-Brumm' ganz trocken wird, zücke ich einen weiteren Schein und komme der Sache wohl etwas näher. Der Kopf meines Verhandlungspartners bewegt sich nicht mehr ganz so energisch und er scheint mögliche negative Konsequenzen gegen das leicht verdiente Geld abzuwägen. Der dritte Schein bringt ihn schließlich dazu, seinerseits eine Summe mit den Fingern anzuzeigen.

Wir sind uns einig!

Ich bekomme die Fahrerlaubnis für umgerechnet rund fünfundzwanzig Euro. Das entspricht einem halben Monatslohn eines Bauarbeiters und ist damit für uns beide ein super Geschäft.

Der freundliche Herr startet den Bagger und erklärt mir noch schnell die Funktion der Hebel vor mir und der Joysticks links und rechts neben mir.

Merken Sie es?

Er erklärt es mir noch schnell?

Wie erklärt er mir wohl die vollständige Funktion eines Baggers?

Ohne gemeinsame Sprache?

In wenigen Minuten?

Außerdem: EINEM MANN, DER SICH AUF SEIN SPIELZEUG FREUT, KANN MAN NIX ERKLÄREN!

Aber das ist mir natürlich egal. Ich setze voll auf 'trial and error' und bringe zunächst einmal die Ketten des Baggers mit den beiden Hebeln vor mir in Bewegung. Ist doch wie Panzerfahren!

...hab ich auch noch nie gemacht.

Bewegt man beide Hebel nach vorn, bewegt sich der Bagger geradeaus. Drückt man nur den linken Hebel, dreht sich nur die linke Kette und der Bagger fährt nach rechts.

(Sie probieren im Geiste gerade aus, ob ich die richtige Richtung angegeben habe, stimmt´s?)

Ich habe also die Bewegungsmöglichkeiten meines neuen Spielzeugs im Griff und bleibe stehen... - knapp einen Meter vor dem Gerüst des Rohbaus!

Während der Einweisung meines thailändischen Poliers habe ich zumindest so viel verstanden, dass die Joysticks links und rechts von mir für den Arm und die Schaufel des Baggers zuständig sind. Ich ziehe einen der Hebel zurück und der Arm des Baggers bewegt sich zurück. Ich bewege den gleichen Hebel nach rechts und der Arm samt Führerhäuschen schwenkt ebenfalls nach Rechts.

Mit dem anderen Joystick bewege ich die Schaufel auf und ab.

Gleich noch mal! Die Hebel vor mir ein Stück nach hinten und ich bewege mich nach hinten. Dann den einen Joystick nach links und vorne und den anderen auch nach vorne und dann noch mal schnell die Hebel gedrückt und wieder die Joysticks bewegt und drehen dann wieder drücken, fahren, schwenken, ausklappen und PENG, KLÖTER, SCHEPPER...

und der Rohbau ist im wahrsten Sinne des Wortes 'entrüstet'.

Mit einem kräftigen Schwung der sich öffnenden Baggerschaufel habe ich einen Teil des Gerüsts erwischt und damit dem gesamten Gebilde die Stabilitätsgrundlage entzogen. Wie ein Kartenhaus fallen die Teile einmal rundherum ums Haus zusammen.

Als sich die Staubwolke legt, sehe ich meinen Vorarbeiter neben dem Bagger stehen und lachen. Das hätte ich jetzt nicht erwartet! Warum lacht der Kerl? Das kann verschiedene Gründe haben.

1.: Er fühlt sich darin bestätigt, als Facharbeiter selbst einem gebildeten Europäer überlegen zu sein.

Oder 2.: Es ist ihm scheißegal, weil er für diesen Unfall deutlich mehr kassiert hat, als er Ärger bekommen wird.

Vielleicht auch 3.: Er freut sich, weil 'nur' das Gerüst umgefallen ist. Immerhin ist die Baggerschaufel bei meiner kleinen Karussellfahrt nur wenige Zentimeter von der Hauswand zum Stehen gekommen.

Wahrscheinlich ist es aber 4.: Er wird auf Stundenbasis bezahlt und ich habe die Arbeiten an der Baustelle gerade um ein halbes Jahr verlängert.

Ich freue mich jedenfalls, dass er sich freut und dass er völlig entspannt ist. Er lässt den Bagger so stehen, wie ich ihn abgestellt habe, haut sich wieder in seinen Sitz und setzt seine Siesta fort. Ich winke ihm zum Abschied noch zu, verbeuge mich auf thailändische Art und habe fürs Erste genug erlebt.

Es ist inzwischen 17:00 Uhr und ich mache mich auf dem selben Weg zurück zu unserem Basislager, auf dem ich zur Baustelle gelangt bin. Walburga ist in ihr Buch vertieft, als ich ins Restaurant komme. Ich erzähle ihr, dass ich auf einer Baustelle einem Arbeiter geholfen habe, seine schwere Arbeit zu verrichten, weil er mir so leid getan hat. Bei so viel Hilfsbereitschaft ist sie richtig stolz auf mich und ich spare mir weitere Einzelheiten meines Spielplatzabenteuers.

# 18 Thailändischer Orient Express.

Ein paar kühle Colas später gehen wir zum Bahnhof. Die restliche Zeit bis zur Abfahrt des Zuges wollen wir nutzen, das richtige Gleis ausfindig zu machen. Das ist einfacher als gedacht. Wir müssen nur dahin gehen, wo alle anderen Backpacker sind.

Es ist dunkel geworden und der Bahnhof von Surat Thani wirkt mit der eher spärlichen Beleuchtung wie eine Mischung aus verlassenem Kleinstadt- und wenig genutztem Güterbahnhof. Es gibt ein kleines Bahnhofsgebäude, durch das man hindurchgeht, um die Gleise zu erreichen. Aufhalten mag man sich in dem kahlen Häuschen nicht so wirklich. Da man in diesem Teil der Welt aber wenig Probleme mit Kälte hat, ist es auch nicht schlimm, direkt am Gleis auf den Zug zu warten. Die Gleise verfügen alle fünfzig Meter über vergilbte Laternen, die den gesamten Bereich in ein gelbliches Licht hüllen.

Walburga und ich suchen uns eine Bank und lassen uns nieder.

»Du hast nicht wirklich ein Ticket für die dritte Klasse, oder?«, fragt sie.

»Logo! Ich platziere meinen Travelmaster 3000 dort und komme dich dann besuchen.«

»Du kannst doch nicht deinen Rucksack irgendwo im Zug stehen lassen. Was, wenn den jemand klaut?«

»Ich würde ihn ja gern mitnehmen aber wenn ich selbst schon keinen Platz in der First Class bekommen habe, dann wird es für meinen thaigroßen Rucksack wohl auch eher schwierig. Aber ich mache mir wenig Sorgen, dass jemand so blöd ist, und vierzig Kilo Backpackerzeug wegschleppt. Außerdem halten wir erst in Bangkok. Der Dieb müsste sich irgendwo im Zug mit dem Travelmaster verstecken. Viel Erfolg dabei!«

Kurz vor 19:00 Uhr spricht uns ein Bahnmitarbeiter in schicker Uniform an. »First Class?«, fragt er und Walburga nickt.

»Third Class«, sage ich und halte drei Finger hoch.

Der Mann zeigt auf Walburga und deutet ihr mit dem Finger auf Höhe unserer Bank an das Gleis heranzutreten. Nachdem er auf mich gezeigt hat, schmeißt er seinen Arm mehrmals mit Schwung nach vorn, fuchtelt mit dem Zeigefinger und sagt immer etwas, wie »behind, behind« und meint damit wohl, dass meine Klasse eher am anderen Ende des Gleises sein wird.

»Ich steige schnell hinten ein und mache mich dann auf die Suche nach dir!«

Dann trete ich meinen Weg ans Ende des Bahnsteigs an.

GANZ ans Ende!

Auf der Höhe der ersten Klasse stehen hauptsächlich europäisch aussehende Backpacker und ein paar Thais in Anzügen. Danach kommen dann, vermutlich auf

Höhe der zweiten Klasse, einige thailändische Familien und die Art von Backpackern, die sich ganz offensichtlich kein Ticket für die erste Klasse leisten können oder wollen. Danach kommen die Tiere! Das ist keine verachtende Bemerkung über die Fahrgäste, sondern Realität. Neben wenigen Menschen sehe ich mehrere Ziegen, etliche Hühner in Drahtkäfigen und Pappkartons voll mit tschiependen Küken.

Soweit die Lebendtiere!

Außerdem haben einige Leute auch noch mehrere Hühner an den Hälsen zusammengebunden und locker über der Schulter hängen.

Ich habe Angst, dass ich in den Klassenausflug der örtlichen Voodooschule geraten bin.

Eine ältere Dame lächelt mich herzlich an und gibt mir mit einer 'hebenden' Geste zu verstehen, ich möge ihr doch bitte beim Einladen ihrer beiden Ziegen und dem Kükenkarton helfen. Die drei toten Hühner über ihrer Schulter, auf die sie beherzt klopft (Warum auch nicht, sind ja schon tot.), könne sie selbst tragen. Ich nicke und freue mich schon darauf, dass sie vermutlich einem der Küken während der Fahrt den Kopf abschraubt, und mir das plüschige Ding zu trinken anbietet.

Dann ist es endlich soweit. Der Zug fährt langsam in den Bahnhof ein. Die Lok könnte früher einmal in einem 70er-Jahre-Hollywood-Film mitgespielt haben. Sie ähnelt mit ihrer Form den Greyhound-Bussen, die auf den langen Strecken in den USA eingesetzt werden.

Als der Zug hält, klemme ich mir den Kükenkarton unter lautem Protest der Insassen unter den Arm und nehme der Frau das Tau ab, an dem sie die beiden Ziegen spazieren führt. Glücklicherweise haben wir keine Schwierigkeiten, die Tür des Wagons zu öffnen. Und das liegt nicht etwa daran, dass heute Tag der offenen Tür bei der thailändischen Eisenbahn ist.

Es gibt einfach keine!

Ja richtig: Es gibt keine Türen in der dritten Klasse.

Meine neue Reisebegleitung krabbelt in den Zug und ich reiche ihr den Karton. Sie schiebt ihn zur Seite und nimmt mir das Ende des Seils ab, damit ich die Ziegen einzeln in den Wagon heben kann. Erstaunlicherweise lassen sie sich das völlig entspannt gefallen. Vermutlich haben sie eine Bahncard 100 und sind ständig auf Achse. Nach den Ziegen klettere ich selbst in den Zug. Die Dame stupst jetzt den Karton mit den Füßen vor sich her in das Großraumabteil, links vom Eingang. Ihr Ziel ist gleich die erste Sitzgruppe. Sie setzt sich ans Fenster und stellt den Karton mit den Küken neben sich auf die Holzbank. Die Ziegen soll ich an der Bank festbinden und mich ihr gegenüber hinsetzen. Ich komme mir vor, wie auf einem Familienausflug. Die Dame, ihre Küken und Ziegen, mein Travelmaster und ich. Geile Combo!

Jetzt, wo ich nicht mehr auf die Ziegen aufpassen muss, habe ich das erste Mal die Gelegenheit, mich richtig umzusehen. Das Mobiliar unseres Wagons besteht aus sauharten Holzbänken mit senkrechter, hölzerner Rückenlehne. Es stehen, ähnlich unseren deutschen Regionalbahnen, je zwei Bänke für insgesamt vier Leute gegenüber.

Das wird ja gemütlich!

Ich lege die Handflächen zusammen und halte sie mir an eine Wange, um meine Reisemutti zu fragen, wo man hier schläft. Sie versteht sofort, zeigt auf die Bänke und neigt sich zur Seite, als würde sie sich hinlegen. Wir sollen zwölf Stunden auf Holzbänken sitzen und liegen, die den Anschein machen, als wären sie in einer Knastwerkstatt hergestellt worden?

Mir fällt ein, dass ich ja nicht die ganze Zeit hier sitzen muss, weil ich doch Walburga in der ersten Klasse besuchen gehe. Dieser Gedanke stimmt mich versöhnlich und ich freue mich, endlich loszufahren. Der Zug bewegt sich, ruckelt ein paar Mal heftig, so dass die Ziegen leicht ins Stolpern kommen, und nimmt dann langsam Fahrt auf. Wir rollen an der Bank vorbei, auf der Walburga und ich gewartet haben, passieren hinter dem Bahnhof einige Lagerhallen und kommen danach direkt in freies Gelände. Man kann kaum etwas erkennen, da weit und breit nur kleine Lichter aus einfachen Hütten auf den Feldern leuchten. Reisemama scheint auch zufrieden, dass sie den Einstieg geschafft hat und die Reise nun beginnt. Sie stellt den Karton mit den Küken auf den Boden, zieht ihre Flip-Flops aus und legt sich quer auf die harte Bank. Ich soll den Travelmaster auch auf den Boden stellen und auch schlafen. Ich winke freundlich ab und denke nur »Wenn ich den Rucksack versehentlich auf die Küken stelle, haben wir für morgen früh Omelette mit Federn und Füßen.«

Irgendwie schäme ich mich für den Gedanken, die freundliche Dame hier allein zu lassen, weil es mir vorkommt, als mache ich ihr damit deutlich, dass das hier nicht gut genug für mich ist. Dabei sind es eigentlich nur die harten Bänke, die nerven. Frische Luft haben wir allemal, weil die Schiebefenster sich nicht mehr schließen lassen. Ein angenehmer Fahrtwind weht herein.

Mit lästigem Durchzug ist bei der Geschwindigkeit des Zuges nicht zu rechnen. Die Leute aus der ersten Klasse könnten zum Pinkeln bequem aussteigen, ihr Geschäft an einem Busch verrichten und dann in der dritten Klasse wieder zusteigen. Viel schneller fahren wir tatsächlich nicht. Da wundert es einen nicht, dass wir für eine Strecke, die in etwa der von Hamburg nach München entspricht, statt einer ICE-Reisezeit von rund sechs Stunden hier die doppelte Zeit benötigen. Ein bisschen schade ist, dass man durch halb Thailand fährt und nichts von Land und Leuten sieht, weil es so dunkel ist.

Ich beschließe, Walburga zu suchen, meiner Mama-Küken-Ziegenfamilie aber morgen früh auf jeden Fall beim Aussteigen zu helfen. Als die Mama selig schnarcht, die Küken nur noch müde vor sich hinpiepsen und die Ziegen sich ebenfalls hingelegt haben, hieve ich mir doch mal lieber meinen Rucksack auf die Schultern und mache mich auf zu Walburga. Die ersten Wagons, durch die ich komme, sind baugleich mit meinem. Danach kommt dann die zweite Klasse, deren Bänke gepolstert sind und sich so zusammenschieben lassen, dass man wohl ganz passabel darauf schlafen kann. Es ist allerdings erst 20:00 Uhr und alle sitzen noch kerzengerade auf ihren Plätzen. Nach einigen Wagen der zweiten Klasse komme ich dann endlich in die Königsklasse. Als Erstes wird man von einem Waschraum begrüßt, der schon fast als Badezimmer bezeichnet werden kann. Dann geht es weiter, den polierten Metallfußboden entlang zu den dick gepolsterten Sitzen. Hier sitzen sich jeweils nur zwei Personen gegenüber.

Endlich sehe ich Walburga. Sie liest ein Buch. Und was für ein Glück! Der Sitz ihr gegenüber ist noch frei. Super!

»Was liest du da?«, frage ich. Walburga guckt hinter ihrem Buch hervor und freut sich sichtlich, mich zu sehen.

»Da bist du ja endlich! Ich dachte schon, du hast eine andere Reisebegleitung gefunden.«

»Genau genommen, habe ich eine ganze Familie gefunden. Aber das muss ich dir mal in Ruhe erzählen.«

»Setz dich!«, sagt Walburga.

»Was liest du denn nun?«

»Der Schwarm von Frank Schätzing.«

»Oh, spannend«, lüge ich dreist und erinnere mich an die endlosen Stunden, Tage und Wochen, die ich gebraucht habe, um dieses Buch zu lesen.

Ein hochwissenschaftliches Werk, monatelang auf den Bestsellerlisten und für mich doch der Inbegriff von Langeweile. Ich habe fast drei Monate gebraucht, um diesen dicken Schinken durchzuarbeiten, weil ich meist nur zwei bis drei Seiten geschafft habe, bis ich eingeschlafen bin. Aber ich bin am Ball geblieben und habe mich von keiner der ausgiebig aufgezählten Naturkatastrophen abschrecken lassen, um am Ende dann herauszufinden, dass der Autor offensichtlich keine Lust mehr gehabt hat, sein Buch ordentlich zu Ende zu schreiben. Vielleicht hat ihn aber auch sein Umweltbewusstsein dazu gebracht, auf noch mehr Seiten zu verzichten, um so wenigstens einen Teil des Regenwaldes stehen zu lassen. Nach tausend Seiten war endlich Schluss!

Für diejenigen, denen dieses Werk erspart geblieben ist, hier eine kurze Zusammenfassung:

An unterschiedlichen Schauplätzen passieren in kurzen zeitlichen Abständen sonderbare Phänomene mit verschiedenen Lebewesen des Meeres. Es werden Fischer von Fischen attackiert oder von Walen angegriffen. Keiner kann sich dieses Verhalten erklären. Der Leser wird durch wissenschaftlich korrekte Darstellungen geführt und erwartet eben durch diese realistischen Beschreibungen, dass es sich ganz sicher um eine ähnlich realistische Ursache für die Veränderungen der Natur handelt. Vielleicht geht es um Umweltverschmutzung, Gendefekte oder Chemiewaffentests mit verschwörerischen Hintergründen oder oder oder. Leider kommt es ganz anders.

Eine langatmig aufgebaute Story und die dazugehörige Erwartungshaltung wird mit der einfachen Auflösung 'Außerirdische' beendet.

Es sind stinknormale Außerirdische. Wie langweilig ist das denn bitte?

Auf mich machte das Buch jedenfalls den Eindruck, als sei es gut gemeint, aber dem Autor selbst zu lang gewesen. Aus purer Bocklosigkeit ist er nach durchaus gewissenhafter biologischer Recherche darauf gekommen, dass Außerirdische ein ideales Ende seien, weil es einfach schnell geht. Die sind plötzlich da, verursachen unglaubliche Ereignisse und verschwinden dann wieder, weil ja das Buch zu Ende ist.

Vielleicht hat auch bei Seite neunhundertfünfzig seine Frau gerufen

»Frank, Essen ist fertig!«

Er denkt daraufhin »Labskaus, mein Lieblingsgericht. Da darf ich nicht zu spät kommen. Wie bring ich das jetzt schnell zu Ende? Hmmm... Ah, ich weiß! Außerirdische!

So, Außerirdische sind schuld. Noch schnell abspeichern. UND FERTIG!

Schatz, ich komme!«

Gott bewahre uns vor einem zweiten Teil, in dem dann vielleicht sogar die Lebensgeschichte dieser Außerirdischen aufgegriffen wird.

Ich habe die Leute, die dieses Buch so hoch gelobt haben, bis jetzt für Lügner oder Biologen oder beides gehalten. Aber wenn Walburga so ein Buch liest, ist es etwas ganz anderes.

Sie legt das Buch zur Seite.

»Die Sitze in der First Class sind ja ganz nett. Aber wie soll man denn hier gemütlich schlafen?«, frage ich sie.

»Die unteren Sitze werden nachher zusammen geschoben und ergeben das eine Bett und oben wird ein zweites Bett von der Decke geklappt. Das hat mir vorhin jemand erklärt. Da der Platz, auf dem du sitzt, frei ist, wird wohl auch eins der Betten frei sein. Vielleicht kannst du dann hier schlafen.«

»Klar! Ich kann auch hier schlafen, wenn wir nur ein Bett haben«, grinse ich frech.

Wir unterhalten uns noch eine Weile, bis einer der Schaffner in den Wagon kommt. Er ruft laut »Bedtime« und ich frage mich, ob ich ernsthaft in einem thailändischen Zug von einem thailändischen Schaffner um 22:00 Uhr ins Bett geschickt werde.

Werde ich!

Akribisch richtet der Uniformierte die Betten für die Reisenden. Die unteren Betten, bestehend aus den Sitzen, sehen ganz gemütlich aus. Die oberen Betten kommen zum Vorschein, als ein großes breites Brett, das aussah wie eine Art Gepäckfach, von der Decke geklappt wird. Darauf befindet sich eine Matratze. Sowohl das Schlafabteil oben als auch das untere können mit schicken blauen Vorhängen zur privaten Kuschelzone gemacht werden.

»Oben oder unten?«, fragt Walburga.

»Wenn wir oben schlafen, könnten wir im Eifer des Gefechts vielleicht aus dem Bett fallen. Deshalb sollten wir lieber unten schlafen.«

»Witzbold! Ich bin müde! Kann ich unten schlafen?«

»Klar! Jungs schlafen eh lieber oben«, lüge ich und verschweige meine Höhenangst, die bereits bei rund fünfzig Zentimetern anfängt.

»Denk daran, deinen Rucksack zu sichern«, sagt Walburga. »Du musst ihn mit einem Band an deinem Fuß festbinden, weil er nicht mit ins Bett passt. Wenn ihn einer klauen will, wachst du wenigstens auf.«

»Den will ich sehen, der mit meinem Travelmaster 3000 in Windeseile durch den engen Gang im Zug verschwindet.«

Aber gut, wenn sie meint, dass es sicherer ist, dann tüdel ich meinen Rucksack eben fest. Ich hole aus dem Deckelfach etwas Band, dass man als guter Backpacker immer dabei haben sollte. Es dient als Wäscheleine, Befestigung von Übergepäck außen am Rucksack oder eben als Sicherungsseil. Das hätte ich mal im Dschungel dabei haben sollen. Dann hätte ich nicht an diesen morschen Lianen rumbaumeln müssen. Grob die Länge vom Trageriemen bis zur Bettkante abgeschätzt und schnipp, hab ich meine Diebstahlsicherung vorbereitet.

Walburga ist inzwischen in ihr Bett geschlüpft. Ich setze mich auf ihre Bettkante und schaue ihr tief in die Augen.

»Danke, dass der Trip durch dich so besonders ist!«

»Danke gleichfalls«, sagt sie und küsst mich fest auf den Mund.

Als ich, benebelt von Glückshormonen, wieder zu mir komme, höre ich noch »Schlaf schön«, bekomme einen kleinen Schubs und der Vorhang zu Walburgas Schlafkabine schließt sich schneller, als die Klappe in einer Peepshow, bei der die fünf Euro abgespannert sind.

Ich mache mich auch bereit, schlafen zu gehen. Schnell noch pischen, waschen, kämmen im wirklich geräumigen Badezimmer des Wagons und anschließend den Rucksack sichern. Ob diese Methode wirklich funktioniert, will ich aber zunächst testen. Ich ziehe mit einem kleinen Ruck an dem Band, das von Walburgas Rucksack unter dem Vorhang in ihrer Schlafkabine verschwindet. Während ich ziehe, hocke ich grinsend vor dem Bett.

Was dann kommt, hab' ich so nicht erwartet!

Walburgas Bein schießt katapultartig unter dem Vorhang raus, trifft mich an den Rippen und lässt mich nach vorn in Richtung Bett kippen. Als mein Gesicht den Vorhang berührt, spüre ich, wie sich Walburgas Hände um meinen Hals krallen, fest zudrücken und meinen Kopf schütteln, als würde sie nach einem Spielzeug in einem Überraschungsei suchen.

Krächzend stammle ich »Krrrich bem es!«

Sie lässt meinen Hals los und reißt den Vorhang auf.

»Spinnst du?«, faucht sie mich an.

»Ich wollte nur die Rucksacksicherung testen. Glückwunsch! Sie funktioniert«, antworte ich nach Luft schnappend.

Dann säusele ich noch ein »Schlaf schön« und schon ist der Vorhang wieder geschlossen.

Da der Trick mit dem Diebstahlschutz klappt, binde ich ein Ende des Seils am Trageriemen meines Rucksacks fest und das andere an meinem großen Zeh. Keine

Ahnung, warum es der Zeh sein soll. Aber irgendwie kommt es mir vor, als sei dieser eine sensiblere Alarmanlage als mein Bein. Dann schwinge ich mich in das Bett und wundere mich, wie geräumig es doch ist. Zu zweit wäre hier allerdings nicht viel Spielraum. Erst recht nicht, wenn man 'Spielraum' wörtlich nimmt. Allein ist es gemütlich. Inzwischen ist die Beleuchtung im gesamten Wagon ausgeschaltet. Nur eine kleine Notbeleuchtung brennt noch.

Müde von den Strapazen des Tages ziehe ich meinen Vorhang zu, mache meine Kabinenlampe aus und schlafe innerhalb kürzester Zeit ein.

Plötzlich schrecke ich hoch, haue mit meinem Kopf an die Kabinendecke und spüre einen stechenden Schmerz an meinem großen Zeh. Noch schlaftrunken, wird mir nicht klar, was passiert ist. Ich schalte zunächst die Kabinenlampe an und schaue nach meinem Zeh. Das Band schnürt ihn dermaßen ein, dass er schon blau angelaufen ist.

»Ein Dieb«, denke ich und reiße den Vorhang auf. Trotz des schummerigen Lichts auf dem Gang kann ich erkennen, dass ich nichts erkenne.

Niemand zu sehen.

Ich schaue nach unten zu meinem Rucksack.

Noch da!

Aber: Mit Ernüchterung muss ich feststellen, dass ich im Leben kein Ingenieur, Vermessungstechniker oder sonst wer werde, der mit 'messen' zu tun hat. Den Rucksack aufrecht in den Gang gestellt, das Band auf Spannung am Zeh festgetüdelt und in jeder Kurve ein Travelmaster, der sich immer weiter zur Seite neigt, hat die Blutzufuhr in meinen großen Onkel allmählich unterbunden und schließlich für mein jähes Erwachen gesorgt.

Super gemacht!

Ich fummle mir das Band vom Zeh, lasse den Rucksack liegen, wo er ist und freue mich auf jeden Idioten, der versucht, mit ihm abzuhauen.

Gute Nacht, ihr Rucksackdiebe!

Das nächste Mal wache ich erst auf, als Walburga ihre Hand auf meinen Arm legt und sagt »Du musst wach werden. Die Betten werden gleich eingeklappt.«

»Wie spät ist es?«

»Gleich 7:00 Uhr.«

Ich schwinge meine Beine über die Kante und brauche einen Moment, meinen Kreislauf zu stabilisieren. Walburga guckt auf meinen Zeh und fragt mich, warum der so blau ist.

»Gefrierbrand«, scherze ich. »Hat heute Nacht wohl unter der Decke rausgeguckt, der Schlingel.«

Als ich von meiner Morgentoilette zurück zu unseren Plätzen komme, erinnert nichts mehr an den gemütlichen Schlafwagen. Die unteren Betten sind wieder zu

Sitzen geworden und die oberen Klappen samt Bettzeug unauffällig verstaut. Walburga sitzt auf ihrem Platz und die herein scheinende Morgensonne zeichnet ihr Gesicht romantisch weich.

Wir fahren immer noch in gefühlter Schrittgeschwindigkeit, nähern uns aber langsam Bangkok. Aus den Feldern wachsen nach und nach kleine Dörfer bis hin zu richtigen Vororten der Großstadt. Als wir erste Ausläufer Bangkoks erreichen, hat es den Anschein, als wäre die Eisenbahn nachträglich mitten durch unzählige Holz- und Wellblechhütten gebaut worden. Teilweise knattern wir so dicht an den Behausungen vorbei, dass man das Gefühl hat, durch die Wohnzimmer der Menschen zu fahren.

Gegen 8:30 Uhr erreichen wir mit thaigemäßer Verspätung den Bahnhof von Bangkok. Ich steige mit Walburga aus und sage ihr, dass ich schon mal vorlaufe. Ich hätte noch etwas zu erledigen. »Komm zur dritten Klasse!«, rufe ich noch und flitze so schnell ich kann über den Bahnsteig.

Hinten am Zug angekommen, sehe ich schon meine Mitfahrmama mit ihren Ziegen und dem Kükenkarton in der Tür des Wagons stehen. Sie lächelt mich an. Wortlos nehme ich ihr den Karton ab und stelle ihn auf den Boden. Dann hebe ich die Ziegen nacheinander heraus und zum Schluss helfe ich meiner neuen Freundin aus dem Zug. Sie tätschelt mir liebevoll den Arm und ich bin glücklich, sie so erleichtert zu sehen.

Walburga tippt mir auf die Schulter und fragt mich »Was war das denn?«

»Ach, nur 'ne alte Bekannte, der ich versprochen hatte, ihr beim Aussteigen zu helfen.«

»Du bist süß«, sagt sie und küsst mich schon wieder.

Langsam gefällt mir dieser unverbindliche Backpackergefühlskram richtig gut!

# 19 Was tut man nicht alles.

In der Bahnhofshalle hoffe ich, dass wieder alle aufstehen und mich anhimmeln. Das würde bei Walburga bestimmt ordentlich Eindruck schinden. Aber wo sind schon die ganzen Königsbesessenen, wenn man sie braucht. Ich muss leider ohne Massenanbetung einen Weg finden, Walburga weiter in meinen Bann zu ziehen.

»Hast du eine Idee, wo wir pennen können?«, fragt sie mich, als wir durch die große Halle gehen.

Na also, scheint wohl doch nicht mehr so unverbindlich zu sein, wenn wir jetzt schon eine gemeinsame Wohnung suchen. Vielleicht fahren wir noch in den Baumarkt und suchen Tapeten aus oder zu Ikea und gucken nach einem Bücherregal.

»Hast du?«, reißt sie mich aus meinen Zukunftsträumen.

»Ne, keine Ahnung.«

»Lass uns in die Khao San Road fahren und da ein Hostel suchen!«, schlägt sie vor.

Die Khao San Road ist so etwas, wie die Backpackerzentrale Bangkoks. Bars, Restaurants und allerlei Verkaufsstände machen das ganze Viertel um die Straße zu einer bunten Mischung aus Reeperbahn und Jahrmarkt. Nahezu vierundzwanzig Stunden am Tag herrscht hier ein geschäftiges Treiben. Schön ist, dass sowohl Touristen als auch Einheimische die Party- und

Shoppingmeile nutzen. Das macht die Gegend zu einer Multikulti-Amüsierzone.

Wir beschließen, ein Taxi zu nehmen. Draußen vor dem Toilettencontainerdorf stehen dutzende Fahrer, die uns zu sich winken. Der Fahrer eines gelb-rosa Wagens macht auf uns einen Vertrauen erweckenden Eindruck. Wir sagen ihm, dass wir zur Khao San Road wollen und er nickt wissend. Walburgas Rucksack verfrachten wir in den Kofferraum. Der Travelmaster 3000 sorgt wieder einmal für Aufsehen. Diesmal sind die übrigen Fahrer amüsiert darüber, dass ihr kleiner Kollege mit dem bunten Auto solche Schwierigkeiten hat, das Gepäck zu verstauen. Die einzige Möglichkeit ist der Beifahrersitz. Der Travelmaster ist angeschnallt, wir haben auf der Rückbank Platz genommen und unser Fahrer steigt auf den Restplatz hinter seinem Lenkrad. Restplatz deshalb, weil die Gurte meines Rucksacks bis auf seine Seite ragen und er sich beim Schalten jedes Mal vertüdelt.

Der Innenraum des Taxis wirkt wie eine Mischung aus Tempel und Trödelmarkt. Am oberen Rand der Windschutzscheibe ist eine Girlande mit kleinen Bommeln angebracht. Auf dem Armaturenbrett steht eine Buddhafigur und rundherum sind hunderte ausländische Kleingeldmünzen festgeklebt. Dollar, Pfund, Lire, Peseten, nur keine Eurocentmünzen. Ich zücke mein Portemonnaie und finde tatsächlich noch ein fünfzig Cent Stück. Ich reiche es dem Fahrer, der es ungläubig beäugt.

»From where?«, fragt er.

»Germany. Europe.«

»Europe is in Germany?«

»No no, Germany is in Europe. One currency for all countries in Europe.«

»One currency for many countries? Crazy«, stellt er treffend fest.

Unser Taxifahrer wirkt durch diese messerscharfe Analyse der Euroentwicklung wie ein studierter Volkswirt.

Ich frage mich, ob es hier in Bangkok so läuft wie in Hamburg. Studienabbrecher der Wirtschaftswissenschaften fahren Leute Tag und Nacht im Taxi durch die Gegend.

Unsere Fahrt führt uns quer durch den Bangkoker Berufsverkehr. Autos, Mofas und Tuk Tuks drängeln sich hupend durch die Straßen. Von einer Hauptstraße biegen wir in eine ruhigere Straße ab und halten dann an einer kleinen Kreuzung. Der Taxifahrer zeigt nach links und sagt »Khao San Road«. Ich bezahle, während Walburga schon aussteigt und ihren Rucksack aus dem Kofferraum holt. Ich gehe um das Auto herum und schnappe mir meinen Travelmaster 3000 direkt vom Beifahrersitz.

Die Khao San Road erwacht gerade zum Leben. Es ist 9:30 Uhr und die ersten Backpacker watscheln müde von der letzten Party oder ihrem wochenlangen Thailandtrip umher oder sitzen in einer der vielen Bars, die tagsüber als Restaurants dienen. Neben der tageszeitabhängigen Gastronomie gibt es viele kleine Läden. Souvenirshops mit Thai-Nippes sind ebenso vertreten, wie CD- und Musikdownload-Stände. Außerdem kann man natürlich Klamotten und Taschen kaufen. Lustige Sprücheshirts wechseln sich mit den hochrangigen Namen der Modeindustrie ab, die ich schon auf der Shoppingmeile Koh Tao´s bewundern durfte. Wir gehen auf dem Bürgersteig zwischen den Läden und Ständen hindurch. Und dann hängen an einem Stand...

TASCHEN!

Nachgemachte Plastikmarkentaschen und Eigenkreationen aus Leder.

Ganz egal!

Es sind TASCHEN!

Und an meiner Seite ist eine Frau! Eigentlich eine coole Backpackerfrau, aber in diesem Fall NUR eine Frau!

»Oooooaaaaahhhhh, coooooohhhhh! Guck dir mal diese Tasche an«, quietscht es plötzlich neben mir.

»Nett«, äußere ich mich bewusst emotionslos, um das Elend im Keim zu ersticken.

Aber da höre ich schon »What is the price for this bag?«

»Die soll nur vierzig Euro kosten! Eine echte Ledertasche für vierzig Euro. So günstig bekommst du so was zu Hause nie«, argumentiert Walburga, obwohl sie mir überhaupt keine Rechenschaft schuldig ist.

Das scheint bei Frauen aber so drin zu sein. Wenn kein nörgelnder Mann beim Shoppen dabei ist, müssen sie sich vor sich selbst rechtfertigen und tun dies mit dem gleichen Aufwand, als müsste eine Zwölfjährige um ein Bauchnabelpiercing betteln.

Dann das Ergebnis, das viele Männer nur zu gut kennen: Die Gegenargumente-Walburga hat gegen die Muss-ich-haben-Walburga gewonnen und zwar mit dem Totschlagargument »Vielleicht finde ich noch eine Bessere!«

»Vielleicht finde ich noch eine Bessere!« gilt für Blusen, Hosen, Schuhe, Taschen und Sonnenbrillen. Es tritt immer dann auf, wenn man als männlicher Shoppingbegleiter gerade die Hoffnung schöpft, nach fünf Stunden Anprobier- und Aussuchwahnsinn endlich zum Abschluss zu kommen. Die Farbe stimmt! Die Größe passt! Die Klamotten zu Hause passen dazu! Die beste Freundin wird platzen vor Neid! UND: Der Preis ist auch ok!

Männer: WIR würden jetzt zuschlagen!

Aber wir sind halt nicht so schlau wie Frauen.

Denn: Vielleicht findet man ja noch eine Bessere?!

Und so geht der ganze Wahnsinn wieder von vorn los und zu Hause ist dann das Gejammer groß, weil die Enttäuschung über den Einkaufsmisserfolg stärker ist, als die Hoffnung auf etwas Besseres.

Dann heißt es plötzlich »Hätte ich nur...«

Die Tasche, die Walburga gerade gesehen hat, sieht klasse aus, hat die richtige Größe, genügend Fächer und der Preis stimmt. Aber VIELLEICHT findet sie noch eine Bessere.

Ja, vielleicht...

»Du weißt aber schon, dass wir nach einem Hostel gucken wollten, oder?«, erinnere ich Walburga.

»Ja, ich weiß! Aber direkt in der Khao San Road ist es nachts viel zu laut.«

»Dann lass uns doch mal in den Loose gucken. Vielleicht hat der ja eine Idee.«

Wir schlagen den Ratgeber auf und suchen nach Unterkünften in der Nähe der Khao San Road. Hier ist unter anderem von einem Hostel die Rede, das hinter einem kleinen Park liegen soll. Erschwinglich, mit ordentlichen Zimmern und abends gibt es Kinovorstellungen.

Super! Das nehmen wir!

Der kleinen Umgebungskarte zufolge, müssen wir bis zum Ende der Khao San Road gehen, dann durch den Park und auf der anderen Seite links der Straße folgen.

Das Ende der Backpackerstraße ist schnell erreicht und gegenüber sehen wir den Eingang zu dem Park, der sich als Garten eines kleinen Klosters entpuppt. Nach nur hundert Metern sind wir schon auf der anderen Seite angekommen. Durch eine enge Tür in der Mauer des Klostergartens gelangen wir auf eine kleine Straße. Auch hier wieder zahlreiche kleine Restaurants und ein Stück weiter das beschriebene Hostel. Von außen macht der weiße Steinbau einen ordentlichen Eindruck. Die Rezeption liegt im offenen Restaurant des Hostels. Eine kleine Dame begrüßt uns freundlich und fragt, ob wir ein Zimmer für zwei brauchen. Wir nicken und schon liegt ein Schlüssel auf dem Tresen mit den Worten »Last Room for eight people. Can have look and tell, if you want rent.«

Ich nehme den Schlüssel. Bei der Zimmernummer 213 schließe ich auf den zweiten Stock. Einen Fahrstuhl gibt es nicht. Wir schleppen uns die schmale Treppe hoch.

Für die dünne Pappholztür bräuchte man vermutlich keinen Schlüssel. Beim Aufschließen muss ich aufpassen, die Tür nicht schon einzudrücken.

Das schmale Zimmer hat nur ein kleines Fenster knapp unter der Decke, durch das viel zu wenig Licht in den Raum fällt. Ich schalte die Deckenbeleuchtung ein und nach einer kurzen Startphase mit lautem klick klack klick klack springen gleich mehrere Leuchtstoffröhren an. Das Zimmer wird in ein gleißendes kaltweißes Licht getaucht. Die Röhren haben gefühlte neuntausend Watt und benötigen mit Sicherheit einen eigenen Kernreaktor. Immerhin können wir, nachdem sich unsere Augen an das Leuchtstoffinferno gewöhnt haben, das Zimmer begutachten.

Der Raum ist lang und bietet tatsächlich Platz für acht Betten, die alle im Abstand von circa zehn Zentimetern nebeneinander stehen.

»Hier siehts ja aus, wie bei den sieben Zwergen«, sagt Walburga.

»Ja, aber diese sieben Zwerge haben schon an ein Bettchen für Schneewittchen gedacht«, erwidere ich.

»Ich hab keine Lust, hier mit sechs fremden Menschen zu schlafen«, macht Walburga klar.

»Da die anderen Betten noch nicht belegt scheinen, können wir doch fragen, was das Zimmer insgesamt kostet. Komm schon, wir gönnen uns den Schlafsaal!«, schlage ich vor.

Walburga stimmt mir zu und wir marschieren samt Gepäck wieder runter zur Rezeption. Die freundliche Rezeptionistin nennt uns den Preis. Umgerechnet fünfunddreißig Euro pro Nacht. Das ist schon eine stolze Summe. Wir handeln sie runter auf dreißig Euro und buchen das Zimmer für unsere letzten beiden Nächte.

Wieder oben angekommen, schmeißen wir die Rucksäcke in die Ecke und lassen uns jeder auf eins der Betten fallen. Die Matratzen sind ok, aber ich möchte nicht wissen, was sich unter den Laken befindet. Mal sehen, wie das Badezimmer aussieht. Hinter einer dünnen Faltschiebetür, die sich nur mäßig schließen lässt, befindet sich lediglich ein typisches Thaiplumpsklo. Das kenne ich ja schon. Eine Kloschüssel, die der Klempner in den Fußboden rammt und deren seitliche Trittflächen für sicheren Stand sorgen. Den braucht man nämlich, da man mit der Entfernung seines Hinterns zu den Füßen und damit der 'Fallhöhe' auch die umgekehrte 'Spritzhöhe' oder feiner ausgedrückt, den 'Rückschlag' bestimmt. Kommen unbewegliche Menschen von einer Thaitoilette, erkennt man sie meist daran, dass ihre Waden aussehen, als wären sie mit Anlauf in eine dreckige Pfütze gesprungen. Bei zwei Nächten soll uns so ein Bodenklo aber nicht den Aufenthalt verderben. Immerhin gibt es auch ein kleines Waschbecken, in dem man sich notfalls die Füße und Waden waschen kann.

»Ich bin total müde und muss unbedingt ein bisschen schlafen«, sagt Walburga.

»Mach das! Ich erkunde solange die Gegend und bin in spätestens zwei Stunden wieder hier.«

»Klingt gut. Viel Spaß!«

»Schlaf gut«, sage ich und trete raus auf den Flur.

Aus dem Zimmer gegenüber kommt ein Mann mit Handtuch um die Hüften gewickelt, nickt mir kurz zu und verschwindet hinter einer Tür mit der Aufschrift 'Shower'.

»Stimmt«, denke ich und erinnere mich, dass unser Zimmer zwar ein Klo, aber keine Dusche hat. Es gibt nur eine Gemeinschaftsdusche.

Für Männer UND Frauen?

Ich öffne die Tür einen Spalt und sehe, dass ein kleiner Vorraum zu 'Men' und 'Ladies' führt. 'Ladyboys' können sich die Dusche wohl aussuchen.

Also gut, auch eine Gemeinschaftsdusche werde ich zwei Tage überleben. Ist beim Sport ja auch nichts anderes.

Unten trete ich auf die Straße und gehe wieder in den Klostergarten in Richtung Khao San Road. Es ist ein ungewöhnlich ruhiger Ort inmitten hektischem Backpackertreibens.

Diese Ruhe und Beschaulichkeit lässt mich ein wenig über mich und Walburga nachdenken. Muss das denn so verdammt unverbindlich sein? Wozu soll das gut sein? Warum kann man nicht einfach verbindlich verbinden, was sich so gut anfühlt? Ich habe maximal noch zwei Tage, um Walburga davon zu überzeugen, dass wir doch auch in Deutschland mal Verbindung aufnehmen können, aber eben verbindlich!

Es hilft alles nichts. Ich muss etwas riskieren, um sie zu erobern! Und weil sie mich am Bahnhof als fürsorglichen Helfer 'süß' fand, werde ich jetzt eine Romantik-Rakete zünden. Die 'Ich hab dir aufmerksam zugehört und deinen Wunsch erfüllt!'-Rakete wird in den Himmel düsen und dort in tausenden glitzernden Herzchen aufgehen.

ICH KAUFE WALBURGA DIE TASCHE!

Schnellen Schrittes durchquere ich den Garten, laufe über die Straße, dann die Khao San Road entlang bis zu dem Stand, an dem Walburga die Tasche wegen einer möglichen 'Besseren' zurückgelassen hat. Ich werde sie kaufen und Walburga vor den schrecklichen 'Hätte ich nur...'- Gefühlen bewahren.

Leicht außer Atem von der Aufregung, etwas so romantisches zu tun, umkreise ich den Stand auf der Suche nach der Tasche, die Walburga mir gezeigt hatte. Verdammt, wo ist denn jetzt diese Tasche. Man mag es ja kaum glauben, aber ich habe sie noch bildlich vor den Augen. Ich frage den Verkäufer am Stand, ob er noch andere Taschen hat. Hat er nicht. Dann versuche ich, die Tasche zu beschreiben. Und tatsächlich, er scheint zu wissen, welche Tasche ich meine. Ein Wunder, weiß ich doch die ganzen Taschenfachbegriffe auf englisch nicht. Henkel, Reißverschluss, Innenfach und so Zeug fällt mir alles nicht ein. Vermutlich würde er mich eh nicht verstehen. Aber mit Händen und Füßen und zum Vergleich herangezogener anderer Taschen, weiß er wirklich, welche ich meine. Das hilft mir nur nicht, weil er bedauernd mit den Achseln zuckt.

»No more here«, sagt er und ich frage »No more here? But where?«

»In factory.«

»Where is factory?«

»Aaaahh, show you«, gluckst er zufrieden.

Er fasst mich am Arm und zieht mich durch das Getümmel auf der Khao San Road zu einem Schild, auf dem 'Taxi' steht.

Ruft der Typ jetzt ein Taxi, um mich zu der Taschenfabrik fahren zu lassen? Etwas besseres kann mir ja gar nicht passieren.

Er wird ein Taxi rufen, erklärt dem Fahrer, wo es hingeht und ruckzuck bin ich an der Fabrik und kaufe Walburga ihre Tasche.

Weltklasse!

Plötzlich tippt mir jemand auf die Schulter und der Taschenverkäufer deutet mit dem Finger hinter mich. Ich drehe mich um. Vor mir steht ein kleiner Thailänder in himmelblauer Uniform und gelber Warnweste.

Ok, das scheint mein Taxifahrer zu sein. Aber wo ist sein Auto?

Er hat es vermutlich etwas weiter weg abstellen müssen, weil hier vor dem Taxischild so viele Mofas stehen.

Warum lassen die auch zu, dass der ganze Taxistand mit diesen kleinen Kackmöhren zugestellt wird?

Bei uns in Hamburg sind die Taxifahrer viel sensibler. Die würden dich schon lynchen, wenn du deine Karre nur in der Nähe des Taxistands abstellst. Du kannst noch nicht mal einen Kumpel mit dem Auto mitnehmen, ohne dass die Taxigewerkschaft auf ihr Beförderungsmonopol pocht. Aber vielleicht wäre ich auch unentspannt, wenn ich nach einem jahrelangen Studium in 36-Stunden-Schichten versuchen müsste, meine zwölfköpfige Familie zu ernähren. Und das während meine Lederweste tagein tagaus auf den Kunstledersitzen meines Benz schrubbelt und beide schon rund 956.000 Kilometer auf dem Buckel haben.

Über die Mofas auf dem Taxistand in der Khao San Road darf man sich aber meiner Meinung nach wirklich aufregen. Mistdinger!

Der Taschenverkäufer winkt mir zum Abschied zu und ich folge meinem Fahrer... für genau zwei Meter.

Dann renne ich von hinten in ihn rein, weil er abrupt stehen bleibt...

VOR EINEM MOFA!

Er greift an den Lenker und nimmt zwei Tupperschüsseln ab, die mit Riemen befestigt waren.

Scheiße! Keine Tupperschüsseln!

Das sollen die Helme sein!

Ich glaub, es hackt!

Ich setz' mir doch keine Tupperschüssel auf den Kopf.

Muss ich auch nicht selbst machen. Nachdem sich mein Taxi-Mofa-Fahrer seine Schüssel übergestülpt hat, schwingt er meinen Pott mit den Riemen über meinen Kopf, zieht mir das Ding bis zu den Ohren runter und haut noch einmal kräftig oben drauf.

»Fits«, sagt er vergnügt und hebt den Daumen.

Er besteigt seinen Bock und klopft hinter sich auf den Sitz.

Ich überlege, ob ich wirklich auf einem Mofa quer durch Bangkok fahren will. Bangkok ist groß, das Mofa höchstens 25km/h schnell und der hiesige Verkehr nicht darauf ausgelegt, Rücksicht auf Zweiräder zu nehmen.

Das kann ein ewiger Höllenritt werden.

Egal, ich mache es ja für einen guten Zweck! Rauf auf den Sattel und ab geht's.

Das Stück durch die Khao San Road ist noch harmlos, weil zum Glück nur wenig Verkehr herrscht und nicht allzu viele Leute auf der Straße rumdackeln.

Nach der ersten Abzweigung wird es dann heftig. Was jetzt kommt, hätte ich im Leben nicht erwartet.

Mein thailändischer Zweiradtaxifahrer reißt den Gashahn des Mofas auf, beugt sich vor und einen Bruchteil einer Sekunde später, biegt sich mein Oberkörper nach hinten durch. Ich bekomme gerade noch seine Hüften zu fassen, klammere mich daran und kann kaum fassen, welche Geschwindigkeit wir auf einer langen geraden Straße erreichen.

Diese Leistung bekommt er niemals durch den TÜV!

Ich frage mich, wie es sich anfühlt, wenn der Motor unter meinem Arsch explodiert, verwerfe den Gedanken aber sofort wieder.

ZWANGSWEISE!

Ein paar Meter vor einer Kreuzung geht Speedy Gonzales voll in die Eisen, so dass ich prompt nach vorn geschleudert werde. Ich rutsche auf dem Sitz so eng an ihn heran, dass er sich fragen müsste, ob wir nicht erst essen gehen wollen, bevor wir uns so nahe kommen. Mein Kopf nimmt den gesamten Schwung voll mit und es bestätigt sich, dass Tupperware unkaputtbar ist.

Unsere Helme dängeln mit einem dumpfen 'pock' gegeneinander. Mein Fahrer lacht und ich bin froh über meine Schüssel.

Dann biegen wir rechts ab auf eine Hauptstraße. Diesmal rechne ich mit der hohen Zugkraft des fahrenden Lockenwicklers und umklammere rechtzeitig den Rumpf meines Vordermanns. Meinen Kopf versuche ich möglichst weit von seinem fern zu halten, um nicht ständig gegen seinen Helm zu donnern. Das hat allerdings den Nachteil, dass ich die Geschehnisse um mich herum nur allzu gut beobachten kann.

Wir rasen auf eine große Kreuzung zu. Es ist rot. Wir rasen weiter und es ist immer noch rot.

EY! ES IST ROT!!!

Wieder eine Vollbremsung, wieder das dumpfe 'pock'.

Hinter den Autos an der Ampel stehen ist offensichtlich nicht Usus in Bangkok. Wir schlängeln uns zwischen den in vier Reihen stehenden Autos hindurch in Richtung Pole Position.

Dabei ruft mir mein Fahrer zu »Carefull with legs«, was in diesem Fall heißt »Klapp deine langen Beine ein, sonst bleibst du mit dem Knie an der offenen Tür des Linienbusses da vorn hängen.«

Aus meiner Sicht wäre diese Warnung etwas früher viel hilfreicher gewesen, denn ich BLEIBE mit dem Knie an der offenen Tür des Linienbusses hängen! Mein Bein dreht sich nach hinten und ein stechender Schmerz zieht sich von meinem Knie in jede Faser meines Körpers. Man erinnere sich an meine kürzliche Knie-OP und presse nun fest die oberen und unteren Vorderzähne zusammen und sauge fest die Luft ein.

In etwa so: 'tsssssssssss'!

GENAU!

Als ich wieder klar denken kann, wünschte ich, dass das noch etwas hätte auf sich warten lassen. Wir stehen in einer riesigen Traube aus Mofas, Rollern und Motorrädern. Die Motoren heulen auf. Oben an der Ampel läuft der Sekundenzähler rückwärts und zeigt an, wie lange es noch dauert, bis der Massenstart losbricht.

Diesmal heißt es nicht 3-2-1-meins, sondern 3-2-1-GAS!

Und ab geht die Post! Wir sausen los, überholen einige andere Mofas, werden von Motorrädern überholt und drängen einen Rollerfahrer ab. Für mich ist das ein Abenteuer, auf das ich gern verzichtet hätte.

Für die gut gekleidete Dame auf dem rasenden Mofa neben mir offenbar ein Vergnügen!? Da sitzt die bei mindestens 70km/h mit beiden Beinen auf einer Seite, quasi im Damensitz, ganz entspannt auf einem anderen Mofa-Taxi und anstatt sich festzuhalten, tippt sie mit beiden Händen auf ihrem Handy rum!

Geht's noch?

Hier ist ein heftiges Stockcar-Rennen im Gange und die simst hier!

Was schreibt die denn?

Sorry Schatz, ich komme heute in einer Holzkiste nach Hause?

Die Ruhe hätte ich jetzt echt gern!

Das Ampel-brems-schlängel-kickstart-Spiel geht noch etliche Male so weiter. Meine Arme und Beine verkrampfen sich schon und ich bewundere die kleinen Affen, die immer so entspannt aussehen, wenn sie an der Mutter hängend von Ast zu Ast transportiert werden. Ich werde von Kreuzung zu Kreuzung transportiert und brettere eine gefühlt endlose Achterbahn entlang, die immer wieder kurz an der höchsten Stelle anhält, um danach mit rasender Geschwindigkeit ins Bodenlose zu sausen.

Meine Angst nimmt erst etwas ab, als wir die Hauptstraße verlassen und auf eine kleinere Straße einbiegen. Die Geschwindigkeit, das abrupte Abbremsen an den Ampeln und die zahlreichen Schleudertraumata bleiben die gleichen. Aber das Schlängeln zwischen den Autoreihen wird weniger. Nach einem weiteren Richtungswechsel sind wir auf einer ruhigen Straße angekommen, die durch eine Art Industriegebiet führt. Hier gibt es Fabrik- und Lagerhallen und große Gelände mit Containern.

Als mein Adrenalinspiegel langsam wieder durch meine Schädeldecke zurück in Richtung Körpermitte wandert, bekommt er auf Höhe meiner Speiseröhre Gegenverkehr.

Überwältigt von dem Gedanken, vermutlich zu überleben, versagen meine oberen Schließmechanismen den Dienst. Ich kann mir gerade noch meinen Tupperhelm vom Kopf reißen, bevor ich während der Fahrt voll in die Schüssel reihern muss.

Ein bisschen was spritzt leider auch an den Nachbarhelm. Sein Träger dreht sich zu mir um und ruft nur »OK?«

»Yes, yes«, beruhige ich ihn.

Noch hat er ja nicht gesehen, dass mein Helm zur Ruhestätte meines letzten Essens geworden ist. Mit den ganzen Riemen und der Schaumstoffauskleidung bekommt man den nie wieder sauber. Also feuere ich das Ding kurzerhand an den Straßenrand, wo er mit einem letzten 'plock' und 'platsch' aufschlägt und in zwei gleiche Hälften zerfällt. Ich werde einfach sagen, dass er auch an einem Bus hängengeblieben ist.

Wir biegen noch einmal ab und rund hundert Meter weiter kommt die Höllenmaschine vor einem großen grauen Gebäude endlich zum Stehen.

Mit wackeligen Beinen und flauem Magen steige ich ab.

»Where is helmet?«, fragt mich die Motorbiene.

»Crash with bus«, erwidere ich.

»No matter, no function! Only because police.«

So so, ich trage während einer halbstündigen Wahnsinnsfahrt einen Tupperhelm, der bei der geringsten Asphaltberührung zerbricht, nur weil es das Gesetz so will?

Aber ich bin ja froh, die Hinfahrt mit dem Höllenmofa überlebt zu haben. Zurück nehme ich definitiv ein Taxi.

Das erklär aber mal einem Mofataxifahrer, der dich erwartungsvoll anguckt, während er dir sagt »Drive you back! When?«

Meine Antwort »No, thank you! I will take a taxi back.«

»I AM a Taxi«, sagt er stolz.

»Äh, no helmet! It´s not allowed!«

»No matter! Take my helmet!« und hält mir seinen Helm vor die Nase.

Jetzt muss ich wohl deutlicher werden und gerate dabei in eine Mischung aus Flashback zur unserer irren Fahrt und genervter Angst.

Ich stammele »I don´t want to drive with you because i don´t want to crash a bus oder snakel through cars or overgive me in my helmet! Understand´st du das now?«

»Ok ok, Sir«, stammelt er verwirrt und düst auf dem Mofa davon.

Ich gehe auf das große Gebäude zu und komme über eine kleine Treppe zu einer Metalltür mit der Aufschrift 'Office'. Das muss ja als erste Anlaufstelle richtig sein. Im Inneren betrete ich einen langen dunklen Korridor, mit vielen Türen. Gleich auf der linken Seite wiederholt sich der 'Office'-Hinweis. Hier klopfe ich. Keine Antwort. Ich klopfe noch mal. Wieder keine Antwort. Ich drücke die Klinke und öffne die Tür. Der Raum ist klein. Lediglich zwei Schreibtische passen hinein. An einem der Tische sitzt eine Frau und guckt mich verblüfft an.

»I´m searching for a bag«, sage ich.

»What kind of bag?«

Ich fange wieder an, die Tasche so gut es geht zu beschreiben.

Um meinem Wunsch die nötige Dringlichkeit zu verleihen, beende ich meine Ausführungen in meinem Behelfsenglisch mit »I need a lot!«

Kaum ausgesprochen, lächelt die Dame mich an, springt von ihrem Stuhl auf und verneigt sich vor mir. Ich möge ihr folgen, sagt sie mir und schon schlurft sie mit ihren Flip-Flops über den Betonfußboden des langen Korridors. Sie öffnet eine der vielen Türen und bittet mich, hineinzugehen. Sie folgt mir und wir stehen in einer großen Halle mit dutzenden Arbeitern an Nähmaschinen. Es ist unglaublich laut. Wir gehen durch einen Gang in der Mitte bis zu einem abgetrennten Glasbüro. Drinnen sitzt ein dicker Thai und schnauzt gerade eine Arbeiterin an. Dann feuert er ihr eine Handtasche vor die Füße. Sie hebt sie auf, kommt durch die Tür und läuft völlig aufgelöst an uns vorbei zu ihren Nähplatz.

Moment mal! Das war doch die Tasche, die ich suche!

Wir gehen in das Büro und der Dicke guckt mich skeptisch an. Die Frau, die mich hier her gebracht hat, redet aufgeregt auf ihn ein. Ich freue mich schon wie ein kleines Kind, die Tasche gefunden zu haben und lächle den Sklaventreiber an. Dann lächelt auch er mich auch an und ich vermute, dass er nun weiß, dass ich so eine Tasche kaufen möchte.

»This Bag?«, fragt er und nimmt genau so eine Tasche aus einem Regal, wie ich sie suche.

»Yes!«

»And you need a lot?«

»Yes«, sage ich und vermute, dass er mehr Geld aus meiner dringlichen Situation schlagen will.

»How many?«, will er wissen.

Tja, welchen Preis halte ich für angemessen?

Walburga hat an dem Stand gesagt, die Tasche würde vierzig Euro kosten. Das sind umgerechnet ungefähr zweitausend thailändische Baht. Ich will natürlich versuchen, einen Rabatt herauszuschlagen. Schließlich ist das hier Fabrikverkauf der reinsten Form.

»Thousand«, biete ich ihm an.

Er grinst und schüttelt mir die Hand. Dann zeigt er mir die Fabrik und erklärt mir in gebrochenem, aber verständlichem Englisch, welche Arbeiter welche Arbeitsschritte ausführen. Wir kommen auch an der gepeinigten Arbeiterin vorbei, die es kaum wagt, aufzublicken. Stattdessen näht sie wieselflink die Henkel an die Tasche. Das geht unter anderem deshalb so schnell, weil sie die Teile an jeder Seite nur mit zwei Stichen befestigt. Vermutlich werden die Henkel an einer anderen Station dann endverarbeitet und fest mit der Tasche verbunden.

Wir kehren zurück in sein Büro. Der Dicke schließt die Tür und bietet mir einen Stuhl an. Über seinen Schreibtisch gebeugt, tippelt er irgendwelche Zahlen in den Taschenrechner. Bestimmt geht jetzt das Handeln los. Ich will die Tasche für tausend Baht, er will sie für zweitausend verkaufen und wir treffen uns in der Mitte.

Er schreibt auf einen Zettel »1.000 = 1.000.000 BHT«.

Ich ziehe die Augenbrauen runter »Häh? One million Baht for the bag?«

»Yes! You told me, you need a lot. Thousand, you told me! I give you one bag for thousand baht. So, thousand bags for thousand baht each. You pay one million baht. Good price, good deal!«

Scheiße! Der Typ denkt, ich will tausend Taschen kaufen.

Jetzt fällts mir wie Schuppen von den Augen. Ich hab' dem Kerl am Stand gesagt, dass ich VIELE brauche (»I need a lot«) und ich wollte doch nur sagen, dass ich sie DRINGEND brauche.

Dann hat der mich gleich, in der Hoffnung eine fette Provision zu bekommen, zur Fabrik geschickt. Der Tante im Vorzimmer hab' ich auch gesagt, dass ich viele brauche und die hat mich gleich zum Chef geschliffen. Der bekommt auch leuchtende Augen, fragt mich »wie viele« und nicht »wie viel« und schon sind wir im Rahmen eines englischen Missverständnisses bei tausend Taschen im Wert von zwanzigtausend Euro!

Wie komme ich denn aus dieser Nummer jetzt wieder raus? Und vor allem mit nur EINER Tasche?

»I have to check quality in my office«, sage ich ihm in der Hoffnung, er gibt mir eine Tasche mit.

Und tatsächlich! Nach all den vielen Missgeschicken auf meiner Reise und der Höllenanfahrt zur Fabrik klappt jetzt endlich mal etwas auf Anhieb wie gewünscht.

»Ok«, sagt der Dicke, gibt mir eine Tasche und wir verabreden uns für den nächsten Tag.

Dann ruft er per Telefon die schlurfende Sekretärin, die mich abholt und mir sogar noch ein Taxi bestellt.

Als ich draußen auf das Taxi warte, MIT Tasche in meiner Hand, bin ich einfach nur zufrieden und voller Vorfreude auf Walburgas Gesicht, wenn ich ihr die Tasche präsentiere. Eigentlich müsste ich ihr ja von meinen Qualen berichten, die ich erleiden musste, um ihr begehrtes Stück zu ergattern. Aber das macht ein Gentleman nicht.

Ein Gentleman fährt zu seiner Angebeteten und hofft auf Dankbarkeits-Sex!

Die Fahrt zurück in die Khao San Road ist vergleichsweise entspannt. Wie beruhigt man ist, wenn man zwar in einem heillosen Durcheinander mit überhöhter Geschwindigkeit durch riesige Blechlawinen rast, aber immerhin rund zwei Meter Blech und Plastik als Knautschzone vor sich hat.

Ich werde an der gleichen Ecke abgesetzt, an der uns unser Fahrer heute morgen auch schon rausgelassen hat. Mittlerweile ist es 12:30 Uhr und ich bekomme langsam Hunger. Zuerst muss ich Walburga aber mit der Tasche überraschen. Ohne auf die vielen Läden und Stände zu achten, gehe ich durch die Khao San Road und den Klostergarten zum Hostel.

Auf unserem Flur angekommen, öffne ich leise die Tür. Walburga schläft noch. Sie sieht toll aus, wie sie so auf der Seite liegt. Die Haare ganz zerzaust, der Mund leicht geöffnet und ein kleiner Sabberfleck auf dem Kopfkissen. Was man alles niedlich findet, wenn man unverbindlich verknallt ist. Nach ein paar Jahren Beziehung denkt man nur noch »Wann geht die Alte endlich mal zum Friseur?« Dann rüttelt man seine Frau unsanft und blökt sie an »Ey, du sabberst«, woraufhin sie sich bedankt mit »Halt die Klappe! Dafür schnarchst du wie ein Elch!«

Aber jetzt finde ich alles an Walburga schön und kann mir auch nicht vorstellen, dass sich das jemals ändern wird. Ich setze mich auf die Bettkante. Die Tasche stelle ich auf den Fußboden, damit sie sie nicht gleich sehen kann.

Dann berühre ich vorsichtig ihre Schulter und flüstere »Aufwachen. Das Christkind war da. Damit es Heiligabend pünktlich in Deutschland ist, muss es ja irgendwo auf der Welt früher anfangen, die Geschenke zu verteilen. Und hier in Bangkok ist es heute schon.«

»Was redest du da für eine Scheiße?«, stöhnt Walburga, während sie wach wird.

Ok, das war jetzt nicht ganz so niedlich.

»Ich hab´s dir besorgt«, sage ich und wollte gerade nachsetzen »Das beste Geschenk, dass du dir vorstellen kannst.«

Aber soweit komme ich gar nicht.

»Du hast es mir besorgt?«, richtet Walburga sich senkrecht im Bett auf und klopft ihren Körper nach fehlenden Kleidungsstücken ab.

»Beruhig dich! Ich habe ein Geschenk für dich.«

»Ein Geschenk?«

»Ja! Mach die Augen zu!«

»Ich kann eh noch nicht richtig gucken.«

»Komm schon, mach die Augen zu!«

Walburga schließt die Augen und ich halte ihr die Tasche an den Henkeln direkt vors Gesicht.

»Aufmachen«, kann ich gerade noch sagen, als sich die piefigen Befestigungsfäden der Henkel lösen und die Tasche ohne Henkel in Walburgas Schoß fällt.

»Du hast mir die Tasche gekauft?«, gluckst Walburga.

»Ja« und als Zusatzausstattung noch extra Henkel zum Selberdrannähen«, versuche ich die Situation zu retten.

»Ha, ha«, enttarnt sie meinen schlechten Witz. »Die Tasche ist toll! Und die Henkel brauche ich eh nicht, weil ich nur den Riemen benutze, um sie mir umzuhängen. Danke! Das ist voll lieb von dir!«

Sie drückt mich fest an sich und meine Gedanken kommen wieder zurück zu 'Ich hab´s dir besorgt!'.

Die Tasche gefällt ihr auch ohne Henkel. Aber warum zum Teufel muss der Mist ausgerechnet auseinanderfallen, wenn ich die große Präsentation habe? Ich komme mir vor, wie die Touristen, die in Hamburg auf dem Fischmarkt immer ganz stolz ihre Obstschnäppchen in Henkelkörben ergattern.

Das ist echt jeden Sonntagmorgen ein riesen Schauspiel. Lauter Fisch-, Obst- und Gemüsestände und hier und da ein Klamottenstand mit Sprüche-Shirts und

Gürteln. Dazwischen gibt es dann noch die Highlights des Fischmarktes. Die Stände der Marktschreier. Da gibt es zum Beispiel Wurst-Herby, Aal-Hinnerk, Bananen-Fred, Nudel-Kiri oder Käse-Rudi. Die Jungs haben alle ein lautes Organ und brüllen vorbeiziehende Touristen an, stehen zu bleiben und sich die Angebote anzuschauen.

»Alles muss raus!«, »Heute ist der letzte Tag!« oder »Nur noch heute, ich geh in Rente!«, sind Sprüche, die den Durchschnittsdeutschen auf Schnäppchen hoffen lassen.

In Sachen Obst läuft das so: Man nehme ein paar Bananen, eine Ananas, Orangen, Kiwi und andere Südfrüchte im Gesamtwert von fünf Euro. Wenn man bei jedem einzelnen Stück aber laut FÜNF EURO ruft, denken alle, dass der Inhalt des Korbs einen Warenwert von mindestens dreißig Euro haben muss.

Außerdem gibt es den Korb ja noch oben drauf!

Der ist bestimmt auch noch mal zwanzig Euro wert. Einen Fuffi müsste man also insgesamt dafür bezahlen.

Aber nicht auf dem Fischmarkt!

Hier verschenken die Händler quasi ihre Ware.

FÜNFZEHN Euro!

NUR FÜNFZEHN Euro!

INKLUSIVE HENKELKORB!

Genau! Der Henkelkorb.

Eilig in China zusammengeklöppelt, hat er gerade so die Tragkraft für die paar Früchte. Aber leider nur für wenige Stunden.

Der mitteldeutsche Touri verfrachtet seine Beute in den Laderaum des Busses, mit dem er gekommen ist, macht noch schnell eine Hafenrundfahrt und tritt dann seine stundenlange Heimfahrt an. Spät abends, völlig übermüdet und total genervt, weil morgen schon wieder Montag ist, greift er nun nach dem Henkel des schönen Korbes und rups, löst dieser sich mindestens an einer Stelle.

Tragkraftdauer überschritten!

Die schönen Südfrüchte, die einem dann auf der Straße vor die Füße rollen, sind eh total überreif. Am besten gleich ab in die Tonne!

Obst UND Henkelkorb!

Ich hab' immer über diese Deppen gelacht, die sich da so einen Scheiß andrehen lassen. Und jetzt sitz' ich hier mit einer Schnäppchentasche ohne Henkel. Sorry, an alle Touristen! Das kann jedem mal passieren.

»Die ist echt schön! Und ich finds toll, dass du sie mir gekauft hast«, wiederholt Walburga.

»Hast du auch so einen Hunger?«, frage ich, um das Thema lieber mal so stehen zu lassen und ihr nicht erklären zu müssen, wie ich zu der Tasche gekommen bin.

»Und wie! Lass uns etwas essen gehen!«, antwortet Walburga.

»Worauf hast du Lust?« frage ich.

»Hmm? Wie wäre es, wenn wir uns jetzt nur eine Kleinigkeit besorgen und heute Abend dann die Garküchen unsicher machen?«, schlägt sie vor.

Ich nicke und Walburga springt vom Bett auf, um sich etwas anderes anzuziehen. Auf dem Weg zu ihrem Rucksack geht sie, wie auf dem Laufsteg und schwenkt dabei die Handtasche, als wäre es das Highlight einer Modenschau. Ich freue mich, dass ihr die Tasche so sehr gefällt.

Wieder ein Stück näher an die Verbindlichkeit gerückt!

## 20 Scheiß drauf.

Wir schließen unser Zimmer ab und gehen runter, durch die Lobby, dann durch den Klostergarten, rüber in die Khao San Road, die keine kulinarischen Wünsche offen lässt. In einer Bar sitzen einige Backpacker. Ihre Rucksäcke stehen um sie herum. Und gerade serviert eine Kellnerin herrliche Sandwiches.

»Die sehen klasse aus«, sage ich.

Walburga hebt den Daumen und wir setzen uns an einen der Tische in der ersten Reihe. Von hier haben wir einen tollen Blick auf die vorbeiziehenden Menschen.

Ankommende, Abreisende, sich Verabschiedende und sich Wiedersehende.

Apropos Wiedersehende! Ich sollte mich vielleicht mal bei Immi melden.

»Ich muss nachher mal in ein Internetcafé.«

»Ja, ich müsste auch mal meine Mails checken«, antwortet Walburga.

Zunächst bestellen wir uns aber diese köstlich aussehenden Sandwiches und zwei Cola.

Die Getränke kommen nur eine Minute nach unserer Bestellung und auch das Essen lässt nicht lange auf sich warten. Wir schlingen die frisch belegten Brote nur so runter, spülen mit Cola nach und finden beide, dass die erste Gier nun gestillt ist.

Nachdem wir bezahlt haben, suchen wir uns ein Internetcafé, was nicht weiter schwerfällt. Es wimmelt nur so von Angeboten, wobei auch immer mehr Restaurants WLAN anbieten, damit die hochtechnisierten Backpacker ihre Tablets und Smartphones mit den neuesten Facebook-, Twitter- und WhatsApp-Daten füttern können.

Wir nutzen noch auf die 'alte' Art einen mindestens zehn Jahre alten Leih-PC, um mit der Welt in Verbindung zu bleiben.

Immi hat mir geschrieben. Sie kommt auch heute in Bangkok an. Sie und die beiden Mädels sind mit einer Gruppe Aussteiger in einem umgebauten Bus quer durch Thailand geknattert und bis nach Bangkok gefahren. Sie wollen heute Abend noch feiern gehen. Morgen möchte Immi dann wieder etwas mit mir unternehmen, weil sie mich vermisst.

Die ist echt lieb!

Ich antworte ihr, dass ich eine tolle Zeit mit Walburga hatte und ebenfalls in Bangkok bin. Außerdem sage ich ihr meine Begleitung für morgen zu.

Es ist jetzt Zeit, Walburga zu zeigen, dass auch noch andere Frauen um meine Gunst buhlen. Eifersuchtseffekt! - ...auch wenn Immi eher ein 'Kumpel' ist, ist sie gleichzeitig eine Frau und zählt damit als Nebenbuhlerin.

»Immi möchte morgen Zeit mit mir verbringen«, rufe ich Walburga zu, die ein paar Rechner weiter sitzt.

Natürlich hoffe ich auf ein »Schade, ich dachte, wir könnten den Tag zusammen verbringen.«

Was ich bekomme, ist ein »Cool, vergiss nicht, sie zu grüßen. Was macht ihr denn?«

Ich lese die Mail von Immi nochmal und sehe, dass sie mit mir zu irgendwelchen schwimmenden Märkten möchte.

»Schwimmende Märkte.«

»Super! Ich gucke mir morgen den Königspalast an.«

Na klasse, ich habe gerade vermutlich einen Fischmarkt auf einem Fluss gegen goldene Tempel und irre große Buddhafiguren getauscht, um eine Frau eifersüchtig zu machen, die so verdammt unverbindlich ist, dass sie sich doch tatsächlich darüber zu freuen scheint, dass ich meinen letzten Tag in Thailand mit einer anderen Frau verbringe.

»Wir können aber vielleicht abends etwas unternehmen«, sage ich und hoffe, dass es ihr auch schräg vorkommt, mit jemandem das Zimmer zu teilen, den man dann überhaupt nicht sieht.

»Ja, das machen wir«, kommt die erhoffte Antwort.

Wir checken noch eine Weile unsere Mails, wobei ich hauptsächlich damit beschäftigt bin, meinen Kumpels bei Facebook mitzuteilen, was für eine geile Frau ich kennengelernt habe.

Auf meiner Seite poste ich »Thailand lohnt sich! Eine schöne Sehenswürdigkeit klar gemacht!«

Dann blinkt plötzlich eine Kontaktanfrage auf.

WALBURGA!

Sie will bei Facebook mit mir befreundet sein. Sofort bestätige ich und noch während ich mit der Maus auf den Bestätigungsbutton klicke, fällt mir ein, was ich gerade auf meiner Seite gepostet habe.

Ab sofort für sie sichtbar!

Hastig klicke ich hier und da. Ich kann mich einfach nicht mehr daran erinnern, wie man einen Post löscht. Scheiße, wo geht das denn?

»So so, ich bin also eine Sehenswürdigkeit?«, höre ich Walburga sagen und sacke vor Scham auf meinem kleinen Hocker zusammen.

In so einer Situation helfen keine Ausreden mehr. Da muss man durch. Vor allem, wenn man liest, dass seine Sehenswürdigkeit meinen Post kommentiert mit »Von wegen klar gemacht! Klar gemacht worden!«

Ich atme auf und bin froh, dass Walburga auch dieses Ding wieder mit völliger Gelassenheit nimmt.

Nach unserem Abstecher in die virtuelle Welt schlendern wir noch ein bisschen durch die kleinen Gassen rund um die Khao San Road. Teilweise sind die Gänge so eng, dass gerade zwei Leute nebeneinander gehen können. Hier gibt es wirklich alles. Und neben den üblichen Plagiaten und anderen Billigangeboten finden sich auch einige Stände junger thailändischer Designer. T-Shirts, Pullover, Hosen, Blusen, Taschen. Alles Einzelstücke und natürlich teurer als die übrige Ware in der Umgebung. Dafür aber jeweils mit einer kleinen Geschichte der Designer, die auf Nachfrage erzählen, wie sie auf die Designs und Motive gekommen sind. Man kann gar nicht anders, als hier und da etwas zu kaufen. Wir fühlen uns wie in einer Art 'Mitmachmuseum'. Überall gibt es außergewöhnliche Dinge zu sehen und zu riechen. Zwischen den Klamottenständen liegen kleine Gewürzstände und die eine oder andere Garküche. Da kann es schon passieren, dass das neue Designershirt einen leichten Fischgeruch trägt. Aber die vielen Formen, Farben und Gerüche sind überwältigend. Besonders gut gefällt mir, dass zwar jeder versucht, seine Ware anzupreisen, es aber lediglich mit einem kurzen Hinweis à la »Have a look!« tut. Mit einem Lächeln und freundlichem Kopfschütteln ist die Koberei dann schon beendet. Die vornehme Zurückhaltung gilt hier also auch beim Verkaufen.

Da denke ich wieder zurück an den Fischmarkt, wo Touristen, die das Angebot eines Marktschreiers belustigt ablehnen, gern mal vorgeführt werden.

»Guckt Euch mal die beiden Geizhälse hier an! Schnuppern an meinen Blumen, genießen die Wärme, die ich ausstrahle, weil ich so ein heißer Typ bin und hauen dann wieder ab. EY! Was hast du für eine hässliche Alte? Die schielt ja total! Wenn die heult, laufen ihr ja die Tränen den Rücken runter!«

Lustig, wenn man einer der Zuschauer ist. Blöd, wenn hundert Leute über einen lachen.

Hier in den Gängen und Gassen des thailändischen Riesenmarktes ist alles sehr entspannt. Wobei man natürlich nicht weiß, was die Verkäufer sich auf thailändisch zurufen, während die Touristen an ihnen vorbeilaufen. Vielleicht »Guckt Euch mal die Langnase an! Wenn der niest, haben wir Regenzeit!«

Nach einer Weile tun uns die Füße weh und wir beschließen, ins Hostel zu gehen, um uns noch etwas auszuruhen und frisch zu machen für die Schlacht am großen Garküchen-Buffet entlang der Khao San Road.

In unserem Zimmer angekommen, bin ich reif für eine schöne Dusche. Als Backpacker nimmt man das mit dem Duschen zwar nicht so genau, weil einem ja nicht immer die Möglichkeit gegeben ist. Aber hier und da ist einem der Sinn dann doch nach etwas Frische auf der Haut. Ich schnappe mir mein Handtuch, schwinge es um meine Hüften und zuppel wie ein Teenager am Baggersee meine Unterhose darunter raus.

Walburga lacht mich aus und meint »Was zum Teufel tust du da? Alles, was du da versteckst, war schon mal an oder sogar in mir. Also entspann dich mal!«

Sie hat natürlich Recht, aber ich komme einfach durcheinander bei dem ganzen unverbindlichen Kram.

Küssen und miteinander schlafen, ja.

Zusammensein, nein.

Sich voreinander auszuziehen, wieder ja.

Pläne für die Zukunft schmieden, nein.

Langsam merke ich, dass ich viel spießiger bin, als ich immer dachte. Oder liegt es vielleicht daran, dass Walburga eine viel zu tolle Frau ist, als dass ich das Risiko eingehen möchte, sie unverbindlich zu verlieren?

Hab' ich eine Frau gefunden, die ich nicht mehr loslassen möchte?

Ich muss duschen gehen!

Um meine lockere unverbindliche Art zu demonstrieren, reagiere ich auf Walburgas Unverständnis bezüglich meiner Scham noch schnell mit einem Aufreißen des Handtuchs und kurzer Pimmelwackelei.

»So! Hier hast du die nackte Wahrheit«, sage ich trotzig und knote das Handtuch wieder zu. Dann schnappe ich mir mein Duschgel und gehe raus auf den Flur.

Wenn ich Glück habe, reagiert Walburga nachher genau so trotzig mit einer Zurschaustellung ihrer Brüste.

Ich gehe in den Vorraum der Duschen. Die Tür zur Damendusche steht einen Spalt offen und natürlich werfe ich einen kurzen Blick hinein. Welcher Mann würde das nicht tun? In solchen Situationen weiß man(n) eigentlich ganz genau, dass nicht genug zu sehen sein wird, um daran Erregung zu finden. Man versucht es trotzdem und dabei wird auch schnell mal ein Lichtschalter mit einem Nippel verwechselt.

Kopfkino ab!

Die Damendusche ist leer. Es lohnt sich nicht, eine Verwechslung vorzutäuschen. Dann eben direkt in die Herrendusche.

An der Wand neben der Tür sind Haken für die Handtücher. Der Duschraum ist etwa vier mal vier Meter groß und verfügt über acht Duschen. Ich stelle mich vor die äußerste Dusche einer der beiden Viererreihen und drehe sie auf. Eine Temperaturregelung gibt es nicht. Das Wasser ist lauwarm. Auf eine heiße Dusche hat man bei dreißig Grad und neunzig Prozent Luftfeuchtigkeit auch keine Lust.

Nach einer ausgiebigen Dusche trockne ich mich ab, lege mir das Handtuch wieder um die Hüften und gehe durch den Vorraum auf den Flur. Da kommt mir ein Typ entgegen, der ebenfalls nur ein Handtuch trägt. Er ist auch auf dem Weg in die Dusche. Wir nicken uns grüßend zu.

Als ich vor unserer Zimmertür stehe, höre plötzlich lautes Getrampel im Treppenhaus. Ich drehe mich in Richtung der Treppe, die nach unten führt und sehe sechs Polizisten nacheinander in den Flur stürmen. Alle sind mit Maschinenpistolen bewaffnet und tragen Helme mit heruntergeklappten Plexiglasvisieren. Dahinter folgt ein Polizist in beiger Uniform und reichlich Lametta an der Brust. Er legt den Finger auf die Lippen und signalisiert mir damit, still zu sein.

»Don't move«, sagt er freundlich aber bestimmt.

Dann gibt er seinen Männern das Zeichen zum Stürmen.. - und zwar die DUSCHE!

Sie poltern durch die Tür, rufen wilde Sachen auf thailändisch und zerren kurze Zeit später den Typen raus, der mir gerade entgegengekommen war.

Mit zwei Mann ringen sie ihn bäuchlings auf den Boden.

»I'm innocent! I'm innocent«, brüllt der Geknechtete immer wieder.

Dann geht der Dekopolizist in die Dusche.

Ich kann nicht anders, als völlig versteinert dazustehen und dem Schauspiel beizuwohnen. Warum auch nicht?

Der Meister hat schließlich gesagt, dass ich mich nicht bewegen soll!

Nach wenigen Minuten kommt der Polizist grinsend mit einer durchsichtigen Plastiktüte wieder raus. Die anderen Polizisten reißen den nackten Mann an den Oberarmen auf die Beine und stellen ihn mit dem Gesicht zu ihrem Anführer.

Hektisch schüttelt der junge Mann den Kopf und stammelt »It's not my shit!«

Jetzt kann ich sehen, was in dem Beutel ist.

Gras!

Der Polizist schwenkt einen Beutel voller Gras vor einem Typen, der behauptet, dass es nicht seins ist.

Ich könnte zumindest bestätigen, dass er das Zeug nicht unter seinem kleinen Handtuch in die Dusche geschmuggelt hat.

Plötzlich fällt es mir wieder ein. Auf Koh Tao habe ich doch die beiden schrägen Vögel in dem Restaurant auf dem Berg getroffen. Müscha und Tom. Die haben mir unter anderem erzählt, dass ich in Bangkok vorsichtig mit Gemeinschaftsduschen sein solle. Hier verstecken viele Backpacker ihre Drogen hinter den abnehmbaren Deckenplatten. Wird dann eine Razzia durchgeführt, ordnet die Polizei den Stoff demjenigen zu, der zu diesem Zeitpunkt gerade unter der Dusche steht.

Das kann böse enden.

'Böse enden' ist an dieser Stelle leicht untertrieben, wenn man bedenkt, dass ich nur um Sekunden einer Festnahme und Einbuchtung in einen Thaiknast entgangen bin. Allein bis jemand erfährt, dass man verhaftet worden ist, können schon Tage vergehen. Bei Drogen versteht die thailändische Justiz keinen Spaß. Und die Gefängnisse sind auch nicht gerade ein Schullandheim. Die Zellen unserer deutschen Gefängnisse sind ungefähr so komfortabel wie das Büro eines thailändischen Gefängnisdirektors. Die großen Sammelzellen hier inklusive Plumpsklo sind dagegen ein ewiges Dschungelcamp ohne Möglichkeit, sich herauswählen zu lassen.

Der arme, nackte Kerl wird jetzt abgeführt und der grinsende Polizeimacker zwinkert mir zu, als würde er sagen wollen, dass ICH der nächste sein kann.

Ich stolpere rückwärts durch unsere Zimmertür und berichte Walburga ganz aufgeregt von meinem Erlebnis. Sie kann es kaum fassen und nimmt mich in den Arm.

»Gott sei Dank, bist du nicht verhaftet worden!«

Mal ehrlich, klingt das alles noch unverbindlich?

Ich rate Walburga, sich mit dem Duschen zu beeilen und sie verschwindet ebenfalls nur mit einem Handtuch bekleidet auf dem Flur, kehrt aber wenige Minuten später wohl behalten wieder zurück.

„Auf den Schreck brauche ich einen Drink!, sage ich und wir ziehen uns an, um das Krimidrama auf der belebten Khao San Road zu vergessen.

An einem kleinen Getränkestand mit viel zu lauter Musik spendiere ich Walburga einen Cocktail. Die müssen hier ja ordentlich was können, wenn man dem Schild mit der Aufschrift 'Strongest Cocktails in Bangkok' Glauben schenkt.

Und tatsächlich! Walburga bestellt einen Caipirinha und ich einen Cuba Libre. Bei Walburga ist so viel Sprit im Glas, dass Rauchen im Umkreis von fünf Metern verboten werden muss und mein Cola-Rum ist eine echte Bernsteinmischung, was die Farbe angeht. Cola scheint hier teurer zu sein als Rum. Beide Cocktails durch den Strohhalm direkt in den Kopf geatmet, sollten wir jetzt lieber mal etwas essen.

Wie mittags schon beschlossen, wollen wir uns durch die Garküchenangebote fressen und alles ausprobieren, was hier üblich ist. Wir fangen mit einer kleinen Portion Pad Thai an, einem Bratnudelgericht mit Ei und Hünchen. Danach gibt es gebratene Fleischspieße, die in eine kleine Plastiktüte gesteckt und dann mit scharfer Soße besprizt werden. Sehr lecker!

Walburga schlägt noch vor, eine Suppe zu essen, die in einem großen Topf vor sich hin köchelt. Aus der Suppe winken uns Hühnerbeine zu!

Ich komme mir vor wie Indiana Jones, als ich die Schüssel vor mir sehe, löffele sie aber tapfer aus.

Dann entdeckt Walburga einen Stand mit gerösteten Insekten.

»Die MÜSSEN wir probieren«, jauchzt sie.

»Klar«, demonstriere ich Gelassenheit, finde die Vorstellung, eine Kakerlake zu essen, die so lang und dick wie mein Daumen ist, aber doch etwas befremdlich.

Walburga lässt sich eine Auswahl zusammenstellen und schon haben wir eine bunte Tüte Knabber- oder sollte ich besser sagen Krabbelzeug.

»Du zuerst«, fordert sie mich auf.

Ich greife in die Tüte und ziehe eine kleine Heuschrecke heraus. Mit leichtem Ekel stecke ich sie mir in den Mund. Ich zögere zu kauen. Aber ich kann das Ding ja nicht lutschen. Ich beiße beherzt zu und spüre mit Knacken und Knirschen den Chitinpanzer brechen. Gegen meine Erwartungen ist die Heuschrecke komplett durchgebraten. Keine Innereien, die im Mund zerquetschen. Es knuspert einfach nur. Der Geschmack ist gar nicht mal so übel. Leicht nussig, aber dominiert von der Gewürzmischung, die darüber gestreut wurde. Also essbar!

Das Einzige, was stört, sind die Beinchen mit den Widerhaken. Die pieksen im Mund und kratzen beim Schlucken im Hals.

Walburga probiert eine kleine Made und kommt zu einem ähnlichen Urteil. Knusprig, nussig und würzig durch das Pulver. Durch die positive geschmackliche Überraschung beflügelt, werde ich ein wenig übermütig und grapsche mir die größte Kakerlake, die ich in der Tüte finden kann. Das Vieh sieht aus, wie die Kakerlake, die ich auf Koh Tao aus unserem Bungalow gejagt habe. Vielleicht ist sie es sogar. Dieser Gedanke gibt mir den nötigen 'Biss' und ich haue meine Zähne genau in die Mitte ihres Panzers. Unter der zerbrechenden Schale, stoße ich auf eine glibberige puddingartige Masse, die durch die Wucht meines Bisses seitlich aus meinen Mundwinkeln spritzt. Walburga muss würgen und ich kann mich nicht entscheiden zwischen runterschlucken und ausspucken.

Ich versuche, die einzelnen Rückenplatten der Kakerlake zu zerbeißen, erreiche aber nur, dass sie auf der glitschigen Masse hin- und herrutschen, bis ich den ganzen Chitin-Innereien-Brei an den Straßenrand spucke.

Die umstehenden Touristen quittieren meinen Mut mit lautem Gelächter und Applaus und auch Walburga kann schon wieder lachen.

»Das war's jetzt aber mit Experimenten«, sage ich.

»Ja, lass uns noch etwas trinken gehen und dann machen wir es uns in unserem Zimmer gemütlich.«

In unserem Zimmer gemütlich? In unserem Zimmer kann es nur dann gemütlich werden, wenn wir uns ganz nahe kommen. Das klingt, als würde der Abschluss des Tages ziemlich heiß ausfallen!

Nach einem weiteren 'Strongest Cocktail' schlendern wir Hand in Hand zu unserem Hostel. Hier ist es deutlich ruhiger als in der Khao San Road. Der einzige Lärm dröhnt aus dem kleinen Fernseher, der als Kinoleinwand fungiert und ungefähr zwanzig Backpacker in seinen Bann zieht. Es läuft irgendein Actionfilm auf englisch. Ich nehme an, dass es englisch ist. Man versteht eh kein Wort, weil der Fernseher, bis zum Anschlag auf laut gedreht, ziemlich rauscht und knistert und die Leute pausenlos brabbeln. Mir egal!

Ich bin auf dem Weg zu meinem eigenen kleinen Actionfilm!

Oben angekommen, stehen wir zunächst etwas hilflos rum. Jetzt haben wir uns ja quasi zum Sex verabredet, finden aber nicht den richtigen Anfang. Gleich aufs Bett springen, scheint irgendwie unpassend. Andererseits haben wir ja nur unsere Betten als Sitz- und Liegemöglichkeit. Komische Situation!

Ich gehe auf Walburga zu. Sie macht ebenfalls einen Schritt in meine Richtung. Unsere Füße berühren sich. Der richtige Abstand für einen Kuss.

Genau!

Wir küssen uns leidenschaftlich.

Walburga macht einen Schritt zurück und guckt leicht angewidert.

»Du schmeckst nach Kakerlakenschleim!«

»Woher weißt du wie Kakerlakenschleim schmeckt? DU hast ja keine gegessen!«

»Stimmt! Aber alle anderen Geschmäcker kenne ich. Und dieser hier ist mir völlig unbekannt und eklig.«

»Ich geh' mir schnell die Zähne putzen«, versuche ich die Stimmung zu retten.

Während der paar Schritte zu unserem Miniplumpsklo mit Faltschiebetür, fängt mein Magen an zu rumoren. Er gluckert ganz laut, als würde er überkochen. Dann zischt er und knarrt ganz merkwürdig.

»Warst du das?«, fragt Walburga.

»Ja, die Kakerlake beschwert sich, weil du sagst, dass sie stinkt«, versuche ich scherzend davon abzulenken, dass mir gerade schwindelig und kotzübel wird. Der Schweiß steht mir kalt auf der Stirn und ich rette mich hinter die Faltschiebetür. Ich ziehe sie, so gut es geht, zu. Es bleibt lediglich ein Spalt von ein bis zwei Zentimetern. Dicht genug, um nichts zu sehen, aber immer noch weit genug offen, um Geräusche zu hören. Und was ist mit Gerüchen?

Spürbar kämpfen meine Innereien einen harten Kampf gegen Hühnerfüße, Heuschrecken und Kakerlaken, die lustig in einem Pool aus Cola Libre plantschen.

Der Kampf verlagert sich entgegen meiner Vermutung nicht in Richtung Speiseröhre, sondern weiter runter in meinen Darm. Erste Ausläufer sind bereits am Ausgang angekommen und ich kann mir nur mit Mühe einen lauten Pups verkneifen. Stattdessen versuche ich, was jeder in meiner Situation tun würde. Drohende Geräusche überdecken!

Ich reiße den Wasserhahn an dem kleinen Waschbecken voll auf.

Ein klägliches Rinnsal einer bräunlich milchigen Brühe läuft völlig lautlos aus dem Hahn.

Was zum Teufel will man damit übertönen?

Die nächste Taktik ist, die Luft nicht komplett auf einmal entweichen zu lassen.

Schön langsam!

Ich konzentriere mich darauf, einen kleinen Luftstoß in die Freiheit zu pusten.

Es soll möglichst ein leises Pfffffffffffffff werden.

Was kommt ist ein knallhartes kurzes, lautes Möhp!

Scheiße! Naja, noch nicht. Erstmal hab' ich nur Luft am Start. Also nochmal: Konzentrieren, kurz ein kleines bisschen locker lassen, UND... Pfiiiiiieeeehhhp!

Verdammte Axt!

»Beeil dich mal! Ich muss auch ins Bad«, ruft Walburga ungeduldig.

Die hat ja keine Ahnung, was ich hier für einen Kampf ausfechte.

Los, weiter! Die Muskulatur am Arsch ein wenig anders anspannen, mittig locker lassen, UND...

Plodderpfiiiiieeehpfuuuuuhps-pfrööööhp...pladder...platsch!

Darm leer! Tiefergelegte Bodenschüssel voll!

Heilige Scheiße!

Ne, leider nicht!

Dann würde es nicht so stinken!

Bloß schnell die Spülung betätigen.

Tolle Wurst! (An dieser Stelle ein schlimmer Spruch!)

Es gibt keine Spülung, sondern wieder nur einen Eimer mit Wasser und Schöpfkelle.

Wie soll ich das Unglück denn mit ein bisschen Wasser aus der Schöpfkelle beseitigen?

Ich versuch's!

Ich tauche die Kelle in den Eimer und schütte eine volle Ladung in die Kloschüssel. Schade nur, dass das Abflussrohr so schmal ist, dass selbst die Kakerlake von vorhin kaum durchgepasst hätte. Das Wasser versickert mehr in dem Rohr, als dass es abfließt. Dann eben noch eine Kelle. Und noch eine.

»Was machst du denn da drin?«

»Ich studiere etwas ein! Mach' dich auf etwas gefasst!«

»Jetzt beeil dich! Ich muss echt dringend auf die Toilette!«

Klar, muss sie dringend auf die Toilette. Schön damenhaft ein paar Tropfen Wasser lassen, während ich mich hier von innen nach außen gekrempelt habe.

Wieder eine Kelle und noch eine.

Verdammt!

Ich ahne schon, wie erste Geruchsausläufer durch den Spalt in der Tür ins Zimmer wabern.

Oh Gott! Ich bin geliefert.

Völlig hektisch versuche ich meinen Unfall zu beseitigen und gerate immer mehr in Stress.

Dann die bitteren aber erlösenden Worte

»Alter, mach fertig! Ich muss kacken und danach stinkt es mindestens genau so heftig, wie bei dir!«

Im selben Moment bekomme ich mit einer weiteren Kelle voll Wasser die letzten Beweise weggespült und bin erleichtert, wie selten zuvor.

Ich wasche mir die Hände mit der milchigen Brühe, öffne die Schiebetür »Einen Streichholz würde ich da drinnen jetzt nicht anzünden!«

Mit schamesrotem Kopf und die Hand an den noch immer kneifenden Bauch pressend, wanke ich zu meinem Bett, während Walburga an mir vorbeischießt und hinter sich die Schiebetür zureißt.

Eine Sekunde später höre ich ein ähnliches Konzert wie von mir und bin beruhigt, dass 'unverbindlich' wohl auch heißt, Magen-Darmprobleme gemeinsam durchzustehen.

Nach zehn Minuten lässt sich auch Walburga erschöpft ins Bett fallen. Nicht in meins, aber immerhin in das direkt neben mir.

»Ich fürchte, mein Magen verträgt heute nur ein sehr eingeschränktes Kamasutra«, rede ich mich aus dem Sexding raus.

»Und genau die Stellungen, die deiner verträgt, findet meiner jetzt zum Kotzen«, lächelt Walburga mich mit leicht verkrampftem Gesicht an.

»Morgen gehen wir zu McDonald's«, schlage ich vor.

Da höre ich nur noch »Machst du das Licht aus? Ich kann nicht.«

Ich tapse zum Lichtschalter, mache unsere Deckenleuchtschwerter aus und rolle mich seitwärts in mein Bett.

An Schlaf ist aber noch nicht zu denken. Den Spaß, der mir nun vergönnt geblieben ist, scheinen gerade unsere Nachbarn zu haben.

Erst ist es nur ein leises rhythmisches Quietschen. Dann ein leichtes, ebenso rhythmisches Klopfen des Bettes an der Wand oder auf dem Steinfußboden.

Na denen scheint es ja gut zu gehen, fluche ich neidisch in mich hinein.

Der Rhythmus wird schneller. Leises Stöhnen der Frau kommt dazu. Gefolgt von brumpfigen Röhren von ihm. Sie wird lauter und murmelt irgendwas.

Was die sich wohl für'n Schweinkram zuflüstern, rate ich gerade noch gedanklich, als ich es laut und deutlich hören kann

»Los, du geiler Bock! Gibs mir! Benutz mich! Lass mich deine Fleischpeitsche spüren!«

Geiler Bock? Fleischpeitsche? Was sind das denn für Freaks?

Wobei Fleischpeitsche hinkommt, wenn man das laute Klatschen nackter Haut berücksichtigt, dass jetzt die Oberhand über die anderen Geräusche gewonnen hat.

»Du Hure! Jetzt werd' ich's dir zeigen«, kontert er auf ihre Anfeuerung.

»Oh jaaaaaaaahhhh! Genau so! Schlag mich!«

Und PATSCH... hat er offenbar ihren Wunsch erfüllt.

Das geht dann noch eine ganze Weile so weiter.

Sie soll ihn mal kräftig..., er soll ihr alles in die... und am Ende bricht das ganze Theater in einem lauten Endschrei und Gebrumpfe ab.

Schön, dass ihr Spaß hattet!

Und trotz meiner anhaltenden Magenkrämpfe gehen mir allerlei heiße Bilder durch den Kopf. Was das wohl für Leute sind, die sich da nebenan die Seele aus dem Leib gef... haben? Vielleicht kann ich ja morgen einen Blick auf die beiden erhaschen und die Realität mit meinen Fantasien vergleichen.

»Hast du das geile Paar aus dem Nachbarzimmer auch gehört?«, flüstert Walburga.

»Ja, hab' ich.«

»Ganz schön heftig die beiden.«

»Bist du neidisch, weil wir unsere Chance verpasst haben?«, frage ich.

»Ach was! Wir beide haben noch so viele Chancen.«

»Wie meinst du das?«, frage ich in der Hoffnung, endlich eine verbindliche Aussage zu hören.

»Na, wir sind doch noch jung und werden noch ziemlich oft Sex haben.«

»Miteinander?«, muss ich jetzt einfach wissen.

»Schlaf jetzt«, ist die wieder einmal beschissen unverbindliche Antwort.

»Schlaf schön«, brummel ich und versuche, möglichst schnell einzuschlafen.

# 21 Heizdeckenfahrt und Champus.

Morgens wachen Walburga und ich ziemlich gerädert auf. Die sexuellen Eskapaden unserer Nachbarn und die anhaltenden Magenkrämpfe haben uns den Schlaf geraubt.

Nach unseren Giftgasunfällen ist das Bad wieder betretbar und auch der Wasserhahn am Waschbecken spuckt heute nicht mehr Galle, sondern frisches klares Wasser, dass zumindest für eine oberflächliche Wäsche ausreicht. Wir schnappen jeder unser Geld und eine kleine Tasche für den Tag und kommen gut gelaunt aus unserem Zimmer. Gerade als Walburga unsere Tür abschließt, öffnet sich die Tür des Nachbarzimmers nebenan. Das, was ich mir gestern erhofft habe, nämlich einen Blick auf das liebestolle Pärchen zu werfen, wird nun Wirklichkeit.

Ich tippe Walburga an.

Gespannt gucken wir rüber.

Und heraus kommt....

Eine von Falten zerfurchte ältere rothaarige Dame und ein bierbäuchiger, bärtiger Kerl, nicht weniger alt als seine Begleitung. Ihre roten Haare hören nicht etwa am Kopf auf, sondern setzen sich gut sichtbar unter ihren Achseln hervorquellend fort. Da muss man kein Detektiv sein, um zu ermitteln, wo das Geäst noch wuchert. Immerhin ist ER genau so behaart, wie sein zu kurzes T-Shirt deutlich zeigt. Selbst die vorgeschnallte

Gürteltasche kann den Ganzkörperpullover nicht verdecken.

Nicht, dass es eine große Bedeutung hätte, aber SOWAS will man nach den Geräuschen der letzten Nacht nun wirklich nicht sehen. Schlagartig durchlebt man die Szenen noch einmal. Leider mischen sich zu den Tönen jetzt auch ganz fiese Bilder von nass geschwitzten Haaren, labberiger Faltenhaut und einem Bauchgebirge, das hemmungslos erklommen wird. Die beiden winken uns kurz zu und gehen dann die Treppe runter.

»Ich glaub', ich muss kotzen«, flüstert Walburga mir zu.

»Dafür kann ich nur größtes Verständnis aufbringen!«

Das Frühstück haben wir soeben verschoben, ist uns doch von den gestrigen lokalen Leckereien eh noch leicht flau im Magen. Die Auflösung unserer Nachbarschaftsfrage hat der Sache dann den Rest gegeben.

Unten in der Lobby wartet schon Immi, der ich geschrieben hatte, wo sie uns findet. Wir fallen uns in die Arme.

»Gut siehst du aus«, bin ich froh, dass sie sich nicht in Richtung Dreadlocks oder lila Latzhosen entwickelt hat.

»Du auch! Hast es dir gut gehen lassen?«, tuschelt Immi mir mit einem Zwinkern in Walburgas Richtung zu.

Die beiden begrüßen sich ebenfalls mit einer Umarmung. Damit habe ich meine aktuellen Lieblingsfrauen links und rechts an meiner Seite.

»Kommst du mit uns mit?«, fragt Immi Walburga.

»Nein, ich gucke mir heute den Königspalast an.«

»Ah, ok. Ich bringe dir den Kerl heute Abend heil wieder. Versprochen!«

»Ja, pass gut auf ihn auf! Ich brauche ihn noch«, antwortet Walburga und verabschiedet sich von uns.

»Wir sehen uns heute Abend hier im Hostel, ja?«, rufe ich ihr hinterher.

»Ja, wir treffen uns um 18:00 Uhr wieder hier«, höre ich noch, als sie um die Ecke biegt.

»Ich brauche ihn noch? Was geht denn hier ab? Hast du dir etwas Festes klar gemacht?«, will Immi wissen.

»Hör bloß auf! Das würde ich ja gern. Aber sie ist ein Profi-Backpacker. So unverbindlich, wie man nur sein kann.«

»Stress dich doch nicht! Du kannst doch zu Hause weiter baggern. Wo kommt sie denn her?«

»Aus der Nähe von Hamburg. Hab' ich gestern in ihrem Facebookprofil gesehen.«

»Na also, dann läuft die Kiste doch! Lass uns mal los! Der Treffpunkt für den Shuttlebus zu den schwimmenden Märkten ist an der Ecke zur Khao San Road.«

Kaum angekommen, hält vor uns ein funkelnder, nagelneu aussehender Kleinbus. Der Fahrer lässt die Scheibe runter und fragt »Swimming Markets?«

»Yes«, antwortet Immi und öffnet die Seitentür.

Wir steigen ein und Immi erklärt mir, dass sie eine Exklusivtour gebucht hat, weil sie keinen Bock auf andere Touris hat.

»Solche Gurken können ganz schön nerven«, bestätigt sie, was ich in den letzten Tagen des öfteren live erleben durfte. Auf unserem Rückflug werde ich ausreichend Zeit haben, Immi davon zu erzählen.

Unsere Fahrt führt uns, wie ich schon gewohnt bin, über die großen achtspurigen Straßen von einer Ampel zur nächsten, bis wir Bangkoks Grenzen erreichen. Natürlich haben die Straßen keine acht Fahrspuren. Aber es fahren immer mindestens acht bis zehn Autos nebeneinander. Nach dem städtischen Verkehrschaos folgen vergleichsweise ruhige Landstraßen. Es ist zwar viel Verkehr, der verteilt sich aber ganz gut, so dass wir zügig durchkommen. Die Fahrt soll eine Stunde dauern. Ich lehne meinen Kopf an die Seitenscheibe und döse aufgrund des Schlafmangels der letzten Nacht schnell ein.

Auf einmal kreischt Immi wie ein angestochenes Schwein und klammert sich an meinen Arm.

»Wie kannst du denn jetzt schlafen?«, faucht sie mich an.

»Warum?«

»Merkst du vielleicht mal, dass wir auf dem Highway to hell sind?«

»Häh?«

»Der Typ fährt hier fast zweihundert Sachen und hält maximal dreißig Zentimeter Abstand. Der bringt uns um!«

»Dann mach doch die Augen zu! Dann siehst du nicht, wenn wir sterben.«

»Sehr witzig! Ich meine das ernst! Guck dir das mal an!«

Jetzt sehe ich, was Immi meint. Ich gucke zwischen Fahrer- und Beifahrersitz hindurch und kralle mich automatisch an beiden Sitzen fest. Unser Fahrer hat entweder außer uns noch eilige Arzneimittel an Bord oder nimmt am Volkshochschulkurs für Selbstmordattentäter teil. Er rast in einem Affenzahn über die Landstraße, fährt den anderen Autos bis auf wenige Zentimeter mit voller Geschwindigkeit auf, bremst dann volle Kanne auf deren Tempo runter, um im nächsten Moment runterzuschalten, auszuscheren und an dem Hindernis vorbeizuziehen. Immer, wenn er im nächst kleineren Gang Vollgas gibt, drückt es einen nach hinten in die Sitzbank und wenn er wieder auf einen Vorausfahrenden trifft, muss man aufpassen, seine Schneidezähne nicht in die Kopfstützen der Vordersitze zu hauen. Dieses Spiel geht bei jedem Überholmanöver so.

»Der fährt ja wie so mancher Taxifahrer in Hamburg!« vergleiche ich seinen Fahrstil.

»Ist mir scheißegal, wer noch so fährt! Ich will, dass er damit aufhört«, bölkt Immi mich an.

»Excuse me Sir, could you please drive a little bit slower?«, frage ich höflich.

»Have to hurry! Not much time«, erklärt er mir seine Eile.

»Er hat nicht viel Zeit, sagt er.«

»Das hab ich auch gehört, du Depp«, fährt Immi mich an.

Jetzt legt sie selbst los. In ihrem Eifer gehen die Sprachen etwas durcheinander.

»Ey, you silly Vollarsch! Fahr slow or ich hack Dir your leg ab und dann can you give no more Gas!«

Vermutlich hat der Typ nur verstanden, dass Immi ziemlich gereizt auf seinen Fahrstil reagiert. Er tritt sofort nach Immis Schimpftirade auf die Bremse, pendelt sich bei entspannten 120 km/h ein und der Rest der Fahrt läuft so, wie Immi es wünscht. Nur kann ich jetzt nicht mehr pennen, weil ich Angst habe, dass sie mich wieder wegen irgendetwas ankeift, während ich im Tiefschlaf bin. Das macht mein Herz nicht öfter mit.

Nach 1,5 Stunden Fahrtzeit kommen wir an einem großen überdachten Parkplatz an. Wir halten in der ersten Reihe und direkt vor dem Parkplatz kann man schon einen kleinen Kanal sehen, auf dem so etwas wie venezianische Gondeln schippern. Wir steigen aus und verabreden uns mit dem Fahrer in zwei Stunden wieder hier.

»Three hours to drive and two hours for sightseeing?«, frage ich den Fahrer. Er zeigt mit ausgestrecktem Arm auf Immi und sagt »Normaly one way is one hour!«

Immi beantwortet diese Schuldzuweisung mit einem ihrer tödlichen Eintausendvoltblicke und zwingt den Fahrer damit zurück in seinen Bus. Dann lächelt sie mich an und sagt »Da drüben ist ein Schild, dass man dort einsteigen soll.«

Wir gehen über eine Brücke, die über den kleinen Kanal führt. Auf der anderen Seite ist ein Steg, von dem aus man in die Gondeln steigen kann. Es gibt welche, die ganz traditionell von Hand bewegt werden und welche mit Außenbordmotor. Außerdem gibt es noch lange überdachte Boote für größere Gruppen. Wir entscheiden uns für eine Gondel mit Außenborder und steigen direkt in unser wackeliges Gefährt.

»Und was machen wir hier jetzt genau?«, frage ich.

»Wir gucken uns die schwimmenden Märkte an, du Dussel.«

»Sind das aber nicht lauter zusammengebundene Boote in Bangkok?«

»Da fahren wir doch jetzt hin!«

»Wir fahren jetzt mit der Motorgondel zurück nach Bangkok? Wir sind doch mit dem Auto schon 1,5 Stunden gefahren. Wie lange soll das mit dem Boot dauern?«

Wir knattern los und als wir um die erste Ecke biegen, erklärt sich Immis kleiner Buchungsfehler.

Wir befinden uns in einer Art venezianischem Outletcenter, in dem lauter Boote über künstlich angelegte Kanäle tuckern und an Verkaufsständen halten, die links und rechts am Ufer aufgebaut sind. Das Tückische daran ist, dass die Kaffeefahrtopfer hier nicht so leicht entkommen können. Was das bedeutet, erleben wir jetzt in einer Butterfahrt der besonderen Kategorie.

Kurz nach der ersten Ecke halten wir mit unserem Boot vor einem Stand mit bemalten Tüchern. Damit wir nicht einfach weitertreiben, krallt uns die Verkäuferin mit einem Haken, der an einer langen Stange befestigt ist und zieht uns zu sich heran. Wir sitzen in unserer Gondel auf Höhe des Ufers. Die Standbetreiberin sitzt quasi auf Augenhöhe und präsentiert uns ihre Tücher. Wir signalisieren, dass wir keine Tücher kaufen möchte und bitten unseren Gondoliere weiterzufahren. Kann er aber nicht, weil Captain Hook ja noch seinen Haken in unser Boot gekrallt hat. Wir bekommen noch weitere siebzehn Tücher präsentiert bis wir endlich entlassen sind. Wieder in der Kanalmitte, der Kanal ist circa vier Meter breit, angelt von der anderen Seite schon der nächste Bauernfänger nach uns und zerrt uns zu seiner Auswahl wunderschöner Holzfiguren. Wieder nix für uns. Auch hier müssen wir ausharren, bis wir das komplette Angebot kennen und Preisvorteile und Rabatte erfahren, nach denen wir überhaupt nicht gefragt haben.

Wir fahren weiter. Es hat wirklich etwas von einem Outletcenter. Ein Stand reiht sich an den nächsten und ein Kanal kreuzt den anderen. Eine künstliche Kanallandschaft, mit dem einzigen Ziel, Touristen so lange das Gefühl der Seenot zu geben, bis sie in Panik vor Schiffbruch zwischen den Ständen, endlich etwas kaufen. Immer wieder lostuckern, langsam werden, Haken dran, Tücher, Figuren und anderer Folklorenippes, NEIN sagen und wieder abdampfen. Einzige Abwechslung bieten kleine Boote, die während der Fahrt immer wieder längsseits festmachen und uns verschiedene kulinarische Köstlichkeiten und Getränke anbieten.

Immi und ich kaufen uns jeder eine Kokosnuss, die uns vor Ort aufgeschlagen wird. Es geht um die Milch, die wir dann durch einen Strohhalm trinken können. Von einem anderen Boot kaufen wir kleine gegrillte Fleischspieße.

»Hoffentlich brennt ihnen ihr Holzkohlegrill nicht nach unten durch«, mache ich mir Sorgen, während ich mir einen Hühnchenspieß schmecken lasse.

»Ist voll scheiße hier«, sagt Immi.

»Wie eine Heizdeckenfahrt«, vergleiche ich unsere Tour.

Und so gondeln wir weiter durch die Kanäle, kaufen nichts und sind froh, dass uns nicht einer von den vielen grapschenden Haken ins Bein gehauen wurde, als wir zurück an unseren Ausgangspunkt kehren.

»Jetzt waren wir über eine Stunde unterwegs und haben nichts gekauft«, beschwert sich Immi.

»Lass uns doch mal da rüber gehen«, sage ich und zeige auf die andere Straßenseite, wo ich einige Stände unter einem Dach sehe.

Wir gehen zu den Ständen und stellen zunächst fest, dass es hier auch nur Souvenirkram gibt. Weiter hinten geht es aber noch weiter. Wir befinden uns jetzt an einem der Kanäle. Unten am Wasser erkennen wir einige der Stände, an die wir vorhin herangezogen wurden. Oben gibt es weitere Stände.

Die GUTEN!

Hier gibt es Klamotten aller Art, wie sie der gemeine Europäer gern trägt, Schuhe und Mitbringsel, die einen Nutzen haben, wie zum Beispiel allerlei Gewürze und Teesorten. Hier findet man auch alles, was man für die heimische nachgekochte Thaiküche braucht. Und günstig ist es. Der häufig verwendete Palmzucker kostet hier pro Kilo nur ein paar Euro, während man zu Hause im Asiamarkt viel mehr dafür bezahlen muss. Wir greifen beherzt zu und kaufen eine ganze Menge Zutaten für unser jetzt schon fest vereinbartes Thai-Essen zu Hause in Hamburg. Was nur in großen Mengen angeboten wird, teilen wir später einfach zwischen uns auf.

Natürlich kann Immi die Finger auch nicht von den Schuhen lassen und kauft sich Flip-Flops, High Heels, Turnschuhe, Schuhe 'nur so mal' und Stiefel. Außerdem wird noch eine Lederjacke geshoppt.

»Super«, freut sich Immi, als wir unsere Errungenschaften zum Bus transportieren.

Unser Fahrer freut sich nicht gerade uns zu sehen, hat er doch bestimmt Angst, dass Immi ihn wieder anschnauzt.

Ich beruhige ihn aber schnell, indem ich sage »Don´t worry, she has shoes!«

Er versteht sofort, was ich meine, hilft uns beim Beladen und fährt den Bus, sanft wie einen Kinderwagen, zurück nach Bangkok.

»Was hast du denn heute Abend noch vor?«, fragt Immi mich.

Ich weiß natürlich, dass es unser letzter Abend in Thailand ist und dass es sich gehören würde, ihn mit Immi zu verbringen. Aber es ist auch mein letzter

Abend mit Walburga und es würde sich noch viel mehr gehören, ihn mit ihr zu verbringen.

»Ich würde Walburga gern zum Essen einladen«, sage ich.

Immi guckt etwas traurig.

»Und danach können wir doch zusammen noch mal richtig Party machen. Unser Flieger geht eh früh morgens. Wir machen durch und pennen dann in der Flugbüchse. Deal?«

»Deal«, schlägt Immi ein und lächelt zum Glück wieder.

In Bangkok angekommen, fragt Immi »Wo wollt ihr denn Essen gehen?«

»Keine Ahnung! Ich hab' noch ein bisschen Kohle und wollte was richtig Schickes suchen.«

»Ich hab' gehört, dass es einen Wolkenkratzer geben soll, wo ganz oben ein piekfeines Restaurant drin ist. Geh da doch mit ihr hin.«

»Weißt du, wie das heißt?«

»Keine Ahnung. Aber da vorn ist ein Internetcafé. Google das doch. Das muss ja zu finden sein.«

»Mach' ich«, sage ich und wir trennen uns, nachdem wir ausgemacht haben, uns heute Abend gegen 23:00 Uhr an Walburgas und meinem Hostel zu treffen.

Im Internetcafé werde ich schnell fündig. Das Sirrocco Restaurant im Lebua State Tower ist der absolute Wahnsinn und nicht zuletzt berühmt durch seinen Auftritt als Kulisse in dem totalen Knallerfilm 'Hangover 2'.

Zum Glück kann ich online reservieren. Das ist nur deshalb so kurzfristig möglich, weil wir nicht in der Hochsaison hier sind. Ansonsten ist das Restaurant teilweise über Wochen im Voraus ausgebucht. Einzige Hürde: Lange Hosen und geschlossene Schuhe sind Pflicht. Lange Hose ist nicht das Problem. Ich kann an meine Dreiviertelhose noch Endstücke fummeln. Dann ist es eine lange Hose. Sieht zwar aus, als wäre ich eine Schaufensterpuppe von Globetrotter, aber lang ist lang. Die geschlossenen Schuhe hab ich im Prinzip auch, wobei ich nicht weiß, wie die Türsteher in einem der aufregendsten Restaurants Bangkoks auf die Kombination von grauer Trekkingbeindrantüddelhose und orangefarbenen Turnschuhen reagieren. Ach was, das soll mir jetzt egal sein und Walburga steht eh nicht auf Schickimickies.

Da es gerade einmal 15:00 Uhr ist und ich Walburga erst um 18:00 Uhr treffe, erinnere ich mich neben der Drogenrazziasache von Müscha und Tom auch an einen anderen Tipp, den sie mir gegeben haben.

Happy End Massage an jeder Ecke!

Da unsere gestrige Körper-Action den Kakerlaken zum Opfer gefallen und heute Nacht Party angesagt ist, kann ich mich doch mal nach etwas Entspannung umsehen. Das muss ja ganz einfach sein.

Ich schlendere durch die Gassen in der Gegend der Khao San Road.

Nix!

Ich weite meinen Suchradius aus und gehe in andere möglichst schmuddelige Gassen, um meine Trefferchance zu erhöhen.

Auch nix!

Es gibt zwar einige zwielichtige Massageläden, vor denen auch Damen stehen, die einen hereinlocken sollen, aber keine von denen erwähnt etwas von Happy End. Vielleicht läuft das nicht so, dass man angesprochen wird. Man muss wahrscheinlich signalisieren, dass man dafür empfänglich wäre.

Ich schlendere ein weiteres Mal an allen Massageläden vorbei, an die ich mich erinnern kann und mache vorsichtige obszöne Gesten. Ich spiele zum Beispiel ganz offensichtlich mit meiner Hand in meiner Hosentasche rum oder drücke die Zunge von innen gegen die Wange. Bei den Massagemäuschen sorgt das leider nur dafür, dass diese hektisch hinter ihren Glastüren verschwinden und ein Schild mit 'Closed' ins Fenster hängen.

Vielleicht bin ich etwas zu auffällig und die denken, ich bin ein Cop. Ich muss erst Vertrauen aufbauen und dann meine Bereitschaft zu Sonderdiensten signalisieren.

Ich gehe in den schmierigsten Massageladen, den ich finden kann. Am Empfangstresen erwartet mich eine ältere Dame.

»What do you want?«, fragt sie und legt mir eine Art Speisekarte mit den Massageangeboten hin.

»Geht doch!«, denke ich, fange an, die Karte von hinten durchzublättern, weil ich hier die Spezialangebote vermute.

Nix!

Vielleicht muss ich vorsichtig danach fragen.

»Do you have specials?«

»What specials, sir?«

»Special massage offers?«

»No, only this.« und zeigt auf ihre Karte.

Ich lehne dankend ab und mache mich nach knapp zwei Stunden Latscherei durch Bangkoks Schmuddelmeilen unberührt wieder auf den Weg zum Hostel.

Wie kann es sein, dass alle Welt davon erzählt, dass es überall Happy End Massagen gibt und ich finde sie nicht, selbst wenn ich danach suche? Bin ich so abstoßend, dass selbst die schmutzigste Hafennutte Bangkoks ihren Bauchladen hochklappt, wenn ich vorbeikomme?

Dann eben nicht!

Im Hostel springe ich unter die Dusche und bin in Rekordzeit fertig. Zum Glück ohne Razzia.

Als ich völlig außer Atem und nur im Handtuch wieder ins Zimmer komme, ist Walburga auch schon da. Sie ist ebenfalls auf dem Weg unter die Dusche.

Als sie zurückkommt, fragt sie mich »Was machen wir heute Abend?«

»Wir gehen in ein piekfeines Restaurant!«

»Cool!«

Für ein besonderes Restaurant braucht man einen besonderen Auftritt und deshalb gönne ich uns heute Abend ein Taxi.

Naja, genau genommen ein Tuk Tuk.

Eins von den dreirädrigen Mofarikschas. Nur hundert Meter von unserem Hostel entfernt ist eine Haltestelle für diese Dinger. Ich habe schon vorher danach geguckt, weil ich vermeiden wollte, dass ich zusammen mit Walburga auf einem Mofa zum Restaurant fahren muss. Davon hab' ich echt genug. Der erste Fahrer in der Reihe winkt uns zu sich und ich sage ihm, dass wir zum Lebua Tower wollen. Er nickt und hilft uns in sein Spielmobil. Man sitzt ganz bequem, kann als normal gewachsener Mitteleuropäer nur nicht rausgucken, weil das Dach des Tuk Tuks an den Seiten so weit runter ragt, dass man sich nach vorn beugen muss, um einen seitlichen Ausblick zu haben. Aber wie ich weiß, will man das meiste von Bangkoks Verkehr eh nicht sehen.

Ein weiterer störender Punkt ist der Gestank des Tuk Tuks, der sich mit den Abgasen der anderen Verkehrsteilnehmer mischt.

Katalysatoren?

Fehlanzeige!

Man atmet die volle Breitseite sämtlicher Abgase, vom Mofa über alte Autos bis zum LKW, die meisten aus den Anfängen der Automobilgeschichte. Kein Wunder, dass viele Tuk Tuk Fahrer einen Mundschutz tragen.

Trotzdem hat die Fahrt etwas einheimisch abenteuerliches und gefällt uns. Nach dreißig Minuten kommen wir am Lebua State Tower an. Er überragt die umliegenden Gebäude bei weitem. Der Bereich vor dem Eingang ist beeindruckend. Riesige Betonsäulen von bestimmt zwanzig Metern Höhe geleiten einen ins Innere. Die Eingangshalle ist genauso pompös und könnte von der Größe auch ein ganzes Einkaufszentrum sein. Es gibt tatsächlich einige kleine Läden, in denen sich die Hotelgäste vermutlich mit neuen Hemden, einer neuen Frisur oder etwas Schmuck verwöhnen. Der Fußboden ist aus Marmor und überall gibt es Verzierungen aus Messing.

Wir müssen zu den Fahrstühlen. Dort hat sich eine Schlange von gut gekleideten Menschen gebildet. Alle sehen aus, als würden sie schick Essen gehen wollen. Walburga sieht auch unglaublich hübsch aus. Was sie da aus ihrem Rucksack gezaubert hat, wundert und überrascht mich auf eine sehr positive Art. Nur ich sehe aus, als käme ich von einem Campingplatz in Wanne-Eickel. Fehlt eigentlich nur noch ein Hut und ich könnte von Gilligan´s Island geflohen sein.

Vor der Schlange steht eine Dame in Hoteluniform, die die Gäste den einzelnen Fahrstühlen zuweist. Langsam kommen wir voran.

Direkt vor uns steht ein Typ, Mitte fünfzig, mit weit aufgeknöpftem Hemd, Goldkette und weißer Leinenhose, der einen auf Miami Vice macht. Er hat sich nur kurz umgedreht und seiner aufgedonnerten Begleitung, hoffentlich seine 'Nichte', auf deutsch zugeflüstert »Wo will der Vogel denn hin?«

Sie hat sich ganz plump zu mir umgedreht und ihn dann angegrinst.

»Mach dir nichts draus«, flüstert Walburga mir zu. »Ich finde es toll, dass du so etwas Schönes für uns ausgesucht hast. Und ich weiß ja, mit wem ich hier bin. Da ist mir dein Outfit völlig egal.«

Das geht natürlich runter wie Öl.

Kurz darauf wird das Öl dann sogar noch beschleunigt, als nämlich die Hotelangestellte auf die Füße des alten Gigolos zeigt und bedauernd, aber zugleich bestimmt, sagt »Sorry Sir, no Flip-Flops allowed.«

Der Goldkettentyp versucht noch zu zetern, wie er es vermutlich mit jedem Dienstleister in Deutschland auch macht, hat aber die thailändische Korrektheit in solchen Dingen unterschätzt und wird nach wenigen Sätzen von zwei kräftigen Herren aus der Schlange gebeten. Er möge sich andere Schuhe anziehen und sei dann als Gast gern gesehen.

»Ey Typ«, rufe ich zu ihm rüber. Er dreht sich zu mir um.

»Der Vogel fliegt jetzt aufs Dach ins Restaurant und zwitschert sich da einen!«

Und noch während Walburga und ich laut lachen, werden wir in den Fahrstuhl gebeten und fahren in den 64. Stock.

Oben angekommen, teilt sich der Flur. Rechts führt er in das Restaurant im Inneren des Towers. Wir folgen einer Angestellten linksherum und gelangen durch eine große Tür auf eine Plattform im Außenbereich. Der Blick über Bangkok ist atemberaubend. Ebenso wie die pompöse Treppe, die wir hinunter in den äußeren Restaurantbereich gehen. Unten wartet eine weitere Angestellte in Uniform auf uns und fragt uns, ob wir reserviert hätten. Ich bestätige das mit meinem Namen und schon dürfen wir der Dame zu unserem Tisch folgen.

Auf der rechten Seite befindet sich die Bar. Dieser Teil ist mit einem Geländer abgetrennt und umschließt die Besucher, die entweder noch auf ihren Tisch warten oder gar keine Reservierung haben. Die neidischen Blicke erinnern an eingesperrte Tiere im Zoo. Wir genießen das!

Unser Tisch liegt direkt am Rand der großen Restaurantterrasse. Von hier aus haben wir einen herrlichen Blick. Wir kommen uns vor, wie die Könige Bangkoks, sitzen wir an unserem wundervoll eingedeckten Tisch doch höher als die anderen umliegenden Gebäude und können auf alle 'niederblicken'.

Ein Kellner bringt uns die Speise- und Weinkarten und fragt uns nach einem Aperitifwunsch. Wir entscheiden uns für Champagner. Man gönnt sich ja sonst nichts. Anschließend stellen wir uns ein schönes Menü zusammen. Die Luft ist angenehm frisch und es weht ein leichter Wind.

»Hier oben lässt es sich aushalten«, sage ich.

»Können wir uns das überhaupt leisten?«

»Heute ja!«

Wir stoßen mit unserem Champagner an. Walburga beugt sich zu mir, guckt mir tief in die Augen und ich nähere mich ihr auch. Dann küssen wir uns, wie es verbindlicher nicht sein kann!

Als ich meine Sinne wieder beisammen habe, kommt auch schon die Vorspeise. Gleichzeitig fängt eine Jazzband an zu spielen. Die Musiker nebst stimmgewaltiger Sängerin befinden sich auf einer Empore auf Höhe des Ausgangs, so dass jeder Tisch einen guten Blick auf die Band hat.

Unsere drei Gänge sind der Wahnsinn und ich könnte nach dem Nachtisch schon wieder mit der Vorspeise anfangen. Ich habe selten so gut und in so einer schönen Atmosphäre gegessen.

Wir schließen das Essen mit einem Cocktail ab, den uns der Kellner von der Bar holt, an der immer noch einige neidische Besucher stehen und sich krampfhaft an dem geschmolzenen Eis ihrer Cocktails festsaugen, nur um nicht vom Personal gebeten zu werden, wieder nach unten zu fahren.

Wir sind satt und zufrieden und treten unsere Rückreise in unser Backpackerleben an. Mit dem Fahrstuhl geht es die vierundsechzig Stockwerke wieder nach unten, raus auf die Straße und mit dem Taxi zurück zur Khao San Road.

## 22 Party-Massage.

Kurz vor 23:00 Uhr treffen wir Immi in der Lobby unseres Hostels.

»Bock auf Party?«, ruft sie uns zu.

»Logo«, antworten wir gleichzeitig.

Wir ziehen zunächst durch die Khao San Road.

Ein 'Strongest Cocktail' an einem Straßenstand, dann ein Bierturm in einer Bar und wieder ein Cocktail und noch ein Schnaps in einer Bar.

Laute Musik, viele feiernde Menschen und Hochprozentiges lassen die Zeit bis zur ärgerlichen Sperrstunde wie im Flug vergehen.

Punkt 2:00 Uhr ist nix mehr mit Ausschank in den Bars. Lediglich ein paar mutige 'Strongest Cocktail'-Verkäufer trotzen den drohenden Polizeikontrollen.

»Und was machen wir jetzt?«, fragt Immi. »Jetzt schlafen zu gehen, lohnt nicht. Wir müssen doch eh in ein paar Stunden wieder aufstehen.«

»Keine Ahnung«, antworte ich ratlos.

Walburga hat einen Plan »Unser letzter Getränkeverkäufer hat mir eine Karte von einem Laden gegeben, der illegal auch noch nach der Sperrstunde Musik spielt und Alkohol ausschenkt. Das muss in einer der Seitengassen hier sein. Auf der Karte ist das Logo. Das sollen wir suchen, hat der Typ gesagt.«

Immi und ich nicken. Walburga geht vor und wir folgen ihr. Nach ein paar Metern zeigt sie die Karte einem englischen Touristen und fragt ihn, ob er den Laden kennt.

»Den mussu de Karte nisch zeichen! Der is Ängläääähhnder. Der gann dir auch ohne Karte sachen, wo´s hier runn umme Uhr Stoff jippt«, scherzt Immi total besoffen und rülpst laut los.

Bei so viel Romantik fürchte ich, dass sich der Engländer sofort in Immi verliebt und wir ihn am Hals haben. Ich schiebe Immi weiter und Walburga geht wieder vor.

»Er hat gesagt, wir müssen in die Gasse da vorn. Ungefähr auf der Hälfte ist ein Schild an einem vergitterten Garagentor. Da soll es sein«, beschreibt Walburga unseren Weg.

Wir biegen in die Gasse, gehen ungefähr hundert Meter hinein und stehen vor einem vergitterten kleinen Restaurant.

»Wo soll man denn hier klopfen?«, frage ich.

»Keine Ahnung«, sagt Walburga. »Rütteln wir einfach dran.«

Walburga und ich rütteln. Immi krallt sich mehr wegen der Schwerkraft an dem Gitter fest.

Durch eine Tür im hinteren Bereich kommt ein Mann. Er guckt uns durch das Gitter an und fragt, was wir wollen. Walburga zeigt ihm die Karte. Er nickt. Dann öffnet er das Gitter einen Spalt und wir quetschen uns hindurch. Immi ist schon vor uns auf der anderen Seite, weil sich das Gitter direkt vor ihr öffnet und sie dadurch ihren Halt verliert. Rums, liegt sie in dem Restaurant. Ich helfe ihr hoch. Sie kichert nur so vor sich hin.

Wir folgen dem Kerl durch das Restaurant nach hinten. Durch einen schweren Vorhang kommen wir in die Küche, die wir durch die Hintertür wieder verlassen. Jetzt stehen wir in einem winzigen Gang zwischen zwei Gebäuden. Vor uns befindet sich eine Holztür. Der Mann klopft in einem bestimmten Rhythmus an die Tür. Eine kleine Klappe öffnet sich und es erscheint das Gesicht eines anderen Mannes. Die beiden nicken sich zu und der Typ hinter der Tür macht uns auf. Drinnen stehen wir in einem dunklen Flur. Auf der linken Seite führen zwei Türen zu den Toiletten. Auf der rechten Seite sind ebenfalls zwei Türen. An denen steht 'Massage'. Geradeaus geht es dem Schild zufolge zur 'Bar'.

Der Türsteher schickt uns in die Bar.

Als wir die Tür öffnen, trauen wir unseren Augen kaum.

Das ist keine Bar!

Das ist ein Sündenpfuhl unglaublichen, wahnsinnigen, kaum zu fassenden TOTAL GEILEN Ausmaßes!

»Meine Fresse, was geht HIER denn ab?«, staune ich.

»Voll geil«, prustet Immi.

Walburga bekommt den Mund nicht zu.

Wir stehen in einem großen Raum mit heimeliger feuerroter Puffbeleuchtung. Es gibt ein paar Sitzecken mit ausgefransten Sofas und Sesseln. Weiter hinten ist die Bar. In einer Ecke können wir durch die rotrauchige Luft einen Billardtisch erkennen. Die Musik dröhnt aus altertümlichen Lautsprechern. Man kommt sich vor, als wäre man auf einem heftigen LSD-Trip. Das rote Licht wird permanent von Stroboskopblitzen durchbrochen und macht Drogen eigentlich völlig überflüssig. Man bekommt allein davon schon einen Flash. In den Sitzgruppen, an der Bar und auf dem Billardtisch tummeln sich überall kleine Thaifrauen und schmiegen sich an besoffene, bekiffte und sonst wie benebelte Männer.

Westliche Frauen?

Fehlanzeige!

Endlich bin ich da! Freie Auswahl an geübten Händen für MEINE HAPPY END MASSAGE!

Blöd nur, dass ich mit zwei Frauen in diesen geilen Puff gekommen bin. Das fühlt sich an, als würde man einen Baum mit in den Wald bringen.

Mist!

»Wo hast du uns denn hier hingeschleppt?«, haue ich Walburga von der Seite an.

Sie kann es nicht fassen »Das hab ich nicht gewusst!«

»Hat dich unser Nachbarpärchen so heiß gemacht oder willst du dir hier ein bisschen Reisegeld dazu verdienen?«, finde ich mich in meinem Cocktailbrand ziemlich witzig.

Zum Glück hat Walburga nur den ersten Teil meines schlechten Spruchs verstanden und meint nur »Wenn wir schon andere beim Vögeln hören, können wir uns auch welche angucken. Also scheiß drauf! Hol uns mal ein paar Bier!«

»Mach ich! Aber pass auf Immi auf. Die ist gerade dabei die Leute vom Billardtisch zu vertreiben, weil das keine Lümmelwiese, sondern ein Sportgerät ist. Könnte Ärger geben.«

»Ich pass' schon auf. Hol du das Bier!«

Gesagt, getan! Ich gehe rüber zur Bar, bestelle zwei Bier (Immi braucht keins mehr.) und gehe wieder zu Walburga, die Immi inzwischen eingefangen und in eine freie Sitzgruppe gezerrt hat.

»Ich geh' mal für kleine Königstiger«, brülle ich Walburga ins Ohr und reiche ihr unsere Bierflaschen.

Dann gehe ich raus auf den Flur und biege ab auf die Herrentoilette.

Schön angeschossen, torkel ich geradeaus durch und platsch, latsch' ich in eine große Pfütze.

Wär' ich jedenfalls gern.

Genau genommen, ist es die tiefer gelegte Thai-Bodentoilette, in die ich mit meinen Turnschuhen getapst bin.

Ich schüttele ab, also die Brühe von den Turnschuhen und verrichte dann mein eigentliches Geschäft. Was einem im Suff nicht alles egal ist.

Zurück auf dem Flur kann ich nicht anders, als einen Blick in einen der Massageräume zu werfen. Muss doch mal gucken, was da so abgeht!

So einen Scheiß macht man auch nur, wenn man besoffen ist.

Ich öffne leise die Tür. Durch einen kleinen Spalt kann ich einen dicken haarigen Kerl erkennen, der bäuchlings auf einer Luftmatratze liegt.

Haben die hier keine ordentlichen Massageliegen?

Vor ihm steht eine zierliche Frau, nackt!

Sie drückt einen großen Schwamm über ihm aus und bedeckt ihn mit reichlich Schaum. Dann nimmt sie zwei kleine Schritte Anlauf und rutscht auf dem Typen über seinen Rücken mit einem kleinen Hopser über den Arsch bis zu den Beinen. Dort bremst sie ihre Fahrt, dreht sich um und gleitet wieder zurück.

Von den vielen Haaren auf dem Rücken und dem Hintern des Kerls muss die Arme ganz schöne Striemen auf ihrem nackten Körper bekommen. Sie wiederholt die Rutschpartie noch ein paar Mal. Dann seift sie nach. Vermutlich um die Gleitfähigkeit zu erhalten. Ich stelle mir vor, was wohl passiert, wenn der Haarige sich auf den Rücken legt und die Kleine dann mit Anlauf über ihn rüberrutscht. Dann gibt es entweder das gewünschte Happy End oder bei zu viel Schwung einen Mastbruch.

Bei dem Gedanken fasse ich mir instinktiv in den Schritt und krümme mich leicht vor Phantomschmerz.

Die ganze Badeszene erinnert mich an einen Junggesellenabschied, den ich mal für den Freund meines Schwagers organisiert habe. Die Jungs wollten vom Dorf mal in die große Stadt und natürlich auf die Reeperbahn, nur ohne Ahnung, wo sie hingehen sollten.

»Essen könnt ihr zu Hause oder auf der Fahrt. Vorglühen in der 99-Cent-Bar, deren Getränkepreise leicht zu erraten sind. Danach Susi's Show Bar mit Badespaß für den zukünftigen Bräutigam«, war meine Ansage an meinen Schwager.

»Hauptsache kein Puff und keine Nutten«, hat der darauf geantwortet.

Die Braut sei etwas empfindlich und selbst Stripclubs mussten im Vorfeld beantragt und umständlich genehmigt werden.

»Keine Sorge! Wir bleiben sauber«, hatte ich versprochen. Mit diesem Vorsatz zogen wir los.

In der 99-Cent-Bar kosten selbst Longdrinks nur neunundneunzig Cent!

Gut bestrahlt sind wir dann rüber zu Susi's Show Bar gewackelt. Bereits beim Türsteher hab' ich auf den zukünftigen Bräutigam gezeigt und ihn für den 'Badespaß' angemeldet.

Wir rein in den Laden in eine Sitzecke. In der Mitte des Saals dreht sich eine runde Bühne und bietet gerade tiefe Einblicke in eine Tänzerin, die sich zunächst splitternackt räkelt und ihre Körperöffnungen dann mit Dildos und sogar brennenden Kerzen verschließt.

Dann kommt eine Dame auf mich zu und fragt, wer denn den Badespaß bekommen soll. Ich zeige auf den Bräutigam. Sie setzt sich auf seinen Schoß und bespricht mit ihm den Ablauf. Er solle sich entspannen. Er bekäme lediglich ein lustiges Kostüm, tanzt einmal mit ihr durch den Laden und setzt sich dann auf der Bühne in ein Plantschbecken. Alles andere würde sie dann schon übernehmen. Ausziehen wolle er sich aber nicht, sagt er noch zu ihr und sie schüttelt zustimmend den Kopf. Dann führt sie ihn hinter die Bühne und verschwindet mit ihm durch einen Vorhang.

Ein paar Minuten später ist es soweit!

Der DJ spielt die Hymne des Ladens und die Hälfte der Gäste singt mit. Die Tante, die eben noch bei uns saß, kommt in einem Badekleidchen im Stil des 18. Jahrhunderts hinter dem Vorhang hervor, gefolgt vom Bräutigam, der einen gestreiften Badeanzug aus der gleichen Epoche trägt. Beide wackeln fröhlich kreuz und quer durch den Saal und kommen gegen Ende des Liedes auf der Bühne an. Hier haben Mitarbeiter des Clubs in der Zwischenzeit ein Kinderplantschbecken aufgestellt und es mit ein paar Eimern Wasser gefüllt.

Die Musik wird verruchter. Richtige Strippermucke.

Er setzt sich in das Becken und sie tanzt um ihn herum. Dann reicht sie ihm einen Schwamm und deutet ihm an, sie waschen zu müssen.

Natürlich ist die Kleine schmutzig!

Während er im Becken sitzend ein bisschen an ihren Beinen rumschrubbelt, zieht sie sich ihr Badekleid aus. Darunter trägt sie nur einen winzigen String. Sie beugt sich über ihn und wabbelt ihm ihre Brüste durchs Gesicht. Dann fängt sie an, an seinem Badeanzug rumzuzuppeln. Sie macht die Knöpfe vorn auf und zieht den Anzug von seinen Schultern. Danach muss er sich auf alle Viere knien und sie reißt ihm das Ding förmlich nach hinten über den Hintern. Jetzt noch von den Beinen fummeln und schwups sitzt er nur in Unterhose in dem kleinen Plantschbecken.

Ein herrlicher Anblick.

Der billige Fusel aus der 99-Cent-Bar macht den Typen so willenlos, dass er nur damit beschäftigt ist, die Tante zu waschen.

Das geht einige Minuten so weiter und ich wende mich meinem Schwager zu.

»Geile Show, oder?«

»Richtig fett«, ist er begeistert.

Wir besprechen gerade noch, wo wir als nächstes hingehen, als es plötzlich hinter uns an der Wand KLATSCH macht.

»Was war das denn?«, fragt mein Schwager als ich hinter uns greife und die Unterhose des Bräutigams in die Höhe halte.

»Moment mal«, sage ich.

»Wenn das seine Unterhose ist,« und zeige zur Bühne »was hat er denn jetzt noch an?«

»Nix«, lacht mein Schwager und der ganze Saal tobt vor Lachen. Auch der Bräutigam hat seinen Spaß, als ER jetzt dran ist, gewaschen zu werden.

Die Badenixe lässt keinen Zentimeter aus.

Mein Schwager drückt die Unterhose aus, um sie zumindest halbwegs trocken in seinen Rucksack zu stecken.

»Die kann er heute eh nicht mehr anziehen«, sagt er und stopft das Ding in die Seitentasche.

Ein paar Minuten später ist die Show vorbei. Alle hatten Spaß, sogar der Bräutigam, auf dessen Kosten sich rund hundert Leute beömmelt haben.

Total besoffen und müde treten wir raus an die frische Luft. Der Bräutigam wird von zwei Kumpanen gestützt. Zwei andere erbrechen sich gerade um die Ecke und der Rest kann kaum noch aus den Augen gucken.

Der Abend ist gelaufen!

Was die anderen und ich als ehrliche Männerrunde in Erinnerung behalten haben, endete für den Bräutigam in der selben Nacht noch ziemlich stressig.

Die Situation: Die Braut, deren Eifersuchtshemmschwelle schon immer unter der Grasnabe verlief, wartet die ganze Nacht auf ihren zukünftigen Ehemann, der mit seinen Kumpels einen Kiezbummel als Junggesellenabschied macht. Mehrmals hat sie meinen Schwager gewarnt, ja keinen Puffbesuch zu unternehmen und wenn es schon ein Stripclub sein muss, doch bitte einen mit Niveau, wo die Frauen nicht so ausgebeutet werden.

Jetzt kommt ihr völlig besoffener Beinaheangetrauter nach Hause, zieht sich aus und...

tataaaaaahh...

trägt keine Unterhose!

Erklär' mal einer wild gewordenen Furie, dass das alles nicht so ist, wie es aussieht!

Da siehst du ganz schön dumm aus!

Die Hochzeit stand danach tagelang auf der Kippe und mein Schwager konnte seinen Trauzeugenjob an den Nagel hängen.

Nun aber mal wieder zurück zum Badespaß des haarigen Typen auf der Luftmatratze in dem illegalen Bar-Puff-Mix in Bangkok.

Das Ganze ist wie ein Autounfall. Du kannst es nicht ertragen, hinzusehen, aber weggucken geht auch irgendwie nicht. Ich schließe leise die Tür und gehe zurück in die Bar.

»Wir müssen Immi ins Bett bringen«, brüllt Walburga mir, gegen die laute Musik ankämpfend, ins Ohr.

Immi hängt quer über einem Sessel und reckt nur hier und da noch einen Arm im Takt der Musik in die Luft.

»Die hat fertig«, sage ich und hebe Immi hoch.

Wir haken sie rechts und links ein, gehen aus der Bar über den kleinen Gang in die Küche des Restaurants. Vorn angekommen, öffnet der Typ von vorhin uns das Gitter. Wir schlüpfen stolpernd mit Immi unterm Arm durch den Spalt und schleifen sie langsam in Richtung unseres Hostels.

»Scheiße, was ist mit Immis Rucksack? Ich hab' doch keine Ahnung, wo sie gepennt hat«, sage ich zu Walburga.

»Keine Sorge! Das hab' ich sie schon gefragt. Sie hat ihre Sachen vorhin bei uns an der Rezeption untergestellt. Wir bringen sie zu uns ins Zimmer. Da kann sie noch 'ne Runde pennen und dann müsst ihr ja auch los. Es ist ja schon 4:00 Uhr.«

Walburgas Worte reißen mich förmlich aus der Verarbeitung der Reizüberflutung dieser Bar-Szenen.

Es lässt sich nicht mehr schön reden!

In ein paar Stunden trennen wir uns und sind wieder so unverbunden, wie wir nach Thailand gekommen sind.

Was für eine Scheiße!

In unserem Zimmer legen wir Immi in eines der Betten.

Walburga und ich sind überhaupt nicht müde, sondern reden noch stundenlang über unsere gemeinsamen Erlebnisse und darüber, was wir machen, wenn wir wieder in Deutschland sind.

Jeder für sich natürlich.

Walburga will noch ein paar Tage in Bangkok bleiben und sich dann um einen Rückflug kümmern.

Natürlich!

Sie ist so unverbindlich, dass sie noch nicht mal ihren Rückflug fest gebucht hat.

## 23 Unverbindlicher Abschied.

Kurz bevor wir zum Flughafen aufbrechen müssen, kommt Immi zu sich.

»Krasse Scheiße«, krächzt sie und rappelt sich hoch. »Wann müssen wir los?«

»Jetzt«, antworte ich.

»Na, dann trödel doch nicht«, quetscht Immi müde hervor und reibt sich dabei die Augen.

Sie steht auf, verschwindet kurz im Bad und steht nach einer Minute abmarschbereit vor uns.

»Tja, dann ist es wohl soweit«, sage ich und schaue Walburga tief in die Augen. Immi bemerkt diesen besonderen Moment und öffnet die Zimmertür.

»Ich warte unten und rufe schon mal ein Taxi.«

Zeit, Abschied zu nehmen. Walburga und ich umarmen und küssen uns. Ich will sie nicht loslassen, aber sie windet sich aus meiner Umklammerung.

»Du musst los. Mach's gut.«

Ich kann es kaum fassen! Mach's gut?

Wir verbringen ein paar aufregende, romantische und überhaupt wunderschöne Tage und ich bekomme zum Abschied ein »Mach's gut.«?

Ich muss wohl ziemlich irritiert gucken.

»Du wusstest doch, dass alles ganz unverbindlich ist. Aber du hast ja meine Emailadresse und kannst dich melden, wenn du in Hamburg bist. Vielleicht sieht man sich da ja mal«, gibt Walburga mir zu verstehen.

Ich kann mich melden?

Vielleicht sieht man sich da?

Langsam fange ich an, diesen unverbindlichen Scheißdreck wirklich zu hassen.

Sie lächelt mich an »Wir sehen uns ganz bestimmt in Hamburg. Mach dir keinen Kopf!«

»Ja klar, alles cool«, sage ich und denke dabei »Dann mach ich mir mal unverbindlich keinen Kopf.«

Dann umarme ich sie noch einmal, schnappe mir meinen Travelmaster 3000 und verlasse das Zimmer.

Unten in der Lobby wartet Immi schon.

»Und? Seht Ihr euch wieder?«

»Das wird schwer! Ich hab' nämlich keinen Kopf mehr«, grummele ich Immi an.

»Häh?«

»Ich soll mir keinen Kopf machen. Also mach ich den auch nicht. Außerdem war eh alles ganz unverbindlich!«

»Unverbindlich?«, fragt Immi ungläubig.

»Die Frau ist voll verknallt in dich! Das sieht doch ein Blinder mit Krückstock.«

»Lass uns losfahren«, sage ich nur noch.

Natürlich haben wir wieder die gleichen Ladeprobleme mit meinem Rucksack, wie immer. Aber irgendwie ist das jetzt alles nicht mehr lustig, sondern egal.

Es wirkt alles so egal.

Die Eindrücke auf der Fahrt zum Flughafen, egal.

Das Einchecken, egal.

Mir ist sogar egal, dass Immi mir am Gate zeigt, dass einige unserer beknackten Mitreisenden vom Hinflug auch wieder da sind.

Na klar, die haben ja pauschal gebucht und fliegen auch nach genau vierzehn Tagen wieder zurück.

Das einzige, was nicht ganz so egal ist: Mein Turnschuh stinkt nach Scheiße, weil ich damit in diese olle, tiefer gelegte Kloschüssel in der Bar gelatscht bin.

Nach ungefähr einer Stunde Wartezeit in der Abflughalle steigen wir in das Flugzeug und richten uns an unseren Plätzen häuslich ein.

»War doch ein geiler Trip«, lächelt Immi mich an. »Danke, dass du mich angerufen hast, du Freak!«

»Ja, es war echt cool«, resümiere ich, fühle mich aber gerade ziemlich unverbindlich, ohne Kopf und total schlecht.

Der Flug verläuft unspektakulär. Wir schlafen viel, weil uns das ja zuletzt nicht vergönnt war.

Immi schnarcht den halben Flieger zusammen.

Unter normalen Umständen wäre das echt witzig.

Aber es kommt mir alles so blass vor.

In München angekommen fahren wir mit dem Taxi zu unserem Auto und machen uns auf den Weg in Richtung Hamburg. Zum Glück ist das Wetter deutlich besser als auf der Hinfahrt. Wir brauchen knapp sieben Stunden für die Fahrt.

Ganz Deutschland zieht an mir vorbei und ist auch nur blass.

Neben der Sehnsucht nach Walburga wird mit jedem Kilometer auch die Sehnsucht nach der Ferne größer.

Warum fahre ich überhaupt nach Hause?

Wer oder was wartet denn da auf mich?

Alles ist so gleich, so blass und so öde.

Immi setze ich auf der Rückfahrt gleich zu Hause in Lüneburg ab. Wir drücken uns und wissen, dass uns diese Reise ab sofort verbindet. Niemand kann uns die Gedanken an den irren Trip jemals nehmen und eines Tages werden wir uns nur noch an die Highlights erinnern und feststellen, dass es kaum etwas gab, was kein Highlight war.

Zu Hause in meiner Wohnung schmeiße ich den Travelmaster 3000 in die Ecke und lasse mich aufs Bett fallen. Ich bin total erledigt und muss unbedingt richtig ausschlafen. Vorher will ich aber noch schnell der Welt mitteilen, dass ich zurück in Deutschland bin. Ich schnappe mir meinen Laptop, öffne den Browser und melde mich bei Facebook an.

Nanu, eine neue Nachricht?

Ich klicke auf das Nachrichtensymbol.

Sofort fängt mein Herz an zu rasen.

Ich bekomme einen riesigen Kloß im Hals.

Aber auf eine gute Art.

Meine Hände zittern und ich lese:

»Hey Doofi, hast du wirklich geglaubt, ich überlasse es dem Zufall, dich wiederzusehen? Du hast so süß gezittert, als wir uns verabschiedet haben. Ich wollte nur mal gucken, ob du auch noch anfängst, zu heulen, du Mädchen! Ich komme übermorgen zurück und lande abends in Hamburg. Könntest du mich vom Flughafen abholen? Und ja, ich möchte dann mit zu dir fahren! Machs gut, du Spacken! Bis übermorgen, Walburga.«

Sie kommt nach Hamburg!

Ich soll sie am Flughafen abholen!

Sie will zu mir nach Hause kommen!

DAS IST JETZT VERBINDLICH!

Sofort antworte ich:

»Ich bin gerade nach Hause gekommen. Heulen? Von wegen, du Arsch! Klar kann ich dich abholen. Muss mal gucken, was sonst so anliegt. Unverbindlich halt! Quatsch! Ich freu mich total! Flieg vorsichtig. Ich brauch dich noch! Bis dannemanzki, dein Spacken.«

Ok, 'bis dannemanzki' war jetzt total beknackt.

Aber das ist mir völlig egal!

Ich bekomme kein Auge zu und rufe sofort Immi an.

»Ey Immi!«

»Was willst du? Ich muss pennen!«

»Was machst du nächsten Samstag?«

»Bist du irre? Du Blödkopf hast doch nicht schon wieder ebay angeschmissen, oder? Ich kann nicht mehr!«

»Ne, keine Sorge. Den nächsten Trip mach ich mit Walburga. Die kommt übermorgen und ich hole sie am Flughaben ab. Danach will sie mit zu mir.«

»Ich war also nur der Notnagel?«, regt Immi sich spaßeshalber auf. »Hab' ich doch gewusst! Die steht auf dich.«

»Genau! Total verbindlich! So, schlaf weiter. Ich muss schon mal aufräumen.«

Dann lege ich auf.

Mit weit aufgerissenen Augen liege ich im Bett und träume einen unglaublichen Tagtraum von vielen aufregenden Reisen, einem gemeinsamen Leben und einer Hochzeit am Strand von Thailand.

Und so sind mir Thailand, Walburga und das Leben passiert!